Suivi éditorial : Sophie Garcin

44, quai Henri IV – 75004 Paris
ISBN : 978-2-36942-673-8
Dépôt légal : mars 2018
Imprimé en France par SCEI

Les insoumises

18 portraits de femmes exceptionnelles, de l'Antiquité à nos jours

Jean Haechler

Chronos

Dans la collection Chronos

Sébastien Albertelli, *Les Services secrets de la France libre*
Iman Bassalah, *La Vie sexuelle des écrivains*
Jean-Pierre Bat, *La Fabrique des barbouzes*
Napoléon Bonaparte, *Précis des guerres de César*
Eugène Bossard, *Gilles de Rais*
Guillaume Bourgeois, *La Véritable histoire de l'Orchestre rouge*
Jacob Burckhardt, *La Civilisation de la Renaissance en Italie*
Fabrizio Calvi, *OSS : la guerre secrète en France*
Yvonnick Denoël, *Le Livre noir de la CIA*
A. O. Exmelin, *Histoire des frères de la côte*
Olivier Hanne, *Jeanne d'Arc*
Henri Hauser, *Richelieu : l'argent et le pouvoir*
Adolf Hitler, *Propos intimes et politiques, 1941-1942*
Adolf Hitler, *Propos intimes et politiques, 1942-1944*
Boris Laurent, *La Guerre totale à l'Est*
Karl Marx, *Le 18 Brumaire de Louis Bonaparte*
Henri Pirenne, *Les Villes du Moyen Âge*
Philip Short, *François Mitterrand, portrait d'un ambigu*
Régine Torrent, *Jacqueline Kennedy, une icône américaine*
Eugène-François Vidocq, *Mémoires*

À paraître

Gustav Droysen, *Alexandre le Grand*
Émile Dard, *L'Entourage de Napoléon*

Avertissement

Pourquoi ai-je écrit ce livre ?

D'abord parce que la plupart de mes « élues » n'évoquaient au mieux, dans le public, qu'une pâle réminiscence. Les faire connaître me semblait leur rendre justice.

Une découverte m'y a incité : celle d'Hypathia.

Toutes les femmes présentées ici m'étaient connues. Seule cette dernière ne l'était pas. Sa découverte fut un révélateur.

Certes, bien d'autres « personnes du sexe » s'étaient imposées à mon admiration, chacune pour des raisons différentes. Mes travaux m'avaient familiarisé avec les femmes du XVIIIe siècle dont quatre sont présentées ici.

Comment s'est effectué mon choix ?

Deux exigences l'ont dicté : des personnalités très fortes et, aujourd'hui, leur absence de notoriété. Aussi ai-je systématiquement laissé de côté celles ayant acquis la célébrité, comme Hildegarde de Bingen, Herrade de Landsberger au Moyen Âge, Émilie du Châtelet, Alexandrine de Tencin, Marie du Deffand, Suzanne Necker, Manon Roland au XVIIIe siècle ou, plus récemment, Marie Curie pour n'en citer que quelques-unes. Qu'aurais-je apporté ? Elles ont leurs biographes, et sont comblées.

Qu'on songe que jusqu'au XIIIe siècle, avant que ne soit créée une faculté de médecine à l'université de Paris qui donna aux hommes l'exclusivité du droit de pratiquer, les femmes leur étaient préférées. Qu'on songe aussi qu'en 1593 un arrêt du parlement de Paris interdisait aux femmes toute fonction dans l'État. Il faudra attendre 1875 avec Madeleine Brés, pour qu'une femme, en France, obtienne un diplôme de docteur en médecine (Bonne nouvelle : en 1907, une loi autorise les femmes mariées à disposer de leur salaire !). Et cependant, nombre de plantes qui servent encore en thérapeutique ont été révélées au Moyen Âge par des femmes savantes « qu'on flétrissait du nom de sorcières ». Celles qui se sont consacrées à certaines formes de chirurgie, celles encore qui ont enseigné avec talent dans les universités italiennes au Moyen Âge, n'ont laissé qu'un nom.

Cet ouvrage achevé, j'ai reconsidéré mes élues et les ai soumises à un nouvel examen. Trois ont été recalées pour les raisons suivantes. J'avais écrit vingt pages sur l'impératrice Théodora au nom célèbre mais dont les connotations dans le public sont incertaines. Sa vie fut tellement étonnante que je souhaitais en faire connaître tout l'éclat qui est immense, et les turpitudes qui ne le sont pas moins ; finalement, je l'ai priée de laisser sa place à plus obscure.

J'ai retiré également une intrépide petite-bourgeoise autrichienne, Ida Pfeiffer, douée d'une admirable force de caractère, lancée au milieu du XIXe siècle dans un tour du monde qui la soumit à des conditions extrêmes : trop long, le récit de ses aventures s'avéra incompressible.
Troisième personnalité passée à la trappe : une étonnante religieuse espagnole du XVIIe siècle dont la vie rocambolesque aux comportements trop masculins conduisait à mettre en question son appartenance au « sexe faible » : Catalina de Erauso, la nonne Alferez. Je les ai remplacées.
Finalement, la personnalité de Théodora est tellement hors normes que… je l'ai réincorporée.
Ainsi sont-elles dix-huit.

Hypathia, à l'origine de cet ouvrage, astronome, mathématicienne et philosophe – une seule discipline en ce temps –, est la plus ancienne. Elle a vécu aux IVe et Ve siècles. On sait peu de choses à son propos et la totalité de ce peu constitue la matière de son évocation.
S'ajoutent à Hypathia trois autres scientifiques : Nicole Lepaute, Sophie Germain et Hélène Metzger. Ce sont ensuite des femmes liées à la politique : Théodora, Catherine Sforza, Catherine de Parthenay et Victoria Woodhull. Certes, le nom d'une femme comme Catherine de Parthenay n'est pas inconnu : le nom, mais la femme ? Il en est de même pour Catherine Sforza – Sforza déborde par identité patronymique sur Catherine : inconnue, cette femme commande d'être évoquée.
Les accompagnent trois aventurières qui nous laissent sans voix, ayant vécu en homme au XVIIIe siècle, à l'inverse du chevalier d'Éon qui s'épanouit en femme ; elles ont nom Madelaine Maupin, Marguerite Julienne Le Pastour et Mary Read et ont connu des destinées plus ou moins heureuses.
Ce sont également trois femmes de lettres aux talents divers qui sont Louise Labé, Marie de Gournay et Marie de Régnier.
Enfin, tout aussi remarquables les unes que les autres, une pionnière Maryse Hilsz, une religieuse, Anne-Marie Javouhey, une puissance dans l'ombre, Joséphine Lehnert et Suzanne-Marie de Vivans, l'expression même du siècle des femmes dans tout son charme et sa délicatesse.
Elles étaient d'origine grecque, italienne, française, anglaise, américaine, allemande… byzantine et ont vécu du IVe au XXe siècle.
C'est pour redonner vie à ces personnalités hors de l'ordinaire que je les livre à l'admiration ou à l'étonnement du lecteur.

Les citations des paroles ou des écrits de ces personnages sont en caractère italique, sans guillemets, contrairement aux autres citations qui sont en romain.

HYPATHIA

370-415

À Alexandrie d'Égypte, deux personnages importants de l'Empire byzantin sont en présence. Le premier représente le pouvoir civil : Oreste, préfet d'Égypte, nommé par Constantinople. C'est un homme solide, droit, courageux, intègre. Le second est Cyrille qui, en trois jours, à la tête d'hommes armés, s'est emparé du patriarcat d'Alexandrie, vacant par la mort de Théophile, et qui eût dû revenir à l'archidiacre Timothée. Cette victoire par les armes renforce une autorité que ses talents oratoires ont acquise auprès des foules. Imperméable au moindre scrupule, éperdu d'ambition, il déborde rapidement sur le pouvoir civil.

Revêtu d'une autorité séculaire, le patriarcat d'Alexandrie est le rival de celui de Constantinople dont la prééminence est contestée. Désormais patriarche, Cyrille représente le pouvoir spirituel. Dévoré de la passion du pouvoir, aussitôt détenteur du bâton pastoral il concentre son intérêt et son énergie sur le temporel, clôt les églises des Novatiens – une Église hérétique – et s'empare de ses richesses. Il ferme ensuite toutes les synagogues, s'attribue leurs trésors et, à la tête d'une multitude de séditieux, chasse d'Alexandrie les quarante mille Juifs qui formaient une puissante ethnarchie, livrant leurs maisons au pillage. Indigné d'une telle immixtion dans les affaires de l'Empire, Oreste en appelle à l'empereur. Habitué des coups de force, Cyrille rassemble cinq cents moines venus du désert qui tendent une embuscade au préfet, dispersent son escorte, l'attaquent sur son char ; la population se porte spontanément à son secours et, bien que blessé, Oreste parvient à s'enfuir. L'assassinat a échoué. Cet échec embarrasse et inquiète Cyrille. Il tente un accommodement avec le préfet, qui s'y refuse.

*

En plein carême 415, une femme conduit son char dans Alexandrie. Elle est belle, le port et les traits empreints de noblesse. Des furieux menés par un diacre du nom de Pierre la pourchassent à travers la ville, l'arrachent de son char, la traînent à l'église appelée la Césarée et là, après l'avoir dépouillée de ses vêtements, la tuent à coups de pots cassés, la démembrent et la brûlent au lieu nommé Cinaron. Un carnage.

Qui est cette femme ?

Qu'a-t-elle fait pour mériter semblable destin ?

Qui sont les protagonistes d'une telle horreur ?

Hypathia est une scientifique, d'abord. Mathématicienne et astronome.

Théon, son père, une personnalité éminente, fut considéré comme l'homme le plus savant d'Alexandrie : mathématicien, astronome et philosophe réputé, il avait commenté Xénophon, Isocrate et Démosthène, était l'auteur d'ouvrages de rhétorique et de nombreuses études sur la composition littéraire. Selon Pierre Bayle, ce païen a imaginé les plus belles preuves de la présence de Dieu. Sur le plan scientifique, il est le premier à avoir rapporté l'observation de deux éclipses.

Après avoir élevé et éduqué Hypathia, il l'avait initiée très jeune aux plus hautes spéculations des mathématiques et de la philosophie, lui avait enseigné les rudiments des différentes religions du monde connu, appris la dialectique et l'avait familiarisée avec l'art oratoire. De cet homme ne nous sont parvenus que deux ouvrages :

– des *Commentaires* sur les *Éléments* d'Euclide ;

– des *Commentaires* sur la *Syntaxe* de Ptolémée, dont la critique était l'œuvre commune du père et de sa fille.

*

Hypathia a écrit plusieurs ouvrages sur les mathématiques qui tous ont disparu dans l'incendie de la bibliothèque d'Alexandrie. Seuls sont arrivés jusqu'à nous les intitulés de trois d'entre eux qui sont des commentaires :

– sur les *Arithmétiques* de Diophante, l'auteur du plus ancien traité d'algèbre qui nous soit parvenu, science dont il serait l'inventeur ;

– sur les *Sections coniques* d'Apollonius, qui ont permis d'établir les calculs des ellipses, des paraboles et des hyperboles. Diophante et Apollonius sont avec Euclide et Archimède les quatre pères reconnus de la science mathématique. Tous les écrits modernes ont puisé chez eux leurs connaissances ;

– sur les *Tables astronomiques* de Ptolémée, issues de l'*Almageste*, le plus important et le plus curieux ouvrage d'astronomie qui nous reste des Grecs. Et le dernier qui soit sorti de l'école d'Alexandrie.

Pour y recevoir les leçons des maîtres les plus fameux, Théon avait envoyé sa fille à Athènes. Elle y étudia la philosophie, dont c'était la meilleure école, et, à l'invitation des magistrats d'Alexandrie, l'enseigna dès son retour en Égypte. Ainsi l'école d'Alexandrie, devenue depuis deux siècles une des plus célèbres de l'univers grâce à une longue suite de professeurs illustres, vit-elle leur succéder… une femme ! C'était sans précédent. Une reconnaissance pratiquement inimaginable à l'époque.

Hypathia est reconnue comme le plus grand mathématicien vivant alors dans le monde gréco-romain.

En ces temps où sciences et philosophie étaient inséparables, Hypathia entama son enseignement par celui des mathématiques et en appliqua les principes et méthodes aux différentes disciplines connues sous le nom de philosophie. Pour établir les connexions entre la philosophie néoplatonicienne et les mathématiques, elle choisissait, par exemple, les éléments d'Euclide qu'elle extrayait du monde pratique des arpenteurs pour pénétrer, de déductions en déductions dans celui des idées.

Son goût pour la pédagogie la porta à s'y consacrer complètement ; elle y acquit une telle réputation que de tout le monde grec on venait recevoir son enseignement. Revêtue de la tunique des philosophes, elle se promenait au milieu de la ville, commentant, expliquant publiquement les diverses écoles de pensée à l'intention de ceux qui manifestaient le désir de l'écouter. Professeur éminent et charismatique, adorée de ses élèves, elle sortait environnée d'une foule d'admirateurs qui lui faisaient cortège.

*

Pour connaître Hypathia, dans l'absence tragique de documents, nous avons la chance de posséder un témoignage à la fois direct, et dont la qualité du témoin le revêt d'une particulière importance : un personnage essentiel, une figure tout à fait exceptionnelle, nous apporte sur elle des renseignements irremplaçables, les seuls pratiquement que nous possédions d'un contemporain. Il s'agit de Synésius.

Son histoire n'est pas banale. Après avoir passé trois ans à Constantinople auprès de l'empereur auquel il rappelait avec courage – et il en fallait – les devoirs du pouvoir, il fut sollicité pour de hauts emplois publics. Indifférent aux honneurs, qu'il déclina pour conserver son indépendance, il quitta la capitale en 400 et, désireux de suivre l'enseignement d'Hypathia, vint à Alexandrie où il se rangea parmi ses disciples. Ce savant, auteur talentueux d'ouvrages aussi nombreux qu'éclectiques, eut un étonnant avenir. Bien que païen, admiré pour ses talents et ses vertus, il fut élu évêque de Ptolémaïs par ses habitants. Il refusa. Le patriarche d'Alexandrie – c'était encore Théophile en 410 – insista ; il donna alors les raisons de son refus : en premier lieu l'amour qu'il portait à sa femme, en second lieu qu'il ne partageait pas le point de vue de l'Église sur la nature de l'âme, ni sur la fin du monde, ni sur la résurrection de la chair. C'était beaucoup. Ayant dit, il partit faire retraite au désert. Mais le patriarche ne se découragea pas et, à force d'insistance et d'arguments, parvint à le ramener à Alexandrie et à le convaincre. Désormais chrétien, il renonça à son épouse et fut baptisé la veille de son ordination. Devenu évêque, sa vie publique et religieuse fit l'admiration de tous. Il avait conservé pour Hypathia la plus tendre affection et correspondit longtemps avec celle pour laquelle il avait une immense admiration. De sa correspondance, sept lettres adressées à Hypathia nous restent ; dans la disparition irrémédiable des œuvres de la philosophe, elles constituent un témoignage irremplaçable sur sa personnalité dont elles nous dévoilent la fascination qu'elle exerçait et la ferveur qu'elle suscitait. Tout à tour s'y manifestent l'estime, la révérence, la sujétion et l'amitié.

– L'estime, d'abord : « Je vous considère comme la seule bonne chose demeurant inviolée, avec la vertu[1]. » Et dans une autre lettre :

> *Pourquoi souffré-je ? Parce que je suis Libyen, parce que je suis né ici, et que c'est ici que sont les honorables tombes de mes ancêtres. Sur votre seule initiative, je serais capable d'oublier ma cité, et de changer de résidence si j'avais jamais la chance de le faire*[2].

– La révérence ailleurs. Synésius soumet ses ouvrages au jugement d'Hypathia avant de décider de leur édition avec un sentiment de déférence voisin de la vénération qui surprend chez un homme aussi important :

> *[...] et vous m'éclairerez certainement à ce sujet car, hormis moi, vous serez le premier des Grecs à y avoir accès. Les livres que je vous adresse n'ont pas encore été publiés et afin que leur nombre soit complet, je vous soumets également mon essai sur le don. Je l'écrivis il y a longtemps, à l'époque où j'étais ambassadeur*[3].

1. Lettre 81.
2. Lettre 124.
3. Lettre 154.

– La sujétion, réelle, à l'égard de la philosophe, s'exprime quelques lignes plus loin dans l'attente de son jugement :

> *Concernant tout cela, j'attendrai votre décision. Si vous décrétez que je doive publier mon livre, je le dédierai aussi bien aux orateurs qu'aux philosophes. Cela fera plaisir aux premiers et sera utile aux seconds, à condition évidemment que vous qui êtes réellement capable de le juger ne le rejetiez pas. S'il ne vous semble pas digne d'intérêt pour des oreilles grecques, si, tel Aristote, la vérité doit primer sur l'amitié, il sera recouvert de l'ombre la plus sombre et l'humanité n'en entendra jamais plus parler.*

Qu'un homme de la culture de Synésius montre une telle obédience envers Hypathia illustre l'aura qu'elle avait acquise dans le monde grec de son temps.

– Puis c'est l'*amitié*, confiante ; la chargeant de transmettre ses salutations à un père Theotecnus, à un frère Athanasius et à tous ceux qu'il a connus auprès d'elle, il ajoute :

> *Si un autre nom doit être ajouté aux précédents, à partir du moment où il vous est cher, je lui dois ma gratitude en raison même de cela. Transmettez-lui mes respects comme je le ferais à mon plus cher ami*[4].

– Enfin, et c'est tout à fait inattendu, Synésius lui demande de lui fabriquer un hydromètre, plus précisément sans doute un densimètre, avec des spécifications détaillées. Ainsi Hypathia fabriquait-elle des astrolabes !

*

À l'inverse de ses publications de mathématiques dont il nous reste au moins les titres, aucun de ses travaux de philosophie n'est connu.

---

4. Lettre 16.

Son éloquence était douce, persuasive, dépourvue de toute ostentation, empreinte de clarté et de simplicité. Chaste, elle serait restée vierge. Elle savait tenir dans les bornes du respect les jeunes gens qui se montraient sensibles à ses charmes, et éloigna constamment toute idée d'un lien ou d'un engagement qui l'aurait distraite de son goût pour l'étude. Sa séduction était telle qu'un jour, ne pouvant plus contenir sa passion, un étudiant lui déclara publiquement les désirs dont il était la proie.

Indépendamment de l'enseignement, elle a tenu des offices publics dont on ignore tout. On sait seulement que, seule femme dans les assemblées d'hommes, elle s'imposait bien qu'elle fut païenne en un moment où le christianisme triomphait irrémédiablement du paganisme.

À la valeur de son enseignement, à ses talents pédagogiques et à la beauté de son éloquence s'ajoutait l'immanence de sa conscience civique : pour tous, elle était un Juste. C'en était trop[5] pour ne pas attiser les jalousies, puis la haine.

*

Le préfet Oreste fréquentait régulièrement l'école néoplatonicienne d'Hypathia, qu'il admirait. Un jour où Cyrille[6] passe devant la maison d'Hypathia, une foule de gens vont et viennent, entrent et sortent ; des chars stationnent. Il croit reconnaître celui d'Oreste. Ainsi cette femme est liée avec son ennemi ! La fureur le saisit : l'occasion est belle. Voulant voir en Hypathia le principal soutien du paganisme en Égypte, et dans les mesures prises à son encontre par le préfet le résultat de l'influence de cette femme, il agit en sous-main et fait

5. L'Anthologie grecque offre une épigramme à la louange d'Hypathia, qu'on attribue à Paul le silentière, le chef des huissiers chargés de faire régner le silence dans le palais impérial. Il est un poète très apprécié que Grotius a traduit en latin.
6. Béatifié, Cyrille n'est plus connu que sous le nom de saint Cyrille.

répandre le bruit qu'elle est le seul obstacle à la réconciliation du préfet et du patriarche. La rumeur sert de prétexte au coup de main qu'il charge le diacre Pierre d'exécuter.

Ainsi se produisit le drame.

Comme une conséquence du lynchage d'Hypathia, le néoplatonisme s'est transporté d'Alexandrie à Athènes.

Belle victoire posthume…

BAYLE Pierre, *Dictionnaire historique & critique*, Brandmuller, Bâle 1738.

DEAKIN Michaël A.B., « Hypatia and Her Mathematics », *in The American Mathematical Monthly*, 101, n° 3, march 1994, p. 234-243.

KNORR Wilbur Richard, « On Hypatia of Alexandria », *in Textual studies in Ancient and Medieval Geometry*, Birkhäuser, 1989.

MICHAUD, *Biographie universelle ancienne et moderne*, Desplaces, Paris & Brockhaus, Leipzig, 1854.

MUELLER I., *Hypatia in women of mathematic : 1 bibliographic sources book, L.S.Grimstein & P.J Kantbell*, N. Y. Greenwood, 1987.

RÉBIÈRE, *Les Femmes dans la science*, Nony, Paris, 1897.

SOCRATE le scolastique. Hist. lib 7, cap 15.

SYNÉSIUS, Index, http://www.geocities.com/athens/acropolis/5164/sletter 5164.htlm.

TANNERY P., *L'Article de Suidas sur Hypatia*, Annales de la faculté des Lettres de Bordeaux II, 2e année, p. 197-200, 1880.

WARTHE M.E., *Hypatia of Alexandria in* MEWARTHE ed. *A History of Women Philosophers*, t.1, p. 169-195, Dordricht, Nijhoff, 1987.

THÉODORA

500-548

À l'origine, l'hippodrome de Constantinople avait été créé pour satisfaire à la passion des courses de chevaux ; le temps passant, s'étaient formés quatre partis identifiés par des couleurs : les Rouges, les Blancs, les Verts et les Bleus ; les rivalités effacèrent rapidement les deux premiers qui se trouvèrent absorbés par les deux autres : désormais, dans la capitale de l'Empire, on était Vert ou on était Bleu ; sinon, on n'était rien. Ces deux appartenances prirent une dimension inimaginable aujourd'hui : chacun des deux partis possédait ses poètes, ses notaires, ses archivistes, ses peintres, ses sculpteurs, ses trésoriers, ses annonceurs, ses financiers et naturellement tout l'environnement sportif des conducteurs de chars, palefreniers, vétérinaires, service d'ordre, etc. Plus encore, ils possédaient des ramifications dans tout l'Empire, mettaient à mal leurs adversaires, avaient leurs tueurs à gage qui procédaient aux assassinats en plein jour. L'officialisation de ces partis et leur puissance trouvaient leur consécration dans l'escorte qu'ils fournissaient au basileus[1] dans toutes les circonstances solennelles où ils déployaient leurs étonnantes tenues originales de style barbare principalement hunnique, mais de création originale, qui ne ressemblaient à nulle autre. Lors des courses, les Bleus étaient à la droite de la loge impériale, les Verts à sa gauche.

1. Titre officiel de l'empereur byzantin, et basilissa de l'impératrice.

Cette appartenance traduisait des volontés populaires de toutes sortes, et la dualité qui s'en suivait s'exacerbait dans un face-à-face permanent : l'empereur était bien avisé de ne pas rester sourd aux récriminations des Verts ou des Bleus sur telle injustice, telle exaction ou tel favoritisme. Il eût pu lui en cuire.

La tolérance dont fit preuve Justinien à l'égard des débordements engendrés par cette concurrence conduisit soudain et brutalement à des conséquences politiques gravissimes. Suite stupide d'une grâce refusée par le basileus, l'inenvisageable se produisit : l'union des Verts et des Bleus dressés en une cause commune face au pouvoir. Trois jours durant, Constantinople fut la proie de désordres qui dégénérèrent en une véritable insurrection à l'hippodrome, au point d'aboutir à la destitution de fait de Justinien, un certain Hypatios étant, sur les lieux, proclamé empereur.

C'est alors que Bélisaire, l'un des plus habiles généraux dont l'histoire garde la mémoire, étonnant conquérant de l'ensemble du bassin méditerranéen et dont la carrière ne subit qu'une seule défaite – due d'ailleurs à l'indiscipline enthousiaste de ses soldats –, fut envoyé par Justinien pour affronter l'hippodrome où la loge impériale était occupée par Hypatios. Dépourvu de troupes, et la garde refusant de prendre parti, Bélisaire rentra au palais, désespéré.

Se souvenant alors du sort réservé à deux de ses prédécesseurs – Basiliscos mort de faim en prison en 477, et Zénon enterré vivant en 491 –, Justinien veut fuir et sauver sa vie. Chargés de ses trésors, ses vaisseaux sont prêts à l'appareillage lorsqu'intervient l'impératrice, la basilissa Théodora : face au Conseil terrorisé, en ces minutes où se jouent sa vie et son empire, elle déclare dans un de ces instants qui font l'histoire :

> *Je tiens qu'à présent la fuite est plus que jamais une erreur. L'homme doit inévitablement, de même qu'il a été mis au monde, faire un jour la rencontre de la mort. Mais qu'un empereur devienne un fugitif, voilà qui n'est pas supportable. Ceux qui ont porté la couronne ne doivent jamais survivre à sa perte. Jamais je ne verrai le jour où l'on cessera de me saluer du nom d'impé-*

ratrice. Si tu veux fuir, César, c'est bien : tu as de l'argent, les vaisseaux sont prêts, la mer est ouverte. Pour moi, je reste. J'aime cette vieille maxime, que la pourpre est un beau linceul.

Extraordinaire leçon de grandeur.

Le revirement est instantané. Subjugué par le courage de la basilissa, Bélisaire rassemble rapidement tout ce qu'il trouve de vieux soldats épars restés fidèles, pénètre à nouveau dans l'hippodrome et, l'épée à la main, charge avec la dernière détermination. Le carnage est épouvantable. Jusqu'au soir, on massacre. Quand tombe la nuit, trente mille cadavres selon certains auteurs, cinquante mille selon d'autres, jonchent l'hippodrome dont le sol ne peut plus absorber le sang ! Ce fut « peut-être le dimanche le plus cruel de tout le premier millénaire chrétien[2] ».

Hypatios, semble-t-il, n'était pas de mauvaise foi, et aurait envoyé au début de la rébellion un messager à Justinien – trop tard sans doute – pour l'informer de la situation, et prévenir le basileus qu'il jouait un rôle pour lui permettre de gagner du temps, mais qui ne serait pas parvenu jusqu'à l'empereur. Pourquoi ne pas l'avoir fait dès le début ? Son erreur fut de s'être installé dans la loge impériale. Le basileus aurait tendance à pardonner. Théodora, à qui Justinien, a juré, avant l'épilogue de ne point épargner les chefs de la révolte, exige froidement l'exécution et immédiate. Ainsi est fait.

Connue sous le nom de Nika, la sédition marque une heure décisive dans la vie de la basilissa. L'insurrection est écrasée. Théodora a sauvé le trône de Justinien. Ce jour-là, 18 janvier 532, elle s'est révélée homme d'État. Par son sang-froid, son énergie et sa détermination, elle a montré où était la force dans le couple impérial. Justinien lui avait apporté la pourpre, elle la lui a rendue : désormais, ils sont égaux.

Dès lors, personne ne lui marchandera plus sa place dans le Conseil de l'Empire.

Et cependant…

2. Paolo Cesaretti.

*

Comment cette femme, issue de la lie la plus abjecte de Constantinople, est-elle parvenue aussi haut ? Son parcours vaut d'être conté.

Presque née dans la fosse aux ours de l'hippodrome dont son géniteur, Acacios, était le gardien tandis que sa mère s'illustrait au « spectacle », vivier de la corporation des ribaudes, elle avait vu sa sœur aînée Comito rejoindre sa mère à la « comédie » et s'adonner à la prostitution dès l'âge de onze ans. Encore impubère, mais impatiente de suivre ces beaux exemples, ne pouvant cependant coucher avec un homme en ayant des relations sexuelles comme une femme, Théodora hantait le monde interlope des coulisses de l'hippodrome et se donnait comme un garçon aux esclaves accompagnant leur maître au théâtre, donnant et prenant un plaisir délectable à faire de son corps cet usage contre nature, dans ce lupanar infâme.

La puberté venue, elle rejoignit sur scène sa mère et sa sœur pour devenir courtisane à part entière, « de celles que les anciens appelaient d'infanterie ». Elle ne possédait aucun des talents de scène : ni le chant, ni la danse, ni la pratique d'un instrument ; elle offrait seulement sa beauté qui était souveraine et l'exhibait dans une dépravation sans limite. Quelquefois, comme sous le coup d'une inspiration, elle « montrait nus son devant et son derrière », soulevant l'enthousiasme ; le comble était atteint lorsque, dans le plus simple appareil, étendue sur le sol, elle offrait son corps aux excitantes caresses d'oies dressées à becqueter des grains d'orge répandus sur son pubis, en une évocation patente du mythe de Léda.

Dans l'intimité, ses succès tenaient du prodige et, comme l'a écrit Gibbon, « sa charité était universelle ». Rien ne la rebutait, les exigences les plus scabreuses de la multitude de ses « étalons » trouvaient chez elle un accueil… bienveillant.

Elle n'acceptait pas d'être sollicitée par un passant quelconque, mais invitait par les attitudes les plus suggestives tous ceux qu'elle rencontrait, surtout les très jeunes gens pour lesquels elle avait un goût prononcé. Parmi ses débordements, Procope[3], témoin irremplaçable, affirme qu'il n'y eut jamais personne qui s'abandonnât ainsi à toutes sortes de plaisirs :

> *Souvent, s'étant rendue à un repas commun avec dix jeunes gens ou davantage, tous remarquables par leur force physique et qui faisaient métier de faire l'amour, elle couchait avec tous les convives toute la nuit, et lorsque tous abandonnaient la partie, elle allait vers les serviteurs de ceux-ci [...] et s'accouplait avec chacun d'eux.*

Telle fut Théodora adolescente.

*

Saisie par le désir d'élargir son horizon après trois ou quatre ans de cette vie, elle entama une déambulation dans le Proche-Orient, avec pour tout bagage ses talents de séduction qu'elle voulait sans doute mettre à l'épreuve d'autres peuples, sous d'autres cieux. Elle arriva en Égypte où elle fut chassée de ville en ville par les magistrats indignés de la voir corrompre la jeunesse, tant son goût pour les très jeunes gens s'affirmait. Elle fut alors la maîtresse du Tyrien Hécébole, gouverneur de la Pentapole (Libye supérieure), qu'elle tint dans ses rets jusqu'à ce qu'il l'ait violemment chassée pour l'avoir offensé : monotonie sexuelle déplorée par Théodora ? Refus de dépendance totale ? Moquerie mal tolérée d'une insuffisance sexuelle de son partenaire ? Démunie d'argent, elle repartit en Égypte pour finalement échouer à Alexandrie. Son retour d'Égypte comme son voyage aller sont diversement décrits selon les sources : pour Procope, elle serait partie de Constantinople avec Hécébole, mais cela ne cadre pas avec une déambulation qui ne peut être, logiquement, qu'antérieure à son arrivée en Pentapole.

3. Procope de Césarée, attaché à Bélisaire dont il a partagé la plupart des campagnes et ayant passé des années au palais impérial, est surtout cru pour ses écrits secrets analysés par Ernest Renan.

Là, se produisit dans sa vie un événement majeur : au terme de ce périple, éperdue de fatigue, recrue de jouissance, elle sombra dans une profonde dépression. Dans un réflexe désespéré, en une quête ultime, Théodora rencontra la religion. L'immensité de sa détresse la mit en présence du patriarche Timothée, évêque d'Alexandrie, sans qu'on sache les détails qui provoquèrent cette rencontre. Impressionné par l'état moral de la pécheresse en même temps qu'ébloui par le caractère et l'intelligence qu'il découvrit en elle, Timothée lui accorda toute sa prévenante attention et acquit bien vite sur elle une influence profonde.

La province d'Alexandrie était profondément religieuse. Le désert était un haut lieu où de saints hommes attiraient par leur austérité les gens pieux venus s'éduquer et réfléchir. Timothée dirigea la jeune femme vers Sévère, le patriarche d'Antioche détrôné et exilé par Constantinople : replié au désert, célèbre par sa science théologique, il se consacrait aux pécheresses. Il instruisit Théodora. La fréquentation de religieux du niveau le plus élevé marqua profondément la jeune femme. Ainsi s'explique son attachement indéfectible au monophysisme professé en Égypte, qui la suivra sa vie durant, et sa respectueuse reconnaissance pour Sévère, objet de son admiration sans bornes. Pour faire court, le monophysisme voit en Jésus-Christ une seule nature, divine. Le dyophysisme en voit deux, divine et humaine. Cette dernière doctrine issue du concile de Chalcédoine en 451 est imposée par Rome[4].

Après avoir fait une longue halte à Antioche, et sans doute grâce à l'appui des Bleus, c'est une tout autre femme qui retourne à Constantinople. Confinée dans un quartier où elle fait pénitence, elle mène, affectée ou non, une vie chaste et retirée.

Justinien, l'héritier officiel du trône occupé par son oncle Justin Ier, n'est encore que sénateur. Il croise Théodora et, dans l'instant, en devient éperdument amoureux. « Elle enflamme de son feu érotique le cœur de Justinien jusqu'à la fin de ses

4. Exaltation de la nature divine du Christ au détriment de sa nature humaine.

jours[5].» Il a vingt ans de plus qu'elle, il la promeut au rang de « patricienne ». De sa maîtresse, il veut en faire sa femme. Hélas pour lui, de très anciennes lois scrupuleusement respectées interdisent aux hauts fonctionnaires d'épouser une prostituée, fût-elle repentie. Il fait le siège de son oncle, l'empereur, pour lui faire abroger ces lois vétustes. En soi, une telle mésalliance ne choquerait personne à Constantinople. C'est d'un usage courant. Mais pas du goût de Vigilance, la mère de Justinien, et de sa tante, Euphémie. Ni l'une ni l'autre n'acceptent une telle éventualité, et grand est leur ascendant sur Justin Ier. Le destin intervient : les deux princesses meurent à quelques jours de distance. Dès leur disparition, Justinien arrache le consentement du vieil empereur. Il épouse sa « fiancée » en 525, vraisemblablement le 1er août.

Ce jour-là naît une nouvelle Théodora. Désormais, dans leur vie commune, tous deux ne feront rien l'un sans l'autre.

Chez cette femme vont briller des qualités éclatantes de force et de détermination qui s'exprimeront tour à tour, et tout au long de sa vie : son goût du pouvoir et de ses attributs, son exigence de fidélité absolue de la part de ceux qui la servent, son souci ombrageux en faveur de la condition féminine, l'éclat de son autorité dans le gouvernement et l'administration, son combat permanent en faveur du monophysisme pour finalement éliminer un pape et le remplacer selon ses vœux ! Nous allons voir comment.

*

À la mort de Justin Ier, le 1er août 527, Justinien monte sur le trône.

À Ravenne, mecque de la mosaïque, une immense représentation de l'impératrice en pied, au milieu de sa cour, stupéfiante de majesté et de gravité : grandeur, devoir, incarnation de la justice marquent ce visage que se partagent sérénité et responsabilité. Procope, qui ne l'aimait pas et allait jusqu'à

5. Paolo Cesaretti.

l'appeler « cette ruine publique de l'espèce humaine », l'a décrite ainsi :

> *Elle était belle de visage, et par ailleurs charmante ; elle était petite et de teint blanc, pas tout à fait blanc mais plutôt mat ; elle avait le regard toujours impérieux et direct [...] De son corps, elle prenait soin plus qu'il n'était nécessaire, mais moins qu'elle ne l'eût souhaité. Elle entrait au bain très tôt et le quittait très tard, après s'être longuement baignée ; elle allait ensuite se restaurer, et après s'être restaurée, elle prenait du repos. Pour son déjeuner et son dîner, elle prenait de toutes sortes de mets et de boissons. Elle dormait toujours très longuement.*

D'une statue d'elle, très belle, disparue, Procope en dit :

> *L'image est belle, mais inférieure à la beauté de l'impératrice, car exprimer son charme en paroles ou le reproduire par une statue est complètement impossible à un homme.*

Dans le chœur de la basilique San Vitale à Ravenne, impériale, Théodora fait face à Justinien, le basileus son époux, de taille moyenne, dépourvu de toute prestance, cheveux noirs et teint coloré, rasé de près avec toujours un sourire de commande. Il est riche d'une grande culture, doué d'une intelligence et de talents que bien peu de souverains d'alors possédaient, consacrant toute son énergie au travail intellectuel : c'est tout naturellement qu'il entra dans son personnage impérial.

Le couple est étonnamment exceptionnel.

Sa vie durant, sans jamais une faiblesse, Théodora fera preuve d'une intelligence aiguë, imposera sa détermination, affirmera sa patience, démontrera son adresse, tout en faisant appel à la ruse, à la duplicité et à une totale absence de scrupules. Aussi solidement identifiée au pouvoir et à ses réalisations que son mari Justinien dont le siècle portera le nom, elle eut mérité que celui-ci s'appelât le Siècle de Justinien et Théodora.

Cette femme est faite pour régner ; encore toute jeune impératrice, elle a le sens du cérémonial, exige son bouleversement puis son respect jusque dans les plus petits détails. Auparavant, les patriciens se rendant en présence du basileus se penchaient vers son côté droit, et l'empereur, leur ayant baisé la tête, les renvoyait ; tous les autres pliaient le genou droit devant l'empereur et se retiraient. Ce n'était pas l'habitude toutefois de saluer l'impératrice. Mais tous ceux qui venaient en présence de Justinien et Théodora, même ceux qui avaient la dignité de patricien, tombaient face contre terre, et c'est après avoir touché de leurs lèvres les pieds de l'un et de l'autre que, mains et pieds étendus, ils se relevaient pour se retirer.

À cette cour dont la richesse n'a jamais été égalée, les troupes d'apparat à l'uniforme splendide – les plus magnifiques dont l'histoire ait conservé la trace – enluminent le palais. Coiffés de casques d'or à l'aigrette écarlate, ornés de boucliers d'or et parés de colliers du même métal, les gardes sont revêtus d'une longue tunique blanche. Armés de lances et d'épées filigranées d'or, ils impressionnent dans le silence imposé par les silentières lors du passage du basileus ou de la basilissa. La maison de l'impératrice possède ses propres serviteurs, femmes ou eunuques, aux insignes distinctifs de leur charge.

Si l'accès à Justinien est relativement aisé dans ce palais où vivent dix mille personnes, celui auprès de Théodora, en revanche, même pour un magistrat, n'est possible qu'avec beaucoup de temps et de peine, et tous ne cessent de faire servilement antichambre, attendant dans une pièce étroite et étouffante. Ils se tiennent continuellement sur la pointe des pieds, chacun s'efforçant d'avoir la tête un peu au-dessus de celle des voisins pour être perçus des eunuques, véritables maîtres des cérémonies.

Théodora exerce l'autorité, parfois plus encore que Justinien selon certains contemporains, ce qu'accepte l'empereur. Malheur à celui qui croirait assurer son avenir sur la seule faveur du basileus. Si quelque fonctionnaire se flatte de faire son chemin sans la protection de la basilissa, tôt ou tard une brusque destitution lui apprend qu'en dehors d'elle il n'est point de chemin sûr vers les honneurs. Ainsi, au retour d'un voyage aux bains de Pythia, en Bythinie, un secrétaire semble avoir acquis auprès du basileus une importance qui la met en éveil : elle le fait enfermer dans un monastère sans provoquer aucune réaction de Justinien.

En revanche, la basilissa ne se ménage pas en faveur de ceux qui la servent aveuglément. Quand elle a accordé son amitié, ceux qui en bénéficient savent pouvoir compter sur « l'impératrice fidèle », comme ils l'appellent.

Théodora a conquis Justinien, elle a su charmer le peuple. Vingt ans elle régnera en maîtresse sur Constantinople.

*

Après la reddition de Nika, parmi tant de temps forts qui ont ponctué le règne de Théodora, trois retiennent l'attention :

– les deux ordonnances de 535 illustrées par sa lutte avec Jean de Cappadoce ;

– son combat en faveur du monophysisme ;

– et enfin l'élimination d'un pape et le choix de son remplaçant, ce troisième exploit étant la conséquence du précédent.

Mais auparavant, évoquons sa sollicitude presque irréelle en faveur de la condition féminine, qui reste une marque constante de son règne.

Dans cette extravagance de l'Orient où s'étalent en plein jour tous les vices, où les maisons de jeux sont fréquentées par les prêtres, où l'hippodrome hanté par la jeunesse dorée comme par la plèbe est le lieu de toutes les rencontres et le temple de toutes les turpitudes, Justinien affirme haut et fort que « le grand souci de l'empire est la moralité publique ».

Bien qu'elle se pique étrangement de pruderie, Théodora trouve dans cette dissolution des mœurs matière à améliorer la condition de la femme en couvrant complaisamment de son manteau d'impératrice les épouses ayant trompé leur mari – elles sont nombreuses à Constantinople. Une femme surprise qui se précipite au palais, et se jette aux pieds de

Théodora est tirée d'affaire : dès lors protégée, elle retourne la situation, traîne son mari en justice, et obtient un jugement qui déclare l'accusation non fondée. Malheur au mari qui plaide en divorce si ses preuves ne sont pas solides : il lui en coûte ! Le malheureux y gagne de devoir rembourser le double de la dot, et le plus souvent d'être battu de verges puis jeté en prison. Quand il en sort, il assiste au spectacle édifiant et roboratif de sa femme se pavanant insolemment avec son amant... Aussi la plupart de ceux qui ont à souffrir de... l'éloignement de leur épouse gardent désormais le silence, et ferment les yeux.

Dans la même intention, sa prévenance s'est exercée en faveur des prostituées exploitées. Des proxénètes achetaient des jeunes filles pour peu d'argent. Théodora les convoque avec leurs victimes, rachète les filles et les renvoie dans leurs familles vêtues de neuf. Plus tard, elle sera à l'origine de la loi *De lenonibus* interdisant le proxénétisme. Ce qui ne l'éliminera pas...

Elle fit étendre le droit à l'héritage aux filles, ce qui n'était pas une mince révolution, et fit passer des mesures de protection de leur dot en faveur des veuves.

*

– **Les ordonnances de 535** et le conflit de la basilissa avec Jean de Cappadoce illustrent le pouvoir de Théodora dans le gouvernement. C'est elle qui a inspiré à Justinien ses grandes ordonnances de 535, actes majeurs du règne, qui règlent les devoirs des fonctionnaires. Si l'impératrice remplit l'administration de ses créatures dont elle contrôle les élections aux magistratures, elle impose également ses idées sur la politique à suivre : Justinien ne quitte pas son palais et ne connaît pas son empire. Elle, oui, qui a beaucoup voyagé. Aussi est-elle devenue les yeux de l'empereur : avant de rien décider, il tient à prendre conseil de la « révérendissime épouse que Dieu lui a donnée ». Tout au long de sa vie, le basileus conservera à sa femme une adoration sans faille. Subjugué par l'intelligence, le courage et la détermination de Théodora, il partage tout avec elle sans jamais lui marchander sa confiance.

Les ordonnances fournissent à Théodora les armes pour lutter avec le principal ministre, gouverneur de la capitale et préfet romain responsable des rentrées fiscales, corrompu et scandaleux, Jean de Cappadoce. Irréligieux, jouisseur, bâfreur et buveur, « couvrant ses voisins du torrent de ses vomissements », il traversait Constantinople entouré de courtisanes à demi-nues le couvrant publiquement de caresses, reconstitution théâtrale des cortèges de l'Antiquité païenne. Son ambition vise à prendre la place du basileus.

Il a surtout eu le tort de se croire autorisé à traiter Théodora avec hauteur et, maladresse suprême, de la calomnier auprès de Justinien. Mal lui en prit. Rien n'arrêtera plus la fureur de l'impératrice.

Cappadoce prend trop tard la mesure de la basilissa, réalise que Théodora, capable de tout, n'hésite devant aucun moyen. Il se convainc qu'il n'y aura pas de quartier, sent sa vie menacée. Saisi par la peur, s'attendant à être assassiné à tout instant par les hommes de main de la basilissa, il s'entoure de précautions telles qu'il devient inapprochable.

Antonina, l'épouse de Bélisaire, ce général de légende, est tout acquise à l'impératrice ; il y a de quoi : fille d'un cocher de cirque et d'une « comédienne », elle a, comme Théodora, fréquenté les coulisses de l'hippodrome et les a talentueusement animées. Ayant séduit Bélisaire, elle s'est fait épouser en 527, l'année même du mariage de Théodora. Procope, qui l'a bien connue, narre à son propos ses pérégrinations érotiques « avec une précision du détail qui en atteste l'authenticité » et nous la montre experte dans « l'art magique du lien amoureux ». À la différence de Théodora qui eut une conduite d'épouse irréprochable et à laquelle, à partir de son mariage, on ne peut attribuer aucun amant, ni même une seule aventure, Antonina poursuivit toute sa vie ses débordements : elle suivait Bélisaire dans ses campagnes accompagnée de son amant, un jeune Thrace du nom de Théodose, son filleul et selon certains son neveu, avec lequel elle fut surprise à plusieurs reprises. Procope raconte :

> *Au début, elle couchait avec lui en secret, mais à la fin en présence même de ses serviteurs et de ses servantes. [...] Les ayant trouvés tous les deux dans une petite chambre souterraine, il [Bélisaire] était entré dans une furieuse colère ; mais elle, sans témoigner de crainte ni essayer de dissimuler cette action, lui dit : « Je suis venue avec ce jeune homme pour cacher le plus précieux du butin afin que l'empereur n'en ait pas connaissance. » Elle dit cela pour se justifier et lui se laissa persuader, bien qu'il ait pu voir dénouée, sur Théodose, la ceinture de la culotte qui couvrait son sexe. Subjugué par son amour pour sa femme, il acceptait de tenir pour complètement faux ce qu'il avait vu de ses propres yeux.*

Photius, fils d'un premier lit d'Antonina et général apprécié, reçut d'un eunuque au service de sa mère le récit de toutes les turpitudes auxquelles il assistait. Il décida de se confier à son beau-père Bélisaire, puis fit saisir et enfermer le Thrace. Désespérée, Antonina se précipita aux pieds de Théodora, qui lui accorda son appui, fléchit Bélisaire, fit rechercher et délivrer le Thrace, qu'elle rendit à Antonina. Celle-ci, dans une folie de vengeance, fit donner la torture à son fils Photius, puis le fit jeter dans un cachot dont il s'échappa trois ans plus tard, pour se réfugier dans un monastère où il prit la tonsure. Les temps n'étaient pas tendres...

Après cela, comment Antonina n'aurait-elle pas porté une reconnaissance éternelle à Théodora ? C'est dans ces circonstances que la basilissa fait appel à Mme Bélisaire pour tendre un piège au gouverneur ; elle invite Antonina à se lier avec Euphémie, la fille adorée de Jean de Cappadoce. Celle-ci est encore très jeune, et Antonina a du charme. Elle manie la jeune fille avec adresse, s'en fait admirer et gagne ainsi sa confiance. Elle la convainc que Bélisaire estimait avoir été mal récompensé par l'empereur, qu'il ourdissait un complot et que s'il avait une intelligence dans la capitale, et particulièrement dans le palais, il pourrait en finir avec Théodora et Justinien. La jeune fille rapporte tout à son père. Ébranlé par cette révélation et amoindri par son isolement, Cappadoce se laisse entraîner dans une prétendue conjuration. De son côté, la Basilissa ordonne à Narcès, chef des eunuques du palais et personnage d'importance, de supprimer Cappadoce sur place au moindre prétexte de crime de lèse-majesté. Quand le gouverneur arrive au rendez-vous, il est reçu par Antonina. Celle-ci, bien préparée par Théodora, fait prendre à son interlocuteur les engagements les plus graves. Machiavéliquement adroite, elle le manœuvre de telle sorte que celui-ci promet tout ce qu'elle veut sans qu'elle formule les demandes. Narcès est caché derrière une tenture ; le poignard à la main, il se précipite sur Cappadoce, mais grâce à la garde qu'il avait conservée, celui-ci réussit à s'enfuir et se réfugie à Sainte-Sophie. La basilique sauve seulement sa vie : dans l'instant et sur place, il est tonsuré puis enfermé dans un monastère.

Ayant raté l'assassinat de son adversaire, Théodora le poursuivra de sa haine. Elle l'extraira du monastère, le fera embarquer sur un navire, puis à chaque escale débarquer enchaîné pour mendier sa pitance sur le quai, puis réembarquer, et ainsi de suite. Deux jeunes gens avaient refusé leurs témoignages accablants qui eussent fait exécuter Cappadoce. Elle leur fait couper la main droite.

Bien que la conjuration montée contre le gouverneur soit relativement connue et ébruitée, Justinien fait mine, comme souvent, de ne rien savoir.

Cet épisode illustre le caractère de Théodora : rusée, violente, cruelle même, quand ses intérêts sont en jeu, elle ne connaît, quant au choix des moyens, aucun scrupule. Pour perdre un adversaire, tout est bon à cette femme intelligente et entreprenante, le mensonge comme la corruption, la perfidie comme le crime. Sûre d'elle-même, elle ne puise de conseils chez personne. Sa décision prise, elle l'exécute avec une froide détermination. Et malheur à qui se met en travers !

*

– Son combat en faveur du monophysisme et l'élimination d'un pape. Ce combat – autrement appelé la Question d'Alexandrie – et l'élimination d'un souverain pontife et le choix de son remplaçant, ne sont en réalité que la même opération en trois temps où elle gagnera le premier, perdra le second et triomphera dans le troisième, tant l'acharnement dans la vengeance est un trait dominant de cette femme. Ils illustrent avec quelle attention constante, quelle prodigieuse ténacité, quelle inépuisable ingéniosité d'esprit elle s'est impliquée et imbriquée avec passion dans les controverses religieuses[6] qui faisaient rage, et dont l'aspect politique favorisait les tendances séparatistes. Mais plus qu'une option politique, elle exprimait sa reconnaissance envers ces prélats qui avaient recueilli la jeune femme d'Alexandrie en perdition, l'avaient régénérée et, sans rien attendre en échange, avaient donné un sens à son existence : attitude bien conforme à son sens de la fidélité. Enfin sans doute aussi, était-elle convaincue du bien fondé de la doctrine monophysite.

Pourquoi la Question dite d'Alexandrie ?

Afin de se prémunir politiquement à l'égard de l'Occident toujours menaçant, Justinien veut se concilier le pape dans la perspective d'une reconquête militaire de l'Italie. En échange, il se propose de lui fournir des gages contre l'hérésie qui frappe et perdure en Égypte et en Syrie, les deux provinces les plus riches de l'Empire, où la condamnation par le concile de Chalcédoine est tenue pour lettre morte.

Timothée, patriarche d'Alexandrie révéré par Théodora, est mort en 537, laissant le siège dans l'anarchie ; assassinats et nominations d'évêques se succèdent. Il faut y mettre un terme. Trois hommes illustrent cette affaire : Paul, Rhodon et Arsène.

---

6. La période est religieusement embrouillée. Si le christianisme a été proclamé religion d'État, le paganisme n'est pas éteint, et des foyers demeurent ici et là. Pour l'extirper, Justinien a fait fermer l'université d'Athènes, qui en constituait la dernière forteresse. En même temps, il a l'ambition de restaurer l'Empire en Occident, et pour ce faire, il lui faut s'appuyer sur la seule force stable qui y persiste : la papauté. Ce rapprochement a pour conséquence de mettre en ébullition l'Égypte et la Syrie, provinces de l'Empire, adeptes inconditionnelles du monophysisme condamné par Rome.

Au mépris du droit d'élection, Justinien nomme patriarche d'Alexandrie un nommé Paul, avec mission d'appliquer les décisions du concile. Le gouverneur d'Alexandrie est Rhodon. Justinien lui intime l'ordre de soutenir les actions de Paul, quelles qu'elles soient, car il est revêtu des pleins pouvoirs du basileus. C'est dans l'ordre.

Théodora est défavorable à cette délégation. Un sénateur du nom d'Arsène est son obligé. Elle l'invite à se joindre à cette mission pour prétendument la faciliter grâce aux relations qu'il possède en Égypte ; en réalité pour la faire échouer.

Aussitôt arrivé, Paul fait arrêter un diacre monophysite nommé Psoës comme l'opposant essentiel à sa mission et le livre à Rhodon, l'autorité civile, qui reste sur la réserve ; mais le gouverneur est harcelé de lettres de l'Empereur – pas moins de treize se succèdent sans interruption – exigeant de presser les aveux. Rhodon soumet alors le diacre à la question, et Psoës meurt sous la main des tortionnaires.

À cette nouvelle, Théodora se précipite chez Justinien. Faible comme toujours lorsque sa femme est en désaccord avec lui, il rejette la responsabilité de cette triste affaire sur Rhodon, alors que celui-ci a suivi ses instructions à la lettre, sur Paul, qui a fait ce que l'empereur attendait de lui, et même sur Arsène. Pour prouver à l'impératrice sa bonne foi, le basileus prend deux mesures immédiates : destitution de Rhodon et son remplacement par Libère, sénateur romain, devenu ainsi le nouveau gouverneur de Thébaïde, et envoi d'une mission d'enquête constituée d'ecclésiastiques et dirigée par Pélage, légat du pape à Constantinople.

Le meurtre de Psoës est évident. Paul est destitué, Rhodon décapité malgré la justification des treize lettres de Justinien qu'il présente. Quelle a été la participation d'Arsène, on l'ignore ; mais Théodora, estimant que son obligé lui a manqué, ne pardonne pas. Elle ordonne à Libère de l'empaler. Arsène est empalé.

Théodose, qui avait succédé à Timothée au patriarcat d'Alexandrie, avait finalement été imposé par les armes sur instruction de Constantinople, et non élu. Monophysite nommé par Constantinople, c'était déjà un geste d'apaisement. Théodose avait formé le projet, appuyé par Théodora, d'aller évangéliser les païens de Nubie. Justinien se mit en tête de confier cette mission d'évangélisation à des prêtres orthodoxes, donc dyophysites, et prépara une ambassade chargée d'apporter au roi de Nubie des présents et de l'argent. Ordre était expédié à Libère, le nouveau gouverneur de Thébaïde, tenant la frontière avec la Nubie, d'appuyer de tout son pouvoir les envoyés du basileus.

Théodora, qui n'entend pas que ce soient des orthodoxes dyophysites qui accomplissent cette mission, prend tout le monde de court. Elle envoie à Alexandrie un émissaire, Julien, porteur d'une lettre à Libère. Il y est dit que l'impératrice souhaite que Julien et sa mission de monophysites parviennent en Nubie avant l'émissaire du basileus, et que si le gouverneur ne s'arrange point, sous un prétexte quelconque, à retenir les agents de Justinien de façon à laisser Julien prendre de l'avance, il y va de sa vie. Entre ces instructions contraires, mais également augustes, Libère n'hésite pas : la mission de Théodora passe en Nubie la première, bien escortée et en grand équipage. Quand celle de Justinien arrive, on lui explique, en lui présentant toutes sortes d'excuses, qu'il n'y a pour l'instant aucune bête de somme disponible, les gens de l'impératrice munis d'ordres formels ayant tout réquisitionné. L'histoire ne dit point ce qu'il advint de Libère…

Si Théodora semble avoir gagné, elle a cependant perdu. Les monophysites sont traqués. Le pape Agapet Ier, venu à Constantinople déposer le patriarche monophysite Anthime, ami de Théodora, n'a cure des menaces de la basilissa et couronne son remplaçant.

Cette fois-ci, les ennemis sont trop forts, et même si l'empereur manque de volonté, sa coalition avec l'orthodoxie dépasse – pour l'instant – la puissance de Théodora.

La basilissa attend son heure. Elle mûrit sa revanche.

*

– L'élimination d'un pape. Un événement majeur se produit : alors qu'il est encore à Constantinople, le pape Agapet Ier meurt le 22 avril 536. L'occasion est exceptionnelle : Théodora ourdit sa vengeance.

À Rome, pour succéder à Agapet Ier, sous la pression des Ostrogoths qui dominent l'Italie, on a nommé – et non élu – Silvère, fils du pape Hormisdas. Peu de temps après, remontant de Naples en boutant les Ostrogoths, Bélisaire fait son entrée à Rome. Et Bélisaire en place, c'est aussi Antonina !

Patiemment, Théodora met au point son plan : déposer ce pape Silvère, et le remplacer par une créature à elle qui rétablira son ami Anthime sur le trône du patriarcat de Constantinople.

Au préalable, elle a obtenu de Justinien carte blanche pour régler la succession de saint Pierre. Le pape n'était, aux yeux de l'empereur, rien de plus que le patriarche d'Occident, au même titre que le patriarche d'Alexandrie était l'héritier de l'apôtre Marc : les deux devaient se soumettre à son despotisme centralisateur.

Théodora a à sa main un diacre, Vigile. Celui-ci est intelligent, adroit, éminemment diplomate, ambitieux autant que roué et conspirateur, né – comme l'avenir le confirmera. Théodora le met dans la confidence : abattre le pape et… se substituer à lui. Vigile est prêt. Mais Théodora lui a fait souscrire l'engagement formel, une fois pape, de condamner le concile de Chalcédoine et de rétablir Sévère sur le patriarcat d'Antioche, et Anthime sur celui de Constantinople. Vigile part pour Rome muni d'une lettre pour Bélisaire, sur place avec son armée. La basilissa lui rappelle dans ce message certain pardon qu'elle lui a accordé en son temps à condition, qu'il avait acceptée, de faire don de sa vie à Antonina, et lui intime, en termes comminatoires, de se conformer en tout à ce que lui prescrira sa femme. Vigile est porteur d'une seconde lettre pour Antonina dans laquelle la basilissa lui trace sans ambiguïté ce qu'elle doit faire.

Bélisaire invite le pape Silvère à venir à son palais. Méfiant, celui-ci est réticent. Le général vainqueur finit par le convaincre, et Silvère se présente. Il est introduit. Et que voit-il ?

Sur un lit d'apparat à l'orientale, Antonina nonchalamment étendue, semblable à Cléopâtre recevant un sujet, et à ses pieds, « amoureusement assis, Bélisaire paraissant un serviteur docile de toutes ses volontés ». Le pape n'en croit pas ses yeux, puis ses oreilles : Antonina l'accable de reproches puis l'abreuve d'injures, comme un simple serviteur.

Silvère est joué.

Tout se passe en quelques instants : Vigile dans le rôle de procureur, le procès est expédié dans la stricte intimité. De pape, Silvère est transformé en petit moine : ses vêtements pontificaux lui sont ôtés, remplacés par une robe de bure, et son crâne est rasé. Qui plus est, il est mis au pain et à l'eau. Dès lors, démis, l'infortuné abdique – solennellement et librement sous la menace – en faveur de Vigile dont l'exaltation est proclamée le lendemain, 29 mars 537. Sans état d'âme, le nouveau pape laisse mourir de faim l'ancien pape dans un cul-de-basse-fosse : c'est le premier pape assassin de l'histoire.

Bientôt, Théodora sent que Vigile prend ses libertés : Anthime et Sévère ne sont pas rétablis sur les sièges patriarcaux de Constantinople et d'Alexandrie, et la condamnation du concile de Chalcédoine ne vient pas. Elle fait mander Vigile par Justinien. Dès son arrivée, mal à l'aise, il signe tout ce que l'on veut, puis prend conscience de s'être mis dans un mauvais cas vis-à-vis des évêques romains. Pour se soustraire à l'influence de la cour, il se barricade dans une église. L'empereur envoie la garde qui défonce les portes. « Le pape se défend comme une furie et, à coups de poing, de pied, de dents fit lâcher prise aux soldats[7]. » Il promet d'être raisonnable et est autorisé à regagner ses appartements. Il s'enfuit à Chalcédoine. « On y dépêche les plus solides gaillards de l'armée qui, sachant s'y prendre, cette fois enchaînent l'enragé. » À nouveau, Vigile signe tout ce qu'on lui présente et Anthime récupère son siège patriarcal de Constantinople.

Une fois encore, Théodora a gagné.

*

7. Jean Mathieu-Rosay.

Pendant vingt et un ans, cette femme régna dans tous les domaines. Égale de l'empereur, elle apparaît à côté du souverain sur les sceaux impériaux. Elle mit la main sur l'État comme sur l'Église.

Implacable, elle n'a reculé devant rien, affirmant, comble du paradoxe, une grande piété. On ne compte plus les œuvres de charité qu'elle a fondées, les sanctuaires qu'elle a créés parmi lesquels celui des Saints-Apôtres dont Saint-Marc à Venise n'est qu'une réplique, les hôpitaux pour les pauvres dont elle a doté Constantinople jusqu'à transformer un palais en une maison d'accueil pour les femmes sans ressources. Plusieurs années, elle a caché Timothée dans son palais. On est dans l'incapacité, faute de trace, de compter les meurtres qu'elle a commandités, mais elle avait ses cachots…

Personnalité complexe, recelant une large part d'inconnu et de mystère, reine du meilleur et du pire, il lui aura fallu parfois céder, mais jamais définitivement : son esprit souple et son caractère audacieux savaient, hors de tous scrupules, se ménager d'éclatantes revanches, son tempérament violent et passionné se délecter de vengeance.

Souvent déconcertante, mais ô combien séduisante, telle fut Théodora.

CESARETTI Paolo,*Théodora*, Payot & Rivages, Paris, 2003.
DIELH Charles, *Théodora, impératrice de Byzance*, Paris, 1937.
ISAMBERT M., *Histoire de Justinien*, Firmin-Didot, Paris, 1856.
KUHNER Hans, *Dictionnaire des papes*, Buchet/Chastel, 1958.
MATHIEU-ROSAY Jean, *La Véritable Histoire des papes*, Jacques Grancher, Paris, 1991.
MICHAUD, *Biographie universelle ancienne et moderne*, Desplaces, Paris, & Brockhaus, Leipzig, 1854.
PROCOPE DE CÉSARÉE, *Histoire secrète*, Les Belles Lettres, Paris, 1990.
RENAN Ernest, *Anekdota ou Histoire secrète de Procope*, Les Belles Lettres, Paris, 1990.
SHERRARD Philip, *Byzance*, Time-Life International (Nederland), 1967.

CATHERINE SFORZA

1463-1509

Au xve siècle, l'Italie présente politiquement une exceptionnelle complexité due à une géographie historique labyrinthique. Tant de duchés, de principautés, de comtés, de cités franches ou souveraines imbriqués dans des traités trahis sans être dénoncés, un enchevêtrement d'alliances principalement issues de mariages, eux-mêmes fréquemment dissous par assassinat, une multitude d'ambitions forcenées servies par la loi du plus fort, soumises à la morale des plus cyniques, où la papauté est généralement exposée où elle ne devrait pas être, et ne l'est pas où elle le devrait. C'est l'époque illustrée par Machiavel et César Borgia, Savonarole et le pape Alexandre VI Borgia, Laurent le Magnifique et Malatesta, Lucrèce Borgia et Pic de La Mirandole. Pour une vision plus claire, simplifions en ne retenant que le duché de Milan, le doganat de Gênes, la république de Venise, la cité de Florence, les États de l'Église et le royaume de Naples. Ainsi retrouvons-nous une géographie plus familière.

Mosaïque d'Italies, cette Italie du xve siècle est le territoire d'élection des *condottieri*. Ces grands fauves y développent un principe de guerre qui leur est particulier : toujours à la solde du plus offrant, trahissant le soir le commanditaire du matin, ils guerroient en faisant en sorte, dans la mesure du possible, de tuer entre eux le moins de soldats, leur capital, car les condottieri sont solidaires dans l'épargne. Sévères avec leurs troupes lorsqu'elles sont en garnison, ils leur autorisent toute liberté de pillage et d'exactions dans les territoires occupés : la résultante est une abomination. Petites cités et principautés font les frais de ces grands prédateurs dont elles sont les proies. Aussi ces villes recherchent-elles comme protecteurs des États plus grands, plus forts : comment choisir entre la république de Venise et le duché de Milan, entre le doge de Gênes et la cité de Florence ? Et quand s'ajoute le roi de France venu mêler ses ambitions à ce patchwork d'intérêts, la protection ne s'en fragilise que plus... Quand subsistent ces petits États que tout condamne, c'est que leur maintient est de l'intérêt des grands.

Univers précaire que celui où le plus petit seigneur tient une cour, fait montre d'un luxe plus extravagant que celui de son voisin, s'endette et pressure la population par l'impôt.

*

Dans cette débauche de meurtres, de trahisons, d'ambitions effrénées et de luxe outrageant pour la misère ambiante, l'énergie et le courage ne font pas défaut. Ils prennent le visage d'une femme : Catherine Sforza. Son mari, Géronimo Riario, vient d'être assassiné, et elle est assiégée par la famille Orsi, ordonnatrice de ce meurtre. Ses cinq enfants sont détenus en otage par les criminels. Mise en demeure de rendre la forteresse, sur son refus, l'un des meurtriers brandit sa dague et menace de trancher la gorge de ces malheureux gosses sous les yeux de leur mère si elle n'obtempère pas dans l'instant. Se dressant alors au sommet du rempart, elle ouvre sa robe sous laquelle elle est nue et, révélant son corps splendide aux regards ébahis des conjurés, elle s'écrie :

J'ai là ce qu'il faut pour en faire d'autres.

D'où est née cette situation ?

*

Comment une Sforza, l'illustre famille ducale de Milan, avait-elle été mariée avec ce Géronimo Riario ?

Fille du duc Galeas-Maria Sforza et de sa maîtresse, une femme mariée nommée Lucrèce Landriani, Catherine est en conséquence une bâtarde. Mais qui s'en soucie au *quattrocento* ? Son oncle, le fameux Ludovic le More, que nous croiserons, avait reçu de son grand-père, le célébrissime condottiere Francesco Sforza, ces simples conseils pour se conduire dans la vie : « – 1° Ne jamais toucher à la femme d'un autre. 2° Ne jamais frapper un serviteur ou un camarade, mais s'il se trouvait entraîné à le faire, s'en débarrasser aussitôt. 3° Ne jamais monter un cheval dur de la bouche. » C'était court.

Élevée comme les autres enfants du duc au sein de la famille ducale, elle reçut une formation complète, de l'équitation à la musique, de l'astrologie à la danse. De toutes les femmes dont il est question dans cet ouvrage, aucune ne lui fut comparable par la beauté. Le portrait que nous en avons, dû à Lorenzo di Credi, est à la fois fascinant, émouvant et impressionnant.

Dès huit ans, à l'occasion d'une alliance avec la cité qu'il veut éblouir par sa munificence, elle est emmenée par son père à Florence. Le luxe de ce Milanais est extravagant : deux mille mulets harnachés et deux mille gentilshommes. La réception de Laurent le Magnifique, alors âgé de vingt et un ans, est à la mesure. Catherine en gardera toute sa vie un souvenir enchanteur.

Cette alliance Milan - Florence conduit le pape Sixte IV à s'assurer l'amitié de Milan : c'est ainsi qu'il propose pour ce but de marier son neveu Gironamo Riario avec Catherine Sforza. Le contrat passé quelque temps après précise que « le mariage ne sera consommé que lorsque la jeune fille sera nubile ».

Contrarié par cette clause, Riario passe outre et dort deux nuits avec sa femme non nubile – elle a neuf ans – pour « marquer son territoire » : ainsi cette union inespérée ne pourra être remise en question.

Riario est un des deux prétendus neveux – en réalité les deux fils selon Machiavel – de Sixte IV, l'initiateur de la chapelle Sixtine, mécène éclatant qui a rassemblé à Rome les meilleurs artistes de la péninsule. Le frère aîné de Géronamo Riario, Antonio, surabondamment nanti par le pape – légation, patriarcat de Constantinople, archevêché de Florence –, étalait une magnificence encore jamais vue chez un prince de l'Église. Il meurt à vingt-huit ans, étouffé par les excès, et laisse à son frère la principauté d'Imola qu'il avait achetée pour le prix de quarante mille ducats. Aussitôt en possession de cet apanage, Riario veut agrandir son domaine. Il surprend la ville de Forli dont il se fait certifier la possession par le pape. Poursuivant ses rapines, il envahit les petits États voisins, mais se heurte à Laurent de Médicis, qui n'entend pas laisser s'étendre ce parvenu. Dès lors, Riario et Laurent se voueront une haine réciproque.

Drame à Milan : le duc, père de Catherine, est assassiné et remplacé par son frère cadet, le fameux Ludovic le More, oncle de Catherine.

Après les deux nuits passées avec son époux, « Mme Riario » a attendu trois années avant de le revoir. Trois ans, cela suffit. Rome et le pape l'attendent, sa principauté aussi.

On ignore quel fut l'accueil de son mari, mais dès son arrivée dans la capitale de la chrétienté, Sixte IV la couvre de bontés et de cadeaux. La toute jeune femme est émerveillée par le Vatican, ses immenses richesses, ses hommes éminents, la pompe des cérémonies et le luxe des appartements pontificaux.

Ses deux premiers enfants naissent au cours des quatre années passées à la cour pontificale. Le pape, son… bel-oncle, apprécie Catherine, peut-être un peu trop si l'on en croit de mauvaises langues vaticanes. Sensible à la beauté sans doute, il l'est plus encore aux charmes des jeunes garçons : entre le bel-oncle et la belle-nièce semblerait s'être plutôt créé un attachement réciproque.

Face à chacun de ses projets, Riario voit se dresser Laurent le Magnifique. Aussi, à force d'insistance, convainc-t-il le pape de la nécessité de faire assassiner Julien et Laurent de Médicis pour faire main basse sur Florence. Assis sur le trône de la *Signoria*, ce parvenu, grâce à son mariage, pourrait prétendre au duché de Milan. Quel avenir, quel destin ! Il met en place une conjuration où les deux Médicis doivent être frappés par un prêtre à l'intérieur d'une église. Julien est tué et, par miracle, Laurent parvient à s'enfuir. Pris sur le fait, les conjurés sont arrêtés, les complices identifiés, et c'est un bain de sang. Les Médicis proclament la responsabilité du pape qui, par représailles, excommunie Florence. La *Signoria* s'en moque, et Laurent réunit un concile qui excommunie le pape ! La Renaissance nous jouera d'autres extravagances de cette farine.

Cette fois-ci, le sort de Riario est scellé : implacable, Laurent signe l'arrêt de mort du comte.

*

Riario et Catherine s'installent dans leurs deux villes de Forli et d'Imola où la population les accepte avec d'autant plus de sympathie qu'ils suppriment les impôts. Ce n'est guère un sacrifice et c'est d'autant moins généreux que le « neveu » avait à sa disposition le denier de Saint-Pierre…

Riario est nommé par Sixte IV capitaine général des États pontificaux, ce qui l'oblige à la prise de commandement, à l'entraînement des troupes et au maintien de la discipline. L'armée tient garnison à une cinquantaine de kilomètres au sud de Rome. Le nouveau capitaine général ne dépasse pas le Latran, où il passe son temps à jouer aux dés sur l'autel de la basilique avec Virginio Orsini auquel le lie l'ambition commune de détruire les Colonna. Il perd énormément d'argent, y compris la solde de ses troupes.

Prenant la dimension de l'insuffisance de son neveu, Sixte IV, en guerre avec Naples, fait appel au condottiere Malatesta pour commander ses armées. C'est la victoire. Cependant, en restant toute la journée sous sa tente, Riario s'est révélé un lâche. Catherine le sait. Déjà, elle n'avait pas approuvé la tentative de meurtre sur les Médicis dont elle gardait un souvenir ébloui et amical. Elle sait aussi ce qui se passe à Rome, les exactions auxquelles se livrent Orsini et son mari pour s'emparer des biens des Colonna, les meurtres aveugles qui se perpétuent couverts par le « Saint- ! » Père. Prise de dégoût devant ces cruautés inutiles et contre la volonté de Riario, elle quitte Rome pour se retirer à Frascati.

Quelque temps après meurt Sixte IV.

*

Au constat de l'effondrement de son mari, Catherine sait qu'elle doit seule défendre Forli et Imola dont l'apanage risque de chanceler avec la disparition du pape.

Elle rentre à Rome.

Le conclave est réuni. Les heurts entre les partisans des Colonna et des Orsini emplissent la rue de clameurs. Le palais Riario est pillé. Il faut intervenir.

Sa réaction est immédiate. Elle se présente au château Saint-Ange, s'annonçant comme envoyée par son mari puisque celui-ci reste en titre capitaine général des États pontificaux. Une fois dans la place, elle s'impose à la garnison. Qui tient le château Saint-Ange tient le Vatican et domine Rome. Elle le sait. Il est peu de coup de force et d'audace aussi révélateur de cette époque en Italie que cette perfection dans l'exécution où ruse, détermination et sang-froid se conjuguent pour la conquête du pouvoir.

Le collège des cardinaux est offusqué et surtout entravé. Il demande à Catherine de rendre le château. Elle refuse. On négocie. Pied à pied.

Finalement, elle donne son accord contre la remise d'une très forte somme et à condition que Riario renonce au commandement de l'armée pontificale, ce qu'accepte ce dernier.

Catherine va alors montrer ce dont elle est capable, à la fois chef de guerre luttant contre les plus grands condottieri de son temps, diplomate capable de négocier avec les plus retors, et amoureuse excessive qui payera la rançon de ses passions.

Suivons cette femme seule dans le volcan du quattrocento où elle va vivre intensément et déployer tant de talents. Elle s'y révélera implacable, et parfois impitoyable.

*

À Milan depuis un mois, Catherine Sforza apprend que Riario est tombé malade. Enceinte de six mois, et malgré l'opposition de sa parenté, elle saute à cheval et fait le long voyage jusqu'à Forli, l'apanage du couple. Sa motivation n'est pas l'inquiétude. Elle veut saisir cette occasion pour installer dans la forteresse un gouverneur à sa dévotion personnelle. Sa manœuvre échoue. Enceinte maintenant à pleine ceinture, elle part au galop organiser un piège qui cette fois-ci réussit, s'empare de la forteresse de Forli et la confie à Tommaso Feo, qui lui est acquis. Après plus de vingt kilomètres à cheval en une seule journée à travers les chemins accidentés qui l'amènent à Imola, elle accouche de son cinquième enfant.

Une semaine passe.

À la faveur d'une trahison, des conjurés s'emparent par un coup de main de la citadelle de Forli, mais la forteresse tient bon. À peine relevée de couches, elle saute en selle et mène un tel train que ceux qui l'avaient déjà accompagnée la semaine précédente et qui sont d'excellents cavaliers, ont du mal à la suivre. Entre-temps, Tommaso Feo s'est emparé des conjurés. Elle est haute justicière : elle fait écarteler six conjurés et oblige les soldats complices qui leur avaient ouvert la grille à faire office de bourreaux.

Le comte Riario engraisse avec excès, se laisse aller. Catherine embellit chaque jour et, malgré ses cinq grossesses, toujours adonnée aux exercices physiques les plus violents, toujours exigeante, jamais languissante, elle resplendit.

Les Orsi, famille importante de Romagne, réclament à Riario une forte somme qu'il leur doit. Il répond par des plaisanteries ; les Orsi n'apprécient pas : le meurtre du comte est décidé. En plein palais, il reçoit un coup de dague dans le flanc ; il se précipite vers la chambre de Catherine mais, avant de l'atteindre, il meurt. La comtesse se barricade et appelle à l'aide. Le peuple, qui déteste le comte, entre armé en criant : « Liberté ! » Le corps de Riario est lacéré, déchiqueté, son cadavre jeté par la fenêtre, traîné par les pieds, mutilé. Les pénitents blancs lui donnent une sépulture en terre profane.

Les Orsi exigent de Catherine, sous peine de mort immédiate, que Tommaso Feo rende la forteresse ! Elle refuse. L'aîné des Orsi lui appuie sa dague sur la poitrine. Elle se redresse et lui lance :

Tu ne me fais pas peur. Me frapper, tu peux le faire, mais peur, non, car je suis la fille d'un homme qui jamais ne connut la peur. Fais ce que tu veux. Vous avez tué mon seigneur, vous pouvez bien me tuer, moi qui suis sa femme.

Retenant les enfants en otage, les conjurés acceptent qu'elle se rende auprès du gouverneur, dans la forteresse afin de le convaincre. À peine a-t-elle franchi le pont-levis qu'il est relevé.

C'est alors que, du haut des créneaux, elle fit la fière réponse soutenue par l'exposition de sa nudité.

Arrivent peu après cinquante cavaliers qui s'engouffrent dans la forteresse : c'est l'avant-garde des renforts que lui envoie Ludovic le More.

Le sort des Orsi est scellé.

Les Milanais approchent. Catherine leur ordonne de se tenir à proximité et de marquer le pas : elle voudrait éviter aux habitants le sac de la ville, alléguant que « beaucoup de femmes et de jeunes filles seraient mises à mal ». C'est un trait constant de son caractère que l'attention portée à son propre sexe et à sa protection en toute occasion.

Dans la cité où prévaut la peur, la foule devient hostile aux Orsi. Du haut de sa forteresse, Catherine en appelle au peuple. Ses enfants lui sont amenés, retrouvés par la population. Le tocsin sonne, les Orsi s'enfuient, et c'est le sauve-qui-peut chez leurs partisans.

Elle n'entend pas rentrer dans la cité par la petite porte. Elle saute en selle rejoindre les troupes. Elle veut faire une entrée solennelle et montrer sa puissance, la puissance des Sforza. Elle choisit deux escadrons qui l'escortent et, vêtue d'une robe de soie verte, parée de ses bijoux et chevauchant un palefroi blanc, la comtesse effectue son retour officiel devant la population qui lui rend hommage. C'est le triomphe.

La reprise en main du pouvoir est immédiate. Elle fait arrêter tous ceux qui l'ont trahie. Dame ! Et elle ne sera pas tendre. Qui l'est donc à cette époque où deux mercenaires anglais se disputant la possession d'une religieuse, leur capitaine « mit en pratique le jugement de Salomon : d'un fameux coup de son lourd espadon il la fendit en deux en s'écriant : « Une moitié pour chacun ! » » Le sort des Orsi qui ont pu être rattrapés est horrible : on leur arrache le cœur et pour faire bonne mesure, on y plante les dents. Leurs biens sont confisqués, leurs maisons rasées. Ceux qui avaient jeté le corps de Riario par la fenêtre y sont suspendus quelques secondes seulement pour n'être pas étranglés, puis précipités sur la terrasse. Membre après membre, ils sont déchiquetés par la populace massée sur la place.

Catherine fait exhumer les restes de son mari pour les enterrer dans la chapelle Riario de la cathédrale d'Imola, puis s'occupe de ses États, remet en ordre son territoire, signe nombre de décrets, pare à toutes les situations.

*

Catherine a maintenant vingt-cinq ans, et quel passé déjà ! La voici installée dans une liaison très officielle avec Antonio Ordelaffi, d'un an plus jeune qu'elle, beau et plein d'allant. C'est sa deuxième passion. On annonce leur mariage quand arrive Giacomo Feo, le frère cadet de Tommaso Feo, de cinq ans plus jeune qu'elle, beau et sage. D'abord familier, il devient son amant et… sa troisième passion. Catherine ne peut se passer d'un homme à ses côtés pour satisfaire ses appétits qui sont ardents et soutenus. Son tempérament est à l'égal de son caractère, exigeant, passionné… Elle est néanmoins pieuse, et surtout respectueuse de certains interdits de l'Église ; alors… elle épouse ses amants, mais secrètement, si bien que l'on ne connaît pas le nombre exact de ses maris ! Giacomo est bien installé dans son lit et il est ambitieux. Catherine décide de lui confier le gouvernorat de Forli à la place de Tommaso, son frère, qui est remercié.

La comtesse entretient une cour réduite, en harmonie avec ses revenus, se différenciant ainsi de ses voisins. Pour ce Giacomo, elle perd la tête. Il semble devoir être le grand amour de sa vie. Celui-ci prend des allures de seigneur, soutient un train royal, monnaye son influence et s'endette. Catherine subvient, sans se lasser. Mais cet homme entretenu, méprisant et prétentieux, se fait haïr de tous, peuple et gentilshommes. La situation devient déplorable. Catherine est folle de Feo, à en perdre la raison. Il le sait, en abuse, tire d'elle tout ce qu'il peut, parade, se pavane, affiche publiquement une morgue insupportable. Guy Rachet cite une lettre adressée à Pierre de Médicis par un Florentin résidant à Forli : « […] Ou Catherine fera assassiner son amant, ou l'amant fera assassiner Catherine avec tous ses enfants, ou Ottaviano [le fils aîné de Catherine] qui montre une âme hardie, devenu adulte, fera périr sa mère avec son amant de mauvais augure. »

Effectivement, Ottaviano ne supporte plus cette situation. Avec son frère Scipione, ils suscitent un attentat qui réussit : Feo est assassiné au passage d'un pont. C'est une explosion de joie populaire. Catherine frise la folie. Elle l'avait épousé, et elle en publie l'information afin que chacun sache ce qu'elle a perdu. Après des obsèques somptueuses, vient l'heure de la vengeance ; elle tient de la frénésie : chasse aux complices ou aux supposés complices, arrêtés, torturés, décapités ; même ses deux fils subissent sa rage dont Scipione, qui passera dix-huit mois enchaîné dans un cul-de-basse-fosse. Cette folie meurtrière, bien qu'explicable par les mœurs du temps, laisse sur le personnage de Catherine Sforza une tache indélébile. Il semble que, plus tard, ses nuits en furent hantées.

*

Toujours active, la comtesse de Forli a développé dans son État des arsenaux qui la rendent indépendante pour ses armements : on y fabrique du salpêtre et de la poudre, mais aussi des lances et des canons, et surtout des boulets. Importante, la production lui assure des réserves qui dépassent largement ses nécessités et lui permettent d'en faire le commerce, car elle s'est attirée une réputation flatteuse par la qualité de ses produits.

Laurent le Magnifique est mort. Rodrigue Borgia est assis sur le trône de saint Pierre sous le nom d'Alexandre VI. Florence est entre les mains de Savonarole, et les Médicis veulent l'en chasser. Ils sont à court de boulets et dramatiquement démunis de poudre. Ils délèguent à Forli Giovanni de Médicis, avec le soin de négocier une importante livraison.

De même qu'elle avait oublié très vite son premier mari, Catherine raye Feo de sa mémoire. Elle a trente-trois ans et s'éprend aussitôt du Florentin. Il ne la quitte plus. Il est fastueux. Il a dix-huit ans ! Il est riche et ne vit pas à ses dépens ; il lui prête même une somme importante. Il a de l'esprit, de la culture, il l'entoure. Elle l'épouse, bien sûr, et en secret, comme il se doit. C'est sa quatrième passion. Cette intimité est ressentie en Italie comme un rapprochement avec Florence ; il inquiète les Vénitiens ; il inquiète les Milanais ; elle sait apaiser leurs inquiétudes. Se succèdent entre Venise, Milan, Gênes, Pise, Florence et la papauté alliances, combats, ententes, règlements de compte. L'époque veut cela.

La comtesse de Forli possède dans son armée un corps d'élite supérieurement équipé et entraîné par elle : à leur demande, elle le prête aux Médicis et met à leur tête

Ottaviano pour qu'il fasse ses premières armes. Après la restauration, elle reçoit en remerciement de sa fidélité la citoyenneté de Florence.

Hélas ! Giovanni meurt de maladie. Elle est accablée, et de nouveau veuve. À trente-huit ans, elle donne naissance à son dernier enfant, issu de Giovanni de Médicis, qui aura un grand destin.

*

Le ciel s'assombrit. Les Vénitiens demandent le passage dans ses États pour entrer en Toscane.

Catherine refuse. Elle lève trois mille hommes et se trouve en guerre contre Venise ! Ludovic le More met à sa disposition un condottiere surnommé Fracasse, un jouteur redouté. Collison-Morley raconte à son sujet que Catherine avait invité à dîner ce Fracasse, un rustre de surcroît stupide, et lui avait proposé de danser :

– Ce n'est point mon affaire.

– *Quelle est votre affaire ?*

– Le combat.

– *Alors, puisque vous n'êtes pas à la guerre, il serait sage de vous faire bien graisser et enfermer dans un placard avec vos armes jusqu'au moment où on aura besoin de vous afin que vous ne deveniez pas plus rouillé que vous n'êtes.*

Puis elle s'était levée, le laissant stupide.

Les Vénitiens pénètrent dans ses États. Ludovic le More envoie des renforts à Catherine, qui est officiellement nommée capitaine des armées milanaises en Romagne ; elle conduit ses troupes au combat. Elle est partout, cavalière accomplie, en cotte de maille, l'épée au côté, voire la hache. Et comme il faut être en pleine santé pour assumer une telle vie, elle met dans son lit un jeune homme du nom de Polidoro Tiberti. C'est un intérimaire entre deux passions.

Les froissements surviennent avec Fracasse, qui n'apprécie pas de partager un commandement, qui plus est avec une femme.

*

Un court entracte dans cette guerre : sa rencontre avec Machiavel dont c'est la première mission. Il arrive à Forli pour négocier au nom du Conseil des Dix le renouvellement des accords liant Florence à la principauté, et obtenir la fourniture de salpêtre et de boulets dont la cité a tragiquement besoin. Par les lettres de Machiavel adressées à ses mandants, le déroulement des négociations nous est connu et permet d'apprécier la finesse diplomatique déployée par Catherine, qui obtient ce qu'elle veut après sept jours d'âpres marchandages.

La situation politique évolue brusquement. En France, Louis XII a succédé à Charles VIII. Il entre en Italie accompagné de César Borgia qu'il a fait duc de Valentinois. Du coup, les Vénitiens se retirent de Romagne. Cette irruption complique, s'il est besoin, une situation déjà inextricable : deux ans auparavant, Alexandre VI Borgia avait proposé de marier sa fille Lucrèce à Ottaviano dont il était le parrain. Le but du pape était évident : prendre en main la Romagne grâce à la puissante principauté de Forli et Imola. Catherine avait décliné cette offre. Elle avait ses raisons : César, amoureux de sa sœur et taraudé par la jalousie, avait très mal supporté le mariage de Lucrèce avec Giovanni Sforza. Il persuada son père de déclarer cette union nulle pour non-consommation attribuée à l'impuissance du mari, ce qui était hautement fantaisiste. Mais Giovanni Sforza pouvait-il agir comme le fera plus tard Ibn-Séoud[1] ? Cette suspicion d'impuissance était un affront pour une Sforza et, pour Catherine, les trois Borgia, sans discrimination, sont devenus ses ennemis personnels. Elle sait que César arrive avec des vues très sérieuses sur la Romagne, appuyé par le roi de France et béni par le Saint-Père qui déclare les seigneurs de Romagne déchus de leurs fiefs.

1. Blessé à l'aine sur le champ de bataille, Ibn-Séoud se fit amener une femme et lui fit l'amour sous le regard de toute l'armée pour montrer à ses troupes qu'il était encore digne de les commander.

Il va falloir se battre sur un nouveau front, et autrement plus dangereux.

Contre la France. Contre Venise. Contre le pape !

C'est alors que Catherine stupéfie l'Italie.

Secondée par Ottaviano, à cheval et l'épée au côté, elle est partout ; elle arme tous ses paysans comme des soldats, constitue des réserves de vivres pour plusieurs mois et met au point l'inondation de ses terres, si nécessaire le moment venu. Guy Rachet raconte : « elle fit couper tous les arbres autour de la cité, et même ceux de son parc ; les maisons alentour furent abattues, tout ce qui pouvait servir à abriter ou à nourrir l'ennemi fut détruit. Les paysans reçurent l'ordre de se réfugier dans les murs de la ville avec leur bétail et leurs outils lorsque tonnerait trois fois le canon, signal de l'approche des envahisseurs. »

Jamais on n'avait vu politique de défense programmée avec une telle minutie.

À Imola, César accepte toutes les exigences des représentants de la cité dès lors qu'ils lui ouvrent les portes. Appréciant une telle courtoisie si inhabituelle chez un ennemi, les gens de Forli trahissent leur comtesse. César prend possession de la ville et de la citadelle. Reste la forteresse.

Décidée à résister jusqu'au bout, Catherine envoie Ottaviano en mission à Florence, ce qui est une façon de le mettre à l'abri. Désormais, elle est seule, confrontée à son destin. Pas exactement seule car le gouverneur de la forteresse est là, Giovanni da Casale, son jeune amant, un intérimaire, lui aussi.

Courtoisement, César vient au pied des remparts et demande à parler à la dame ; elle paraît. César se découvre et, la toque à la main, demande la reddition et assure la vie sauve à la garnison. Elle lui rappelle fièrement à quelle famille elle appartient, qui ne craint pas la peur. Et, crânement, lui retrace à quelle famille lui-même appartient : aussi ne croit-elle ni à sa parole, ni à celle du pape.

Désormais, la lutte sera sans merci.

César met à prix la tête de Catherine pour dix mille ducats. Catherine met à prix celle de César pour cinq mille ducats.

Tous les matins, dès potron-minet, on la voit inspecter chaque poste ; elle dirige les batteries ; huit jours de duel d'artillerie. Puis, à la tête de ses hommes, l'épée à la main, la comtesse effectue des sorties inattendues, foudroyantes comme l'éclair, qui causent des pertes sérieuses et remplissent d'admiration les Français. L'ennemi est subjugué par cette femme qui devient le sujet de tous leurs propos.

La forteresse tombera cependant, après trois semaines, grâce à des sapes sur des points faibles révélés par un traître qui aurait été Giovanni da Casale. Comme il n'y a plus d'espoir, Catherine ordonne de mettre le feu à la poudrière pour faire tout sauter et ensevelir assaillants et assaillis ; les écroulements ne furent heureusement que partiels.

Qu'advient-il alors ?

César est ébloui par cette femme. Quand elle entre en son pouvoir, il lui offre… des robes ! Elle devient sa maîtresse, passant beaucoup d'heures de la journée chez lui et plusieurs nuits dans sa chambre. César est un des hommes les plus séduisants de son temps, beau, intelligent, d'un courage insurpassable et d'une munificence incomparable ; jamais il n'a rencontré une femme qui possède comme lui l'intelligence et le courage en plus d'une telle beauté : quel couple !

Pour la garder près de lui, César doit en répondre devant le roi de France et devant le pape. Il est sa sixième passion.

Ils arrivent ensemble à Rome.

Alexandre VI reçoit la comtesse de façon charmante et veut négocier l'abandon de ses états. Elle refuse. Il la fait enfermer au château Saint-Ange où elle reste une année entière et finit par signer sa renonciation à Imola et Forli. Puis elle part pour Florence, sa deuxième patrie, où elle retrouve ses cinq enfants.

Retirée, elle écrit *Riccetario di belleza,* où l'on trouve des recettes de beauté et toutes sorte de conseils pour fabriquer des élixirs, voire des poisons…

Elle mourut le jour même où elle rédigea son testament. Elle avait quarante-six ans...

Par le fils qu'elle avait eu de Giovanni de Médicis, Giovanni delle Banda Nere, Louis XIV fut... l'arrière-arrière-arrière-arrière petit-fils de Catherine Sforza[2].

---

2. Catherine Sforza :
– son fils Giovanni delle Banda Nere ;
– d'où Cosme grand duc de Toscane ;
– d'où Francesco Ier ;
– d'où Marie de Médicis épouse d'Henri IV ;
– d'où Louis XIII ;
– d'où Louis XIV.

COLLISON-MORLEY L., *Histoire des Sforza*, Payot, 1951.
HAECHLER Jean, *Vérités et dérisions*, La Table ronde, 1983.
MICHAUD, *Biographie universelle ancienne et moderne*, Desplaces, Paris & Brockhaus, Leipzig, 1854.
PASOLINI P.-D., *Caterina Sforza*, Rome, 1893.
RACHET Guy, *Catherine Sforza, la dame de Forli*, Denoël, 1987.

LOUISE LABÉ

1520-1566

1539. Établie par la plume du chancelier Poyet sous l'autorité de François Ier, ce roi qui, selon les astrologues, aurait été conçu « le 10 de décembre à 10 heures du matin ! », l'ordonnance de Villers-Cotterêts impose le français à la place du latin dans les jugements des tribunaux et les actes notariés : désormais notre langue nationale va prendre son envol.

L'ordonnance ne limitait pas son objet à cette clause : elle instituait le secret de l'instruction et réduisait la compétence des tribunaux ecclésiastiques aux questions de foi, attribuant à la seule justice royale la procédure criminelle. Le bouleversement était tel que le Parlement refusa d'enregistrer l'ordonnance sans un ordre exprès du roi.

De ce fait, la promulgation, dans ces conditions, constitue un acte majeur qui fonde la monarchie absolue. Il est regrettable que dans les manuels scolaires la mention de l'ordonnance ne fasse référence qu'à l'usage du français et taise l'importance politique, religieuse, juridique et judiciaire qui en fait une date charnière de l'histoire de France.

Certes, la langue française vivait depuis longtemps déjà dans la poésie, mais elle n'avait pas fait son entrée dans la littérature en prose. C'est donc une date importante de son développement et le commencement d'un épanouissement durable.

Publié la même année à Lyon, le *Débat de la Folie et d'Amour* de Louise Labé est un texte « fondateur » concomitant de l'ordonnance de Villers-Cotterêts, au même titre que le *Pantagruel* de Rabelais publié sept ans auparavant.

On connaît Rabelais. Beaucoup moins bien Louise Labé.

Certains ont eu en main ses poésies pleines de charme. Son originalité n'est pas que là ; elle est essentiellement dans sa prose, la prose de notre français nouveau, et également dans la création des salons.

Qui est-elle ? Une prophétesse d'abord, dans deux domaines séparés où elle est novatrice.

– Elle exhorte les femmes à devenir les égales des hommes et, par un discours nouveau, elle en précise les deux axes d'action : acquérir le savoir, et fonder leur dignité sur la parité des droits entre les sexes. C'était voir loin… Elle saisit l'opportunité de son *Épître dédicatoire à Clémence de Bourges*, « la perle des demoiselles lyonnaises », une personnalité importante de la haute noblesse, pour exprimer cette nécessité d'égalité :

> *Étant le temps venu, Madamoiselle, que les sévères lois des hommes n'empêchent plus les femmes de s'appliquer aux sciences et disciplines, il me semble que celles qui [en] ont la commodité, doivent employer cette honnête liberté que notre sexe a autrefois tant désirée, à icelle apprendre et montrer aux hommes le tort qu'ils nous faisaient en nous privant du bien et de l'honneur qui nous en pouvaient venir.*

Pour atteindre ce but, une seule formule : voir notre sexe,

> *non en beauté seulement, mais en science et vertu passer ou égaler les hommes : je ne puis faire autre chose que prier les vertueuses Dames d'élever un peu leur esprit par-dessus leurs quenouilles et fuseaux […]*

Il n'était point coutume pour une femme de publier une œuvre, à moins qu'il ne s'agît d'un ouvrage consacré à l'éducation, et la pudeur exigeait jusqu'à un passé récent, qu'elle usât d'un pseudonyme masculin. Ici, Louise Labé innove encore en mettant son nom en tête du *Débat*.

– Dans le *Débat de la Folie et d'Amour*, Louise Labé ose poser pour la première fois la question du rapport ambigu entre le pouvoir et la justice, préoccupation qui fera son chemin pour devenir de nos jours un problème obsédant et jamais résolu. En menant une réflexion politique indépendante et audacieuse, elle a fait acte de courage qui surprend son époque et lui conférera une respectueuse admiration.

Étonnante figure, oui, ô combien étonnante par ses anticipations et sa clairvoyance.

Son origine la prédisposait-elle à de telles prises de position ?

Pierre Labé, son père, est illettré. Devenu riche, il accède à la notabilité par la pratique d'un mécénat intelligemment attaché à la culture ; bourgeoisement retiré des affaires, il veille à ce que sa fille, dont il perçoit très tôt les dispositions exceptionnelles, reçoive l'éducation la plus complète. Très jeune, l'acquisition des langues, le latin, le grec et le français bien sûr, mais aussi l'italien et l'espagnol, puis la connaissance des anciens avec un auteur d'élection, Platon, et particulièrement les *Dialogues*, le livre de chevet de Louise, comblent son immense appétit de savoir. Ainsi, cette jeune fille dont la beauté semble avoir été légendaire, sera appréciée dans la société comme savante. Surtout, douée par la nature d'une voix harmonieuse, elle reçoit des maîtres les mieux choisis des leçons de chant et de danse que complète une formation musicale poussée. S'y ajoutera la pratique de plusieurs instruments à laquelle elle s'adonnera tout au long de son adolescence.

Une telle accumulation d'acquis est admirable. Cela ne suffisant pas, s'y greffe un talent particulier. À proximité de Belle Cour, Louise s'exerce à manier les armes sous la conduite de son frère François, « maître joueur d'épée ». Et comme son second frère, Mathieu, est aussi bon cavalier que conducteur d'attelage, elle sera aussi bonne cavalière qu'escrimeuse.

En quelle circonstance se serait-elle battue comme Marot à Pavie, ou comme Ronsard, du Bellay et Rabelais ? Ici, les textes sont incertains, quelques passages essentiels pour leur compréhension restent ambigus : selon Guillaume d'Aubert, elle a pris part au siège de Perpignan qui opposa les armées du futur Henri II à celles de Charles Quint. Un autre de ses contemporains, Antoine du Verdier, signale que ses prouesses lui avaient valu le nom de « capitaine Louis ». Elle a alors vingt-trois ans. A-t-elle été l'héroïne assistant le Dauphin comme nombreux sont ceux qui veulent le croire, ou plus simplement a-t-elle participé à une « prise de Perpignan » jouée par les Lyonnais à l'occasion du passage dans leur ville du Dauphin lorsqu'il descendait réellement mettre le siège ? Cette dernière interprétation semble plausible si l'on considère que Louise agit de même lorsqu'Henri II vint à Lyon en 1548 prendre part aux fêtes organisées par Maurice Scève. Elle joue en tournoi le parti français contre le parti espagnol et développe dans la joute toutes les qualités d'un chevalier, suscitant l'admiration générale : « Louise ainsi furieuse, en laissant les habits mols des femmes, et envieuse du bruit, parmi les Espagnols souvent courut en grande noise, et maint assaut leur donna, quand la jeunesse française environna Perpignan. »

Dans *Élégie III*, elle écrit :

Sur mon vert âge en ses lacs il [Amour] me prit
Lors qu'exerçais mon corps et mon esprit
En mille et mille œuvres ingénieuses.
[…] Qui m'eût vue lors en armes fière aller,
Porter la lance et bois faire voler,
Le devoir faire en l'étour furieux,
Piquer, volter le cheval glorieux,
Pour Bradamante, ou la haute Marphise,
Sœur de Roger, il m'eût, possible, prise,
Mais quoi ? […]

On perçoit comme une nostalgie des temps héroïques. Sans nul doute, elle fut impétueuse et intrépide.

Poétesse, elle était aussi… poétesse guerrière !

*

Qu'en fut-il de sa vie privée ? *Chi lo sa* ? Une femme aussi séduisante par les grâces de son sexe et les charmes de son esprit était admirée. Et tout autant jalousée.

Louise avait épousé un artisan cordier, ami de se son père, du nom d'Ennemond Perrin, beaucoup plus âgé qu'elle, bourgeois et riche, dont on ne sait à peu près rien. On ignore tout de la vie du couple, sinon qu'il a été le moins dérangeant des époux comme plus tard le sera M. Geoffrin dans une situation semblable, mais sans doute fut-il, comme ce même mari, attentif et bienveillant aux réussites de sa brillante jeune femme. Il meurt octogénaire en 1552. Louise a trente-deux ans.

Nombre de suspicions concernant ses mauvaises mœurs ont circulé puis, reprises, ont été amplifiées jusqu'au ridicule, essentiellement animées par la misogynie ambiante qui ne lui pardonnait pas d'écrire. Tant les ragots sont persistants qu'il faudra attendre les récents travaux de recherche pour que soit enfin mis un terme aux calomnies les plus basses dont elle fut l'objet. Même Calvin l'a traitée de paillarde, exactement de *plebeia meretrix*, expression utilisée par le réformé, dont l'exacte traduction est : « putain du peuple. » Il ne la connaissait même pas ! Mais il avait ses rancunes : un chantre d'une église de Lyon, Gabriel Sacconay, ayant éveillé sa haine – non sans raison d'ailleurs –, Calvin n'hésita pas à faire un amalgame lyonnais dérisoire.

Ceux qui ont bien connu Louise ont dit d'elle qu'elle avait « son esprit tant chaste, tant vertueux, tant poétique, tant rare en savoir, qu'il semblait qu'il eût été créé de Dieu pour être admiré comme un grand prodige entre les hommes ». Jugement excessif sans doute. Quant à savoir si elle était de mœurs légères, la belle affaire ! Que les uns et les autres en aient discuté âprement pour essayer de l'évincer de notre patrimoine littéraire procède certainement de la ténacité de la misogynie traditionnelle. Dieu sait pourtant si la Renaissance s'est exprimée en termes crus sans même qu'il soit besoin de nommer tant de grands auteurs.

Veuve, elle n'est pas restée solitaire, et elle a su chanter sa passion.

En réalité l'idolâtrie et la haine ont été son partage.

*

Dans les trois domaines où s'est illustrée Louise Labé femme de lettres : salon littéraire, prose, poésie, elle est éminente dans les deux premiers. Paradoxe : elle n'est connue – relativement – que par le troisième.

Je mettrai d'abord l'accent sur son activité de salon, répugnant à utiliser le terme récent de « salonnière ».

On dit des salons (littéraires) qu'ils ont vu le jour au XVIIe siècle, en réaction à la rusticité, l'agressivité et la vulgarité de l'époque. Dans la chambre bleue de la marquise de Rambouillet se dessinait l'archétype d'une sociabilité où régnaient les belles manières et le beau langage civilisateurs des malappris. Ce fut – paraît-il – une première qui vit le jour à partir de 1618 et se poursuivit un demi-siècle durant avant d'être exécutée par Molière dans *Les Femmes savantes* et *Le Misanthrope*, pour réapparaître et s'épanouir dans toute sa splendeur au XVIIIe siècle.

On oublie, ce disant, que le prototype est né à Lyon, bien longtemps avant, avec Louise qui possède tous les talents de société. Pour établir son « royaume », elle choisit la maison voisine de l'échoppe de son mari, entourée de beaux jardins, située à proximité de la place Belle Cour, dans une impasse recouverte aujourd'hui par la rue de la République. C'est là qu'elle tient salon et reçoit ce qui compte dans cette capitale des arts qu'est alors Lyon, favorisée par ses peintres, ses poètes, ses sculpteurs, ses musiciens. Cité comparable aux plus reconnues des villes italiennes de la Renaissance, Lyon, si proche de l'Italie, en est à cette époque comme le prolongement : ceci explique pourquoi le premier sonnet de Louise sera composé en italien.

Le Moyen Âge, avec ses cours d'amour, est démodé. Les temps classiques sont encore bien éloignés : c'est le lieu où la bourgeoise cultivée rassemble autour d'elle les artistes, les savants, les gens de goût, ceux de bonne compagnie, les érudits, également des hommes de loi ou d'Église. On y rencontre aussi les grands imprimeurs lyonnais qui marquent de leur dynamisme et de leur réalisme la chose écrite et construisent dans cette vallée du Rhône un des plus célèbres centres typographiques d'Europe. Les femmes les plus jolies et les plus distinguées s'y fréquentent. Son salon, par sa renommée, attire les personnalités les plus éminentes de passage à Lyon, qu'elles appartiennent aux sciences, aux lettres ou à la musique. De son salon lyonnais, Louise fait une mecque artistique. Comme plus tard au XVIIIe siècle, on y parle littérature, mais aussi sciences, mais aussi philosophie, mais encore et surtout musique. Il est vrai que celle-ci tient une part tout aussi importante que les lettres, particularité qu'on ne retrouvera pas dans les salons des XVIIe et XVIIIe siècles, beaucoup plus « spécialisés ».

Tous les participants partagent dans l'enthousiasme cette extraordinaire communion dans les arts qui trouve en Louise Labé son officiante.

Il est vrai que la vie de cette « cordière » en surprend plus d'un. Dans le voisinage, au sein de l'artisanat et de la bourgeoisie très traditionaliste, de telles fréquentations, de telles assemblées surprennent, font jaser, et pas toujours charitablement. Dans la noblesse, ceux qui ne sont pas reçus, de dépit, prennent leur part de médisances.

Il est vrai aussi que cette naissance spontanée, indépendante de Paris, de ce Paris qui n'est encore qu'un concurrent de dimension équivalente, est caractérisée par sa nature bourgeoise bien différente de ce que sera la pédante Pléiade. Ici, point de grands seigneurs. Le Louvre est loin, les résidences royales aussi. Ici se réunit un monde authentique chez une jeune femme qui se consacre à l'ascension du français et que célèbrent Marot, Scève, à la culture encyclopédique, Baïf, un des sept de la future Pléiade.

Dans ce salon lyonnais où naît la prose française écrite, Louise Labé trace la voie à Mme de Rambouillet, et même à Mme Geoffrin.

*

Si elle fut une prophétesse, et l'initiatrice des salons, c'est surtout comme prosateur qu'elle fut une pionnière !

La prose vulgaire dédaignée par la Pléiade est née à Lyon et s'y est développée malgré la pesanteur et l'hostilité de la tradition. Mme Karine Berriot fait justement remarquer le climat dans lequel François Ier avait dû imposer le Collège de France dans ce XVIe siècle où la Sorbonne représentait l'orthodoxie catholique : celle-ci se montrait d'autant plus violemment hostile à la traduction en langue vulgaire qu'elle la suspectait « de favoriser la diffusion de l'hérésie protestante au travers de la Bible translatée en français et des psaumes chantés pendant l'office réformé ».

En ce temps, la publication d'un livre par une femme était tout aussi incongrue – plus encore peut-être – que son « aventure militaire ». Avec *Le Débat de Folie et d'Amour*, Louise Labé est la première en France, sinon en Europe, à faire imprimer une œuvre en prose… en langue française s'entend. Elle seule publie de son vivant. Mais aussi, et surtout, elle seule ose tenir « en prose » un nouveau discours amoureux.

À Lyon, c'est la stupéfaction devant « cet étalement des joies et des douleurs de l'amour, cette confession la plus naturelle des sentiments les plus intimes », et ce sont les pudibondes qui, par jalousie, lui attribueront des mœurs de courtisane.

La prose permet de mieux faire comprendre la nature des passions en faisant argumenter la Folie, et d'idéaliser une sensualité en même temps qu'elle « dit » les choses. Cinquante ans plus tard, dans *Le Grand Cyrus,* Mlle de Scudéry s'exprimera ainsi : « Je sache rien de si agréable que de luy entendre faire la distinction d'une amour toute pure à une amour grossière et terrestre […] » Bien avant elle, Louise Labé le dit mieux et avec quel sel : *La lubricité et ardeur de reins n'a rien de commun, ou bien peu, avec amour.* Le sentiment élevé qu'elle a de l'amour est transmis au lecteur en formules fraîches, franches : *Le plus grand plaisir après l'amour, c'est d'en parler !* Partout l'amoureuse qu'elle est s'exprime et s'assume dans la sincérité. Voltaire en écrira ce compliment flatteur : « La plus belle fable des Grecs est celle de Psyché, la plus plaisante fut celle de la *Matrone d'Éphèse*, et la plus jolie parmi les modernes est celle de la Folie qui, ayant crevé les yeux de l'Amour, est condamnée à lui servir de guide. »

Le *Débat de la Folie et d'Amour*, œuvre en prose, est imprimé en 1555. Louise a alors trente-cinq ans : veuve la même année, elle est en pleine maturité quand, pour notre bonheur, Woëriot grave son beau portrait plein d'intelligence et de sensibilité, harmonieux et sérieux, la seule trace que nous ayons d'elle ; un regard qui « traduit un sens aigu de l'observation » dans un visage irradiant la franchise.

*

Même si elle y est moins pionnière, on ne comprendrait pas que je n'évoque pas la poésie, domaine dans lequel Louise Labé a acquis sa renommée relative, car de ses vers émane un charme si naturel qu'il nous la rend précieuse. Elle raconte comment elle en est venue à publier ses vers :

> *Quant à moi, tant en écrivant premièrement ces [œuvres de] jeunesses [le Débat], que en les revoyant depuis, je n'y cherchais autre chose qu'un honnête passe-temps et moyen de fuir oisiveté : et n'avais point intention que personne que moi les dût jamais voir. Mais depuis que quelques uns de mes amis ont trouvé moyen de les lire sans que j'en susse rien, et que (ainsi comme aisément nous croyons ceux qui nous louent) ils m'ont fait à croire que je les devais mettre en lumière : je ne les ai osé éconduire, les menaçant cependant de leur faire boire la moitié de la honte qui en proviendrait.*

Sa poésie passionnée a-t-elle puisé son inspiration dans celui qui fut l'unique grand amour de sa vie, Olivier de Magny, dont on ne sait rien si ce n'est que leur liaison orageuse engendra une souffrance qu'elle nous crie dans ces vers célèbres :

Oh si j'étais en ce beau sein ravie
De celui pour lequel vais mourant [...]

Si de mes bras le tenant accolé,
Comme du Lierre est l'arbre encerclé,
La mort venait, de mon aise envieuse :

Lors que souef plus il me baiserait,
Et mon esprit sur ses lèvres fuirait,
Bien je mourrais, plus que vivante, heureuse.[1]

Ou bien, comme Sappho dans ses Odes dont elle se pose en continuatrice, où elle allie dans ses *Sonnets* (*Élégie 1*) la passion à beaucoup de douceur :

Il [Phébus] m'a donné la lyre, qui les vers
Soulait chanter de l'Amour Lesbienne[2]
Et à ce coup pleurera de la mienne[3].

Cette parenté exclusivement poétique qu'elle s'est donnée avec la grande poétesse grecque lui a apporté « raffinement, tendresse et sensualité, le droit pour les femmes, privées d'initiatives dans le dialogue amoureux, de suivre leur inclination et partant d'exprimer leurs sentiments ».

Par l'authenticité de sa passion, la sincérité de ses lamentations, la ferveur de ses aveux, ses sonnets ont un chant exempt de tout le pédantisme dont Ronsard, comme ses six compagnons de la Pléiade, ont abusé. Ils eussent été mieux inspirés d'adopter son naturel et son authenticité. L'influence de ses écrits sur ceux de la Pléiade et leurs proches n'est plus à démontrer ; tous l'ont admirée et chantée : Marot, Scève, Pelletier, Pontus de Thiar, Baïf, tous ont rendu hommage aux mérites

1. Sonnet XVII.
2. qui les vers soulait chanter = qui servait à chanter les vers.
3. Sonnet XVIII.

littéraires comme aux qualités personnelles de Louise, qui n'est pas une rimeuse de cour mais un poète ayant une haute idée de son message. Devancière incontestée, ses *Œuvres* élaborées sur des années ont circulé longtemps avant leur publication, peut-être dès 1540/1545, et sa plainte en témoigne : on l'a tant plagiée sans vergogne, on lui a tant soustrait qu'elle a fait appel au roi qui lui a accordé un privilège le 13 mars 1556.

Les *Œuvres* qui comprennent les *Élégies* et les *Sonnets* paraissent un an après le *Débat* et connaissent aussitôt un vif succès à travers toute l'Europe. Abouties en 1556, elles sont le résultat d'une vingtaine d'années de soins.

Première à avoir clamé à la première personne ce que l'on a appelé « le droit à la passion », elle est la mère du renouvellement poétique :

Baise m'encore, rebaise-moi et baise :
Donne m'en un de tes plus savoureux,
Donne m'en un de tes plus amoureux :
Je t'en rendrai quatre plus chauds que braise.

Las, te plains-tu ? ça que ce mal j'apaise,
En t'en donnant dix autres doucereux.
Ainsi mêlant nos baisers tant heureux
Jouissons-nous l'un de l'autre à notre aise.

Lors double vie à chacun en suivra.
Chacun en soi et son ami vivra.
Permets m'Amour penser quelque folie :

Toujours suis mal, vivant discrètement,
Et ne puis donner contentement,
Si hors de moi ne fais quelque saillie[4].

Est-ce cette consonance hypocritement ou stupidement interprétée qui a fait bannir Louise Labé des manuels scolaires ?

---

4. Sonnet II.

Ou faut-il voir la simple misogynie des critiques pour qu'elle soit ainsi tombée dans l'oubli ? Desgranges, qui a présidé aux humanités de plusieurs générations, sur mille pages de son cours de littérature française consacre seize lignes seulement à Louise Labé, et son confrère Émile Faguet lui fait une place moindre encore. René Ardouin écrit très finement : « Tous les rêves érotiques et métaphysiques de Louise, d'une si parfaite unité d'expression qu'ils soient traduits en prose ou en vers, reposent sur les contradictions de ce douloureux dilemme entre les désirs du corps et les aspirations de l'âme. »

Il n'est pas question de débattre ici de la qualité littéraire des *Œuvres* ; par la musicalité dont procède avant tout sa langue, Louise Labé a renouvelé le sonnet en France au XVIe siècle, mettant elle-même ses poèmes en musique – on en est certain pour quatre, aucune trace n'en reste hélas ! Mais elle y a puisé sa puissance expressive.

En moins de douze mois, les *Œuvres* sont éditées à quatre reprises, un succès qui surprend.

Nombreux sont les poètes célèbres du XXe siècle qui ont loué les *Œuvres*, comme les meilleurs critiques. Senghors a écrit :

> *Beauté, culture, douceur, bonté, aucune qualité ne fait défaut à la Belle Cordière aux tresses blondes. On s'étonne qu'elle ait pu passer aux yeux de certains pour une indigne courtisane. On ne saurait trouver, dans toute notre littérature, des poèmes d'amour plus pudiques. Il est vrai que Louise Labé n'a pas le sens du péché ; elle a l'innocence du cœur et de la chair ; elle reste la plus grande poétesse qui soit née en France.*

Innovant en poésie comme en prose, elle a supprimé la frontière entre l'une et l'autre.

*

Les dix dernières années de sa vie sont peu connues. Déprimée et malade, elle a cherché refuge auprès de Fortini, un ami dévoué chez qui elle est morte pieusement. Elle fut inhumée à Parcieux-en-Dombes où se trouvait la Grange Blanche, une propriété héritée de sa famille.

*

Après la mort de Louise Labé, Paris a étouffé Lyon, la Pléiade a supplanté la Renaissance lyonnaise et l'a ramenée à un rang second. C'est sans doute regrettable. Mais son salon servira de modèle à ceux des XVIIe et XVIIIe siècles.

Si Louis Labé a donné ses lettres de noblesse au sonnet, en écrivant en prose dans ce français dit « vulgaire », ce français pulpeux, mûri sous les cieux lyonnais, elle a fait acte fondateur.

Nous lui sommes redevables de l'inestimable jouissance de pouvoir savourer en prose la délectable vigueur du français avant que la fin du XVIe siècle et le début du XVIIe ne l'aient chargé des exigences classiques qui ont gommé quelque peu cette exubérance si séduisante, si spontanée, si joyeuse, si musicale.

Après Rabelais, elle a été le premier prosateur de notre français.

ARDOUIN Paul, *Maurice Scève, Pernette de Guillet, Louise Labé. L'amour à Lyon au temps de la Renaissance*, Nizet, Paris,

BERRIOT Karine, *Louise Labé, La Belle Rebelle et le François nouveau*, Le Seuil, Paris, 1986.

BOY Charles, *Œuvres de Louise Labé*, 2 vol., Alphonse Lemaire, Paris, 1887.

LAFFONT-BOMPIANI, *Dictionnaire des Œuvres*, Robert Laffont, Paris, 1968.

Les extraits cités de Louise Labé proviennent des *Œuvres complètes* de Louise Labé, édition critique par Karin Berriot.

CATHERINE DE PARTHENAY

1554-1631

En mars ou avril 1573, dans La Rochelle assiégée, une pièce est jouée dont l'auteur est une jeune femme de dix-neuf ans. Grâce à sa plume, elle met en scène *Holopherne* – la pièce est perdue –, pour soutenir le courage de ses compatriotes. S'est-elle identifiée à l'héroïne ? Quelle était cette pièce ? Issue de l'Ancien Testament, cette tragédie montre Judith assiégée à Béthulie par Holopherne, général de Nabuchodonosor, et sa puissante armée. Les sources d'approvisionnement d'eau sont coupées, la ville est aux limites extrêmes. Fardée avec la dernière recherche, revêtue d'une somptueuse robe et couverte de ses plus beaux bijoux, Judith sort de nuit et pénètre dans la tente du général, le séduit et l'assassine. Elle coupe sa tête qu'elle ramène à Béthulie, où le peuple lui fait un triomphe. Mais Judith le décline, remerciant Dieu d'avoir armé son bras et d'en avoir fait l'instrument de Sa justice. Le succès est vif.

Qui est cette jeune femme ?

Elle est riche, elle est veuve, elle appartient à la haute noblesse. Égérie de la Réforme, elle s'enferme volontairement dans cette place qui s'est déclarée ouvertement calviniste.

D'où vient son autorité, comment s'est-elle affirmée la pasionaria du parti huguenot ?

Elle est fille de Jean de Parthenay et d'Antoinette d'Aubeterre, dame de Soubise.

Jean de Parthenay
L'archevêque

Jean VI de Parthenay
Seigneur de Soubise

Antoinette d'Aubeterre
devenue dame de Soubise

Catherine

François II vient de mourir, et son frère va monter sur le trône sous le nom de Charles IX.

Sombre période où les luttes religieuses déchirent le royaume. Par une lettre à Catherine de Médicis, régente de fait, Jean de Parthenay officialise son adhésion au luthéranisme. Catherine de Médicis lui demande de réfléchir, de surseoir à sa décision et lui propose s'il reste catholique d'être gouverneur de Charles IX avec le bâton de maréchal. Sur son refus, conciliante et espérant néanmoins, elle lui envoie l'ordre de Saint-Michel.

Les protestants se soulèvent.

Condé, chef du parti réformé, confie à Jean de Parthenay le gouvernorat de Lyon. Les troupes catholiques approchent du parc Soubise, la propriété des Parthenay près de Rochefort. Antoinette d'Aubeterre apprend que, pour vaincre la résistance de son époux, la cour projette de la prendre en otage avec sa fille unique Catherine, de les faire conduire sous les murs de Lyon et là, de les faire poignarder si Jean de Parthenay refuse de capituler. Dignes des plus stoïques Romaines, les deux femmes lui écrivent, l'invitant au contraire à résister et à préférer la gloire de Dieu à la vie de son épouse et de sa fille unique. La pacification d'Amboise met un terme heureux au conflit, et Jean de Parthenay meurt peu après d'épuisement, le 1er septembre 1566. La branche est éteinte.

La jeune fille n'a que douze ans. Intelligente, elle est instruite dans la tradition calviniste ; musicienne et lettrée, on lui apprend le grec, le latin, l'hébreu et... beaucoup de mathématiques. Nerveuse, parfois trop, imprudente, parfois trop également, allante, passionnée, elle aime vaincre, et se vaincre. Par-dessus tout, elle se plaît au milieu des livres d'une bibliothèque : là est son territoire d'élection. Mais elle a une santé fragile : d'immenses fatigues spontanées dont on ne diagnostique pas l'origine, et des migraines, longues, persistantes, épuisantes.

Mieux que dans l'univers catholique, les femmes peuvent s'imposer dans la société réformée où l'obéissance est cependant de règle, et la dame de Soubise est autoritaire. Catherine est un beau parti, il lui faut un huguenot. On est ami avec les grandes familles réformées, les d'Aubigny, les Coligny, les Duplessis-Mornay... L'affaire est vite entendue, et la jeune fille apprend qu'elle va se marier avec Gaspard de Coligny. Las ! À quelques jours des noces, le jeune homme meurt de la peste. Le choix suivant de sa mère ne se porte pas sur un jeune homme, loin s'en faut. Catherine a maintenant seize ans, une vingtaine d'années séparent les fiancés. Ils se marient à La Rochelle, la ville aimée. Il ne semble pas que le couple soit accordé. Charles de Kellenec se bat dans le Poitou, revient, repart. Le mariage est stérile ? Aurait-elle toujours refusé la porte de sa chambre à son mari, comme on l'a dit ? Serait-il impuissant ? Les lèvres de Catherine restent scellées et, en l'absence de rejeton, Mme de Soubise souhaite la dissolution. Une instruction en annulation est entamée.

C'est la nuit de la Saint-Barthélemy, le massacre des protestants : Kellenec est tué en défendant sa vie dans les couloirs du Louvre.

À la nouvelle de la tuerie, La Rochelle s'enflamme, entre en opposition avec le pouvoir central, argue de son autonomie, refuse le gouverneur qu'on veut lui imposer. La ville est mise en état de siège, puis bloquée par mer. Rochelais, hommes et femmes, luttent avec acharnement. Toute jeune veuve de dix-neuf ans, Catherine de Parthenay participe au combat. Certes, elle n'a pas le mousquet à la main, mais elle possède d'autres talents. Elle est lettrée ? Alors, pour remonter le courage de ses compagnons, elle écrit. Et c'est *Holopherne* joué par des amateurs hâves et dénutris devant un public fervent. C'est un succès.

*

Le siège levé, de retour au parc Soubise, elle écrit et s'adonne à toutes les formes littéraires. Elle compose plusieurs tragédies et comédies en français. On lui attribue aussi des *Élégies*, une traduction des *Préceptes* d'Isocrate et, plus tard, une *Apologie du roi Henri IV*.

La jeune veuve est un des plus beaux partis de France.

Se présente Charles de Rohan. Il s'est illustré à la guerre où il s'est auréolé de gloire. Il fait une cour assidue à la jeune femme ; mais il est le cadet, et dépourvu d'espérances. Elle balance. Le frère aîné, héritier de la fortune des Rohan, meurt : Charles devient l'héritier. Voilà qui change les perspectives. Le prétendant est aussitôt agréé. Il a vingt-cinq ans, elle vingt et un. Mariage d'amour, domaines immenses, fortune assurée, un vrai conte de fées ! C'est le bonheur. Naissent les enfants dont cinq survivent, trois filles, Henriette, Catherine et Anne, et deux garçons, Henri et Benjamin.

Par ce mariage, Catherine de Parthenay devient cousine du futur Henri IV, et son mari, au cas où le Navarrais n'aurait pas d'enfant mâle, héritier du royaume de Navarre.

*

Généalogie d'Albret - Rohan

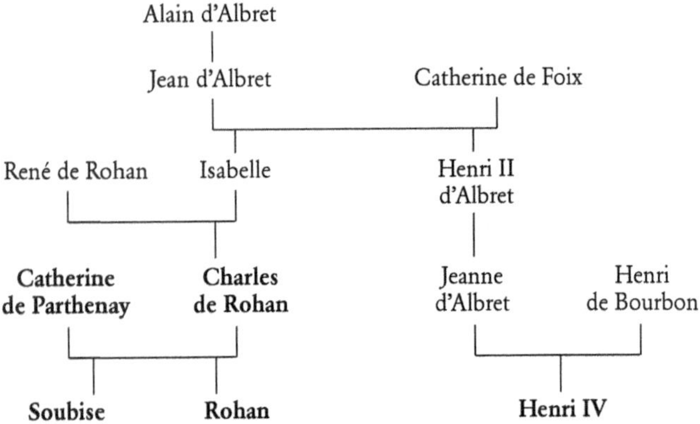

Le 27 avril 1586, Charles de Rohan meurt au terme d'une courte maladie. De La Rochelle parviennent à Catherine d'émouvants témoignages.

*

Âgée de trente-trois ans et veuve pour la seconde fois, Catherine prend alors l'envergure qui fait d'elle cet être indomptable qui force l'admiration.

Elle se consacre à l'éducation de ses enfants, assume elle-même la gestion des propriétés et, après les dévastations occasionnées par les guerres, procède à leur remise en état, malgré ses migraines qui ne la lâchent pas. Elle est partout et entretient une correspondance abondante.

Nous savons qu'on lui avait enseigné les mathématiques, mais nous ignorerions à quel point ses connaissances en la matière étaient approfondies si François Viète, un des plus célèbres mathématiciens de son temps, ne lui avait pas dédié son *Traité de l'analyse mathématique raisonnée* en ces termes :

Comment énumérer les bienfaits dont vous m'avez comblé ? Lorsque j'étais captif vous m'avez arraché des mains des brigands et des abîmes de l'enfer. Vos secours et vos libéralités n'ont fait que redoubler avec mes peines et mes malheurs. Je vous dois la vie et la liberté ; et ce que j'ai de plus cher que la vie, je vous le dois encore. Le fruit de mes veilles vous appartient. Vos conseils m'ont porté vers cet art sublime, dont tous les secrets vous sont connus.

Un semblable témoignage porte haut quand il émane de celui qui a donné sa forme définitive à la trigonométrie et changé les règles de l'algèbre.

À côté de cela, elle a des comportements de vieux garçon. Tallemant des Réaux nous raconte qu'elle « avait une fantaisie la plus plaisante du monde ; il fallait que le dîner fût toujours prêt sur table à midi ; puis, quand on le lui avait dit, elle commençait à écrire ou à parler d'affaires jusqu'à trois heures sonnées. Alors on réchauffait tout ce qu'on avait servi, et on dînait. Ses gens faits à cela, allaient en ville après qu'on a servi sur table. »

Elle est distraite avec des conséquences inattendues. Une fois, en visite chez le doyen du Parlement de Paris, se croyant chez elle, elle invite ce magistrat à passer à table.

*

En 1584 meurt le duc d'Alençon, dernier frère d'Henri III. Du coup Henry de Navarre devient l'héritier de la couronne si, comme tout le laisse penser, Henri III n'a pas de rejeton mâle.

Henri de Navarre et sa cousine Catherine ont des intérêts communs et se comprennent à mi-mots ; Henri prend des dispositions pour que les biens de Charles de Rohan restent provisoirement en indivision ; de son côté, Catherine se garde de toute action politique qui pourrait gêner le présumé Dauphin. Les rapports sont fréquents. Chaque fois que possible, Henri s'arrête au parc Soubise et y demeure souvent vingt-quatre ou quarante-huit heures. Il faut se garder de ce Vert-Galant délicat à loger ; une fois où il était hébergé par un brave charbonnier du nom de Capchicot dont la femme était ravissante, il s'arrangea pour qu'elle vienne le retrouver au cours de la nuit. Devenu Henri IV, il se souvint de cette agréable hospitalité et anoblit pour « services rendus » le brave Capchicot qui n'y comprit rien.

Or la jeune Catherine lui plaisait fort. Quand un soir, il demanda à Catherine sa mère le chemin de la chambre de sa fille, il s'entendit spirituellement répondre : « Par l'église. » Aussi s'adressa-t-il directement à la jeune fille dont il reçut cette réponse : « J'ai trop peu de bien pour être votre femme, et je suis de trop bonne maison pour être votre maîtresse. » Peut-être aussi, il faut bien le préciser, le bougre n'était guère toujours plaisant pour un nez délicat : plus tard, sa maîtresse, Mme de Verneuil, lui dit un jour « que bien lui prenait d'être roi, que sans cela on ne pourrait le souffrir et qu'il puait comme charogne. Elle disait vrai, il avait les pieds et le gousset fin ».

Henri III est assassiné, Henri IV monte sur le trône.

Après avoir abjuré, il reçoit l'absolution des évêques français ; il y avait peu de risque quelle lui manquât… Mais reste le Saint-Père qui n'est pas si indulgent. Il y met ses conditions que les deux plénipotentiaires du roi doivent bien accepter. Et, comme la règle le veut, l'absolution papale fut précédée de l'humiliation : agenouillés devant le pape « ils durent subir publiquement des coups de bâtons en lieu et place du roi, en signe de punition » !

La pacification du royaume reste à réaliser.

Si Henri IV décédait sans enfant légitime, la couronne irait en principe à Henri de Rohan, l'aîné des deux fils de Catherine qui deviendrait reine mère !

Elle est présente à la signature de l'édit de Nantes.

À la cour où elle est souvent invitée… avec sa fille, elle est la très bien venue. Henri IV n'était pas rancunier. Elle assistait aux prêches qui se donnaient au Louvre.

Le roi nomme Henri de Rohan, le fils aîné de Catherine, duc et pair. Dorénavant, elle est duchesse de Rohan et, Henri conservant le nom de Rohan, Benjamin, le cadet, prend celui de Soubise. C'est sous ces noms de Rohan et Soubise qu'ils sont dorénavant désignés ici.

C'est une époque de stabilité où Catherine écrit des ballets.

*

1614, Henri IV est assassiné.

Richelieu apparaît dans l'histoire, prend place et réclame aussitôt la présence d'ecclésiastiques dans le Conseil, tandis qu'on laisse l'administration du royaume à la reine mère. Catherine, duchesse de Rohan, entretient avec Marie de Médicis des rapports réellement amicaux ; cette dernière, attentive à la santé de la duchesse, lui prête un de ses châteaux pour changer d'air tant ses migraines sont persistantes.

L'application de plus en plus partisane par le pouvoir de l'édit de Nantes provoque des révoltes. Catherine de Parthenay prend part avec Marie de Médicis à la négociation de la paix de Loudun. Désormais, les huguenots n'ont plus que deux places de sûreté : Montauban et La Rochelle. L'inquiétude s'installe chez eux. La pression monte.

On est dans une situation de paix armée souvent rompue ici et là. En réalité, c'est la guerre partout. Reconnu comme le chef incontesté des réformés, Rohan commande les huguenots dans le Midi, Soubise dans l'Ouest. Quand Louis XIII met la main sur le Béarn, c'est l'insurrection à La Rochelle.

Nous sommes en 1623. Au parc Soubise, les protestants empêchent les catholiques de pratiquer leur culte. Catherine ne réagit pas. Richelieu la rappelle à ses devoirs de ne pas laisser sur ses terres « troubler et empêcher le curé dudit lieu et autres prêtres qui y seraient employés en la célébration du service divin, jouissance de leurs bénéfices et perception des dîmes ». Elle ne répond même pas au cardinal ministre. C'est maintenant un arrêt du Conseil du roi, suivi d'un second la mettant en demeure de prendre des mesures. Malgré l'inimitié qu'elle provoque par son attitude méprisante, le pouvoir espère encore rallier Rohan et lui envoie une ambassade qui lui tient ce discours :

> *Le roy nous envoye ici pour vous annoncer les bonnes volontés qu'il a pour vous, et pour vous donner la charge de connétable de France, qui est une charge éminente. Vous devez considérer que Madame la duchesse de Rohan [sa femme] avec vos enfants sont arrêtés et votre frère [Soubise] exilé en Angleterre, votre sœur, Mademoiselle Anne de Rohan au Poitou, et vous êtes ici avec trois ou quatre cardeurs réduit au pain et à l'eau ; mais croyez-nous, acceptez l'épée de connétable qu'il vous offre ; nous vous obéirons tous ; mais pour les dernières paroles, je vous déclare que la volonté du roy est que vous changiez de religion, et attendez-vous qu'il vous aime, et nous aussi, qui vous procurons cet avantage et le repos de votre maison.*

La réponse de Rohan est un refus plein de hauteur. Ajoutée à l'attitude de sa mère, l'insolence est à son comble.

La réaction est brutale : les deux châteaux de La Garnache et du parc Soubise sont démantelés, les tours rasées à « hauteur d'infamie », la recette éprouvée de Richelieu.

La période des douleurs commence. La duchesse de Rohan a perdu deux de ses trois filles, Henriette et Catherine. Anne reste la seule avec laquelle elle réside de plus en plus souvent à La Rochelle. Menacée d'être arrêtée afin de faire pression sur son fils, elle s'y réfugie définitivement ; elle a soixante-douze ans.

*

Ce n'est pas ici le lieu de raconter le siège de La Rochelle.

Du moins faut-il en prendre la mesure.

De plus en plus, les protestants sentent qu'ils ne sont que tolérés, le terme de tolérance étant pris dans son acception péjorative.

La Rochelle était une place formidable, que n'avait pu entamer l'armée royale en 1573 lors du premier siège ; l'armement y était considérable au point qu'à la fin du second siège, il en subsistera des stocks impressionnants.

L'organisation politique n'est comparable à nulle autre : un maire élu chaque année assisté d'un conseil de prud'hommes est un personnage éminent. Celui qui porte la main sur lui a le poing coupé et sa maison est rasée rez-pied rez-terre. Il ne va par les rues qu'accompagné de douze sergents munis de verges, bat monnaie, et commande à l'armée et à la marine.

La Rochelle est la capitale protestante de la France, possède une académie – comme Saumur, autre place protestante, en avait possédé une –, le consistoire y siège. Une ville laborieuse, sérieuse, « où l'on vivait selon les stricts enseignements des moralistes calvinistes ».

À l'appel de Rohan et de Soubise, les huguenots se soulèvent dans le Poitou et le Languedoc.

Richelieu veut en finir une fois pour toutes. Le siège de La Rochelle est décidé.

Appuyée par ses deux fils, Soubise en Angleterre, en contact avec Charles Ier et Buckingham, et Rohan dans le Midi, Catherine est la figure emblématique de la résistance. Rohan est capable de lever une armée de protestants enthousiastes et de pouvoir, sur sa fortune, compléter les soldes. Catherine assure le financement de navires et intervient directement dans la diplomatie. Elle galvanise les Rochelais et rappelle un autre siège vainqueur en redonnant, cinquante ans après, *Holopherne,* qui reste dans toutes les mémoires.

Le siège se durcit. Soubise arrive de Londres. Le canon tonne pour le signaler. Le nouveau maire, Jean Guiton, a donné l'ordre de ne laisser entrer personne. Soubise passe outre et se présente au premier corps. Mis au courant de cette arrivée qu'il juge intempestive, Guiton vient à la porte Saint-Nicolas où s'est déjà massée la foule, et reproche véhémentement à Soubise, par ses actions inconsidérées avec Buckingham, d'entraîner La Rochelle dans une guerre sans issue ; il lui refuse l'entrée et le prie de partir. Mais la duchesse de Rohan survient ;

forte de l'autorité acquise dans sa ville et de l'appui inébranlable des pasteurs – ils sont cinquante-sept à La Rochelle –, elle prend Soubise par la main lui disant simplement : *Venez, mon fils*. Qui se serait opposé à la duchesse de Rohan ?

Jean Guiton, irréductible, appuyé, cautionné par Catherine, qui n'entend renoncer à rien, sûre des renforts que La Rochelle recevra de ses deux fils et convaincue de la victoire prochaine, rejette toute négociation quand il serait cependant encore temps.

Le siège devient de plus en plus rigoureux. Il faut se débarrasser des bouches inutiles. Le maire demande au roi des passeports pour laisser sortir une partie des femmes. Refus. Catherine demande qu'on la laisse partir accompagnée de deux cents femmes ; Louis XIII répond sèchement que les Rochelais ne sortiront que tous ensemble.

La situation alimentaire est dramatique. Il y a longtemps qu'il n'y a plus un cheval, plus un chien, plus un chat. On mange n'importe quoi : un stock de peaux de chèvre de six ou sept ans est acheté, les poils rasés avec soin ; on met à tremper puis on fait bouillir et enfin fricasser dans un peu de suif mélangé à de l'eau. Les chaussures, les manteaux ; les ceintures sont cuisinées. Il y a des cas d'anthropophagie, mais on les étouffe. Malgré les horribles privations qui s'ajoutent à sa santé chancelante, à ses migraines qui la poursuivent, cette femme, la conscience de la Réforme, ne cède à aucun moment. La vie sauve contre la reddition immédiate, propose Richelieu. La population est prête. Pour la duchesse de Rohan, c'est non ! elle gardera sa religion. La résistance de cette femme de soixante-quatorze ans reste inentamée. C'est maintenant l'horreur. Liliane Crété écrit :

Après avoir perdu toute graisse et toute chair, et n'avoir plus que la peau et les os, les affamés enflaient des jambes et du visage. En cet état, les uns mouraient avec le teint extrêmement jaune, les autres en désenflant. Ils mouraient sans un mot de révolte, se recommandant à Dieu, bénissant le maire et son conseil de ce qu'ils faisaient pour la défense de leur ville. Cet héroïsme collectif d'un peuple, à plus de trois siècles de distance, reste impressionnant.

Les habitants n'ont plus de chair, ils tombent dans les rues et meurent sur place. Personne n'a plus la force de les ramasser.

La reddition a lieu le 27 octobre 1628.

Sur une population estimée à vingt-quatre mille, quinze mille périrent de faim.

Quand Louis XIII entra dans la ville, « on dit qu'il pleura en croisant dans les rues ces hommes, ces femmes, ces enfants décharnés au regard mort, qui le louaient, à genoux dans la fange ».

Les Rochelais avaient demandé que la duchesse de Rohan fût comprise au traité. Le cardinal se moqua d'eux : l'amnistie générale fut confirmée, sauf pour les cas exécrables de Catherine et de sa fille. Mais en tout état de cause, elles avaient refusé d'être comprises dans la capitulation

Richelieu n'était pas un tendre. Louis XIII pas davantage. Responsable de cet horrible siège à leurs yeux, Catherine est emprisonnée à Niort, ainsi que sa fille.

*

La guerre n'est pas terminée pour autant

Il est des existences où les destins se répètent. Pour la troisième fois de sa vie, Catherine de Parthenay est prise en otage. La première fois pour que son père rende la place de Lyon ; la seconde après que Rohan ait refusé la connétablie. Aujourd'hui, Rohan résiste toujours dans le Midi… Richelieu veut obliger Catherine à lui écrire de déposer les armes. Elle refuse, mais propose de partir le rencontrer. Refus de Louis XIII, craignant qu'au contraire elle ne l'incite à résister. Il entend la contrôler. Elle se décide alors à écrire à son fils, mais lui fait parvenir par un moyen sûr une missive dans laquelle elle lui indique de ne rien croire des lettres qu'elle va lui adresser.

Elle passe huit mois en prison et n'en sort que grâce à la signature de la paix d'Alès. Elle a maintenant soixante-quinze ans.

Désormais, il n'y a plus rien à espérer. Les conditions imposées aux réformés sont draconiennes. Elle rentre au parc Soubise dévasté. Sans avenir, ses deux fils sont partis à l'étranger. Elle puise dans la correspondance avec eux le seul réconfort que lui apporte encore la vie.

Elle a soixante-dix-sept ans et plus d'ennemis à combattre. Toute sa vie, sa force de volonté au service du protestantisme a été inentamable.

Elle s'éteint doucement dans son lit.

BAYROU François, *Henri IV, le roi libre*, Flammarion, Paris, 1994.
BAYLE Pierre, *Dictionnaire historique et critique*, 5e édition, Brandmuller, Bâle, 1758.
BSHPF V, n - XIII 306 - LVIII, 550 - LXXVI, 132, 399 - CII, 138 - CIX, 74.
CRÉTÉ Liliane, *La Rochelle au temps du grand siège*, Hachette, Paris, 1987.
ERLANGER Philippe, *Richelieu, le révolutionnaire*, Perrin, Paris, 1969.
HAAG, *La France protestante*.
MICHAUD, *Biographie universelle ancienne et moderne*, Desplaces, Paris & Brockhaus, Leipzig, 1854.
MIQUEL Pierre, *Les Guerres de religion*, Fayard, Paris, 1980.
TALLEMANT des RÉAUX, *Historiettes*, Les libraires associés, 1959.
VRAY Nicole, *Catherine de Parthenay, duchesse de Rohan*, Perrin, Paris, 1998.

MARIE LE JARS DE GOURNAY

1566-1645

À Paris où résidait principalement sa famille, une jeune femme apprend que l'auteur des *Essais*, qu'elle croyait mort, séjournait dans la capitale. *Pour le cognoistre de face*, elle lui adresse par un exprès une lettre rédigée de si belle manière que, flatté, le philosophe vint la visiter dès le lendemain.

Elle avait vingt-trois ans, lui cinquante-cinq. Guère jolie, loin s'en fallait semble-t-il, mais point laide : le portrait gravé qu'on en possède est sans signification. Probablement avait-elle « quelque chose » dans le regard… En tout cas, Montaigne, qui aimait la beauté chez les femmes – souvenons-nous qu'il a écrit « à la familiarité de la table, j'associe le plaisant, non le prudent ; au lit, la beauté avant la bonté » –, ne se serait pas satisfait d'un laideron. Mais tant d'admiration, de déférence, de vénération de la part d'une jeune femme le ravirent au point qu'« il lui présenta l'alliance de père à fille ». Elle avoua que de cette paternité offerte, est issu pour elle *ce que je puis avoir de bon.*

Quelle rencontre ! Et si inattendue.

À dix-neuf ou vingt ans, elle avait eu le choc : la lecture des *Essais* dans l'édition de 1580 « l'initia à des pensées qu'elle n'avait jusque-là que pressenties ». Son enthousiasme fut tel qu'on pensa lui administrer de l'hellébore tant « l'incertitude qui se dégageait des observations de Montaigne devenait pour elle matière de foi. À travers l'œuvre, elle cherchait l'auteur et croyait en lui ».

Avant même de le connaître, il était devenu son directeur.

Ainsi en est-il de certaines destinées car, si ses goûts la prédisposaient à apprécier Montaigne, sa filiation ne l'y inclinait pas. Fille de Jeanne d'Hacqueville et de Guillaume de Jars, « personnage d'honneur et d'entendement », elle est l'aînée de sept enfants : deux frères et quatre sœurs. Son père, bourgeois aisé, avait acheté une charge anoblissante qu'il avait assise par l'acquisition en 1658 d'une terre noble, le fief de Gournay. Devenu, par cette charge, trésorier de la maison du roi, capitaine et gouverneur de trois châteaux, il meurt jeune laissant sa famille dans une situation financière d'opulence brusquement réduite.

Malgré l'opposition de sa mère, la jeune Marie découvre les lettres seule, apprend le latin sans grammaire par confrontation avec la traduction française, puis le grec avec un professeur, *mais à peu près seulement,* selon ses dires. Suffisamment cependant pour traduire de Diogène Laërce, la vie de Socrate.

De cet accomplissement par sa seule volonté, elle tirera définitivement d'elle-même une bonne opinion.

Devait-elle être talentueuse cette lettre adressée à Montaigne que nous ne possédons pas ; mais elle ne constituait pas, de sa part, un essai dans le genre. Précédemment, elle avait écrit à Juste Lipse, « un des plus célèbres érudits de l'Europe chrétienne », brillant latiniste, philosophe et historien, professeur à l'université de Louvain, pour lui dire son admiration à la lecture de sa correspondance qu'il venait d'éditer ; elle s'était présentée comme future auteur : fallait-il déjà que ce courrier ait été adroitement tourné pour que Lipse, qui ne répondait à personne, lui adressât une lettre d'admiration :

« Se peut-il que tant de pénétration et un si joli jugement, pour ne rien dire de tant d'esprit et de savoir, se montrent dans un sexe différent du nôtre ? »

Et les dithyrambes de longuement pleuvoir :

« Qui es-tu qui m'écris de cette sorte ? Une Vierge ? À peine en donnes-tu preuve, est-il possible que ces, je ne dirai pas lecture et esprit, mais sagesse et jugement, se retrouvent en ce siècle ici ? Tu m'as ému, ô Vierge, et ne sais si je me suis réjoui du siècle, ou si j'ai été marri à cause de notre sexe. »

Étonnant ferrage que deux aussi énormes poissons !

Il faut, hélas, abandonner par économie une demeure parisienne somptueuse pour s'établir à Gournay où l'on peut vivre des produits de la propriété. La maison n'en a pas moins été aménagée et richement meublée. Ainsi Montaigne fut-il invité par la mère et la fille en leur fief sis « à une dizaine d'heures de Paris en coche ».

Bien que l'investissent singulièrement de graves négociations entre les deux Henri (Henri III et le futur Henri IV) auxquelles il présidait, Montaigne n'hésita pas à passer trois mois à Gournay-sur-Aronde en deux ou trois voyages au cours desquels la fille et la mère lui réservèrent un accueil fervent. Pour Marie, quel rêve que ce Montaigne qui parle au roi et à son cousin, homme admiré par Lipse lui-même, résidant chez elle ! Ensemble, toujours ensemble, délicieusement, on se promène, on discute, on dispute de tous les sujets qui le préoccupent. Elle les connaît, les a lus, relus, écrivant sous sa dictée, corrigeant les épreuves. Michèle Fogel présente les reproductions d'additions effectuées de la main de Marie aux chapitres 22 et 23 du Livre I, et 21 du Livre II, résultat sans doute de ces déambulations jubilatoires entre cette jeune fille si réfléchie et cet homme déjà vieillissant que cette amitié, cette complicité rajeunissent. Elle lui narre des contes qui le séduisent ; il lui recommande d'écrire, ce qu'elle fait en date du 26 novembre 1588 sous le titre de *Proumenoir de M. de Montaigne par sa fille d'alliance*, où elle relate un conte qu'elle lui avait fait quelques jours au paravent. C'est une pièce dépourvue de naturel. Pour les besoins de l'édition, elle a ajouté un bouquet de poésie et une traduction d'un morceau de Virgile.

Amour platonique ? Amitié amoureuse ? Les exégètes du philosophe s'en sont donnés à cœur joie pour savoir s'il y avait eu union charnelle. Est-ce si important ? En raison de la disparition de toute correspondance entre eux, seule subsiste l'ambiguïté du langage muet que constitue, comme nous le verrons, la censure exercée par Marie de Gournay dans la seconde édition des *Essais* dont l'intention est difficile à décoder.

En 1591, elle perd sa mère, et assume la direction de la famille ; en vue de leur répartition entre chacun de ses frères et sœurs, elle effectue dans des conditions difficiles des emprunts nécessaires au démembrement des biens patrimoniaux. Les problèmes de succession avec les segmentations et les attributions deviennent aigus, parfois sordides ; le partage final n'aura lieu qu'en 1596.

Avec Lipse, ses correspondances se poursuivent. Avec Montaigne, elles sont régulières ; nous savons qu'elle eut plus tard l'intention de les publier, sans doute par ajout à une réédition du *Proumenoir*.

Et c'est la mort du grand homme dont elle reçoit la nouvelle à Paris en 1592. Lipse lui adresse cette lettre de condoléances :

« Je t'aime, ô jeune fille, mais comme j'aime la sagesse, chastement. Fais de même à mon égard et, puisque celui que tu nommais ton père n'est plus de ce monde, regarde-moi comme ton frère. »

*

Au printemps 1594, la veuve de Montaigne renvoie à Mlle de Gournay l'exemplaire du *Proumenoir*, et en même temps lui en adresse un des *Essais* que son mari, pendant les derniers mois de sa vie, a ciselé en vue de leur réédition, en la priant d'en assurer la publication ; c'est le complément de la copie sur laquelle Marie avait travaillé avec le philosophe à Gournay : plus de mille additions. Alors, seulement, elle découvre avec émotion son propre portrait écrit par Montaigne.

Désormais, elle se voue à la gloire des *Essais*. À sa mort, Montaigne avait laissé deux exemplaires de l'édition de 1585 annotés et corrigés de sa main. L'un avait été remis à la communauté des Feuillants de Bordeaux où il fut oublié ; l'autre, mis à la disposition de Marie, qu'elle a utilisé, est maintenant perdu… alors qu'à son tour, celui des Feuillants a resurgi à la Révolution !

Investie de fait par sa mère et sa sœur d'alliance de l'exécution testamentaire littéraire du grand homme, désormais sa vie est tracée. Marie commence à travailler à ce qui sera l'édition de 1595, la troisième des *Essais*.

Il y a chez la jeune femme un étonnant mimétisme, un calquage naturel, qui la conduit à parler d'elle comme Montaigne parle de lui. Les propos qu'elle tient de ses rapports avec le philosophe bordelais rappellent ceux que Montaigne avait portés sur ses liens avec La Boétie. Elle écrit :

> *Les belles âmes s'allient infailliblement et nécessairement ensemble et, de plus, en ces termes : toi et moi nous attribuons l'une à l'autre, pour ce que la béatitude de l'une et de l'autre est en sa compagne, et nulle part ailleurs pendant le cours de cette vie.*

Certes, les *Essais* avaient été fort appréciés lors de leur première édition, mais ils étaient bien éloignés, alors, de la notoriété obtenue par la suite. Ainsi peut-on affirmer que le travail de Marie n'a pas été inutile à la gloire de Montaigne.

En 1594 est obtenu le privilège d'édition. Il faut un financement conséquent. Le libraire-éditeur L'Angelier l'assure en s'associant un confrère.

Et c'est l'édition de 1595. En in-folio, magnifique. Marie a trente ans. Sa préface est longue et un peu bizarre, intelligente, mais excessive par l'outrance des dithyrambes qu'elle s'autorise au point, selon l'expression de Brunetière, de « nuire à la renommée qu'elle prétendait servir ». Elle en irrita les admirateurs de Montaigne.

Quarante ans plus tard, en 1635, lors d'une nouvelle édition des *Essais* dédiée à Richelieu, elle reproduira ce texte de Montaigne qui appartient au chapitre XVII du Livre II :

« J'ai pris plaisir à publier en plusieurs lieux, l'espérance que j'ai en Marie de Gournay le Jars ma fille d'alliance : et certes aimée de moi paternellement. Si l'adolescence peut donner présage, cette âme sera quelque jour capable des plus belles choses. Le jugement qu'elle fit des premiers *Essais*, et femme, et en ce siècle, et si jeune, et seule en son quartier, et la bienveillance qu'elle me voua, sur la seule estime qu'elle en prit de moi, longtemps avant qu'elle m'eut vu, sont des accidents de très digne considération. »

Il est intéressant de prendre connaissance du texte qui avait été reproduit dans la première édition, celle de 1595 et qui est l'original de Montaigne, pour apprécier les suppressions opérées par Marie à l'évidente intention de minimiser la trop grande admiration affective de l'auteur et de faire taire les malentendus. Ces suppressions sont ci-dessous en italiques :

« J'ai pris plaisir à publier, en plusieurs lieux, l'espérance que j'ai de Marie de Gournay le Jars, ma fille d'alliance ; et certes aimée de moi *beaucoup plus que* paternellement, *et enveloppée en ma retraite et solitude comme l'une des meilleures parties de mon propre être. Je ne regarde plus qu'elle au monde.* Si l'adolescence peut donner présage, cette âme sera quelque jour capable des plus belles choses, *et entre autres de la perfection de cette très sainte amitié où nous ne lisons point que son sexe ait pu monter encore : la sincérité et la solidité de ses mœurs y sont déjà battantes, son affection vers moi, plus que surabondante ; et telle en somme qu'il n'y a rien à souhaiter, sinon que l'appréhension qu'elle a de ma fin, par les cinquante et cinq ans auxquels elle m'a rencontré, la travaillât moins cruellement.* Le jugement qu'elle fit des premiers *Essais*, et femme, et en ce siècle, et si jeune, et seule en son quartier, *et la véhémence fameuse dont elle m'aima et désira longtemps,* [et la bienveillance qu'elle me voua] sur la seule estime qu'elle en prit de moi, [longtemps] avant m'avoir vu [qu'elle m'eût vu], c'est un accident [sont des accidents] de très digne considération. »

Elle a censuré Montaigne.
Dans la préface de 1635, elle écrit :

> *En ce seul point ai-je été hardie de retrancher quelque chose d'un passage qui me regarde [...] je veux démentir maintenant et pour l'avenir, par cette voix, ceux qui croient que si ce Livre me louait moins, je le chérirais moins aussi.*

À chacun d'apprécier.

Fin 1595, l'édition aboutie, Marie répond à l'invitation de la famille et reste à Montaigne jusqu'en début 1597 ; c'est la récompense et le remerciement de « sa mère et sa sœur d'alliance ». Elle est allée *chercher la mémoire du grand homme et contempler les lieux qu'il avait aimés*. Séjour délicieux, entracte dans ses préoccupations d'argent. Les trois femmes s'entendent merveilleusement. Elle y passe quinze mois, échangeant des souvenirs, s'inspirant des lieux, quinze mois installée dans la librairie, lisant les livres de Montaigne, s'imprégnant de son intimité. Et d'écrire à Lipse : *J'étais sa fille, je suis son sépulcre ; j'étais son second être, je suis ses cendres.* Citant Pasquier, Mario Schiff fait justement remarquer qu'elle « a trouvé d'instinct le ton des grandes veuves, de celles qu'une intarissable abondance de larmes permet d'associer à la gloire de leurs maris ».

En vue de réaliser une édition étrangère des *Essais*, Marie se rendit à Bruxelles et Anvers pour rencontrer des imprimeurs, mais son projet s'avéra irréalisable. Devenue célèbre grâce à son édition des *Essais*, elle est, au cours de ce voyage, entourée d'attentions, honorée et fêtée. Ce fut une revanche que cette reconnaissance, tout au moins une consolation.

Par cette nouvelle édition des *Essais*, Marie de Gournay dérange. Son travail est minutieux et scrupuleux. Mais elle est une femme, et cela chagrine : certains critiques, ayant peu apprécié sa préface, la brocardent, la moquent, les reproches pleuvent… même celui d'être une vieille fille ! Aussi croit-elle nécessaire d'analyser son propre caractère en cent soixante-quatre alexandrins où sont minutieusement examinés ses qualités et ses défauts. Relevons :

Voici donc mes défauts : je suis d'humeur bouillante,
J'oublie à peine extrême une injure preignante, […]
Je suis impatiente et sujette à courroux.
Je suis blessée aussi de cette sotte honte
Qui naissant de vertu pour vice nous surmonte. […]
Le siècle trop aveugle et mon malheur étrange,
Me force outre cela d'arborer ma louange :
J'ai l'entregent modeste et de l'honneur j'ai soin.
Je n'aime pas l'argent que pour le seul besoin. […]
Que si j'ai ce défaut d'aimer un peu la gloire
L'ambition au moins me cède la victoire.
Mon courroux bien qu'ardent ma raison ne maîtrise :
Ni jamais ses élans ne m'ont fait ressentir
Les honteux aiguillons d'un tardif repentir […]
Je vois le vice aussi qui déforme l'ami :
Et connais la vertu qui dore l'ennemi. […]
J'ai le cœur noble et franc, je hais toute feintise
Je suis inviolable en l'amitié promise. […]
La grimace de Cour et son fard je rejette :
Je hais sa singerie où chacun s'entresuit.

C'est fort bien dit, et juste.

*

L'édition de 1595 des *Essais* fut suivie de plusieurs rééditions, en 1598, 1600, 1602 et 1604. En 1611, Marie ajouta un index des auteurs. Puis en 1617, assistée par des collaborateurs qu'elle nomme, le relevé des références des citations. : c'est elle qui, la première, du grec, latin et italien, les a traduites en français et en a recherché les sources : entreprise d'investigation aussi longue que minutieuse qui implique une culture classique étendue.

Sa renommée devient européenne ; s'ajoutant à l'édition des *Essais*, la publication par Lipse de ses correspondances où sont incluses trois lettres adressées à Marie, fortes de l'admiration qu'il lui portait, accroît sa notoriété.

*

Si l'édition des *Essais* l'a portée au premier plan, Marie veut exister par elle-même, s'imposer par ses propres productions. Elle a des idées ; elle possède des convictions ; elle met l'écriture à leur service. Dès lors, elle va écrire. Après le *Proumenoir de M. de Montaigne par sa fille d'alliance*, édité en 1594, vont se succéder des écrits importants qui sont autant de prises de position sur autant de questions ; tout à tour, nous allons évoquer les questions sur lesquelles s'est exprimée Mlle de Gournay :

1°- des contes moraux et des écrits sur des sujets divers ou de circonstance ;

2°- des traités sur le féminisme, *Égalité des hommes et des femmes,* précédé d'une adresse à la reine en 1622, réédité et amélioré en 1626, 1634 et 1641, suivi de *Grief des Dames* ;

3°- des prises de position sur l'évolution de la langue où elle s'oppose à Vaugelas,

4°- des participations aux querelles religieuses ;

5°- de nombreuses traductions du latin dont celles de Virgile faites en vers français en 1608, 1610 et 1624.

Examinons ces productions tour à tour.

1°- Sous le nom de *L'Ombre de la demoiselle de Gournay* portant en épigraphe « L'homme est l'ombre d'un songe, et son œuvre est son ombre », paraît le premier recueil de mélanges contenant trente-deux essais qui, sur l'insistance de son imprimeur, sera réédité en 1634 et 1641 sous le titre modifié des *Avis ou Les Présents de la demoiselle de Gournay*.

2°- Dans *Égalité des hommes et des femmes*, elle innove avec l'intention de sensibiliser Anne d'Autriche, dédicataire de l'ouvrage :

> *La plupart de ceux qui prennent la cause des femmes contre cette orgueilleuse préférence que les hommes s'attribuent, leur rendent le change entier, renvoyant la préférence vers elles. Moi qui fuis toutes extrémités, je me contente de les égaler aux hommes, la nature s'opposant pour ce regard autant à la supériorité qu'à l'infériorité. Que dis-je, il ne suffit pas à quelques gens de leur préférer le sexe masculin, s'ils ne les confiaient encore d'un arrêt irréfragable et nécessaire à la quenouille, oui même à la quenouille seule. […] Voyez tels esprits comparer ces deux sexes : la plus haute suffisance à leur avis où les femmes puissent arriver, c'est de ressembler le commun des hommes.*

Montaigne eût-il apprécié ces lignes, lui dont les conseils concernant l'éducation des filles favorisaient plutôt l'ignorance féminine ?

Elle ne manque ni d'humour, ni d'ironie, la Vierge :

> *L'homme fut créé mâle et femelle, dit l'Écriture, ne comptant ces deux que pour un. Dont Jésus-Christ est appelé fils de l'homme, bien qu'il ne le soit que de la femme […] Finalement, si l'Écriture a déclaré le mari chef de la femme, la plus grande sottise que l'homme peut faire, c'est de prendre cela pour passe-droit de dignité[…]*
> *Il n'est pas mauvais de se souvenir sur ce point que certains ergotistes anciens ont passé jusques à cette niaise arrogance, de débattre au sexe féminin l'image de Dieu à différence de l'homme, laquelle image ils devaient, selon ce calcul, attacher à la barbe.*

Écrire un tel pamphlet, c'était risquer de s'exposer au ridicule : mais Marie n'en a cure. Militante féministe au tempérament de croisé, puisant aux plus pures sources socratiques et platoniciennes, elle exhorte les femmes à échapper au *pestilent désastre de dépendre d'autrui*. Égalité de facultés, égalité de fonctions.

En 1598, son frère ayant reçu Gournay dans sa part d'héritage, elle se fixe à Paris dans une aisance désormais très resserrée. Dès 1601, elle renonce au nom de Le Jars pour prendre celui de Gournay, sous lequel elle est connue.

Sa situation financière frôle le désastre : ses rentes ne s'apprécient plus qu'à quinze pour cent de leur valeur. Elle a beaucoup de mal à conserver un semblant de train de vie d'autant que la traquent les terribles remboursements des emprunts consécutifs à la mise en ordre de la succession de ses parents. Dix ans durant, elle lutte pour ne pas sombrer. Période noire.

Elle poursuit en même temps son combat pour la reconnaissance de la femme : c'est *Grief des dames.*

3°- Motivée par la mission qu'avait reçue l'Académie française à sa création, Marie de Gournay prend une part très vive à fixer la langue à cette époque où le combat entre le langage ancien et le nouveau atteint son paroxysme illustré par les Précieuses et Vaugelas. S'opposant violemment à ces derniers, elle s'élève contre l'épuration de la langue, défend celle de Montaigne, Rabelais, puis Ronsard, lutte contre l'élimination de mots et d'expressions goûteuses.

Ses travaux philologiques sont intéressants. Elle écrit *Version des poètes antiques*, puis *Métaphores*, et encore *Rimes,* qui sont repris dans *Ombres.* Elle fait valoir que disparaissent des termes qui ne sont remplacés que par des circonlocutions, en donne force exemples et démontre que sous prétexte de la discipliner on appauvrit la langue. Le carcan qu'on lui impose tue la liberté d'expression. Tels termes offensent-ils les oreilles délicates ? Telle exigence de la grammaire étouffe-t-elle le souffle ? Elle n'en a cure : c'est notre parler, si riche de saveurs. Pied à pied, elle lutte pour la conservation des vieux termes. Pour imposer sa liberté elle édite une plaquette intitulée *Remerciements au Roi,* où elle recueille une « vingtaine des plus riches pièces » de Ronsard qu'elle fait tenir à Louis XIII.

Consciente du magnifique devenir de notre langue qui s'installe, elle l'approuve dans son principe : elle a connu une bonne partie des grands textes qui illustrent le XVIIe siècle : elle a vu *Le Cid, Horace* et *Polyeucte* ; elle a lu le *Discours de la méthode*, elle connaît Balzac et Voiture, mais elle n'accepte pas que le perfectionnement de la langue se réalise au préjudice de renoncements. Elle crie à la violence, au meurtre ! C'est la *Défense de la poésie et du langage des poètes* dont les éditions se sont succédé. Puis c'est un traité sur les *Diminutifs français*.

Surnommée la Gauloise, nombre de ses contemporains l'ont estimée dans son combat. Elle s'affronte violemment avec Guez de Balzac, le maître de l'éloquence, lequel paraphrasant la phrase éditée de Lipse où il la nomme la Vierge, écrit par dérision : « Je suis curieux de savoir (prodige nouveau) ce que peut enfanter une Vierge. » Ils sont tous méchants, ces mâles. Même l'abbé Moréri écrit d'elle dans son dictionnaire : « Toutes les langues savantes lui étaient familières : elle écrivait maussadement dans la sienne. » On lui a reproché en même temps d'être « débauchée » et « pucelle de cinquante ans... » !

Elle méritait mieux que les brocards de ses contemporains et le dédain condescendant des critiques d'aujourd'hui. Si Saint-Amant, Saint-Évremond et Ménage la raillent, c'est qu'elle représente quelque chose. Mario Schitt écrit : « On l'invoque partout où l'on se moque des chercheurs de mots. On la glorifie partout où l'on parle des meilleurs esprits de son temps. » Selon l'abbé de Marolles, ce serait chez elle qu'aurait été conçue la première idée de l'Académie française.

4°- Elle s'est autorisée à participer à des querelles religieuses. Elle prit position en faveur des jésuites en publiant la *Défense des Pères Jésuites* qui souleva nombre de critiques à son égard. La compagnie était l'objet de multiples attaques en la personne du père Cotton, éminent religieux, exemplaire et au-dessus de tout éloge, directeur de conscience d'Henri IV – on plaisantait à ce propos en disant qu'« il avait du coton dans les oreilles » – puis confesseur de Louis XIII. Ainsi, à l'*Anti-Cotton* qui courait le royaume, succéda l'*Anti-Gournay* dans l'intention de la ridiculiser. Pierre Bayle relève à ce sujet :

« Elle eût bien fait de ne pas écrire contre les partisans de l'*Anti-Cotton*. Une personne de son sexe doit éviter soigneusement cette sorte de querelles. Les écrivains satiriques sont des rustres qui ne gardent point de mesures : ils attaquent les femmes par l'endroit le plus sensible. Celle-ci fut représentée, non seulement plus vieille qu'elle n'était, mais aussi comme une fille de mauvaise vie. »

Passionnée par la théologie, elle a correspondu avec saint François de Salles. Moraliste, abhorrant l'hypocrisie, elle s'est, avant Molière, attaquée aux faux dévots et s'en est prise courageusement aux gens d'Église pour leur reprocher leurs excès de table, particulièrement durant le carême et les jours maigres.

5°- Marie de Gournay a beaucoup traduit. Des discours tirés de Tacite, une philippique de Cicéron, une grande partie de *L'Énéide* en plusieurs temps, Horace, Salluste, et une épître d'Ovide.

Aux rééditions des *Essais* s'ajoute en 1618 l'ensemble de ses écrits : mille deux cents pages in-octavo.

Son œuvre a beaucoup vieilli.

*

C'est maintenant sa seconde édition des *Essais*, l'aboutissement de sa dévotion filiale, son couronnement. Dédiée à Richelieu, elle comprend toutes les améliorations successives aux diverses rééditions de la première, complétées par une *Vie de Montaigne*. L'approbation royale et les termes dans lesquels elle est donnée assoient la pertinence de la carrière de Mlle de Gournay. Le privilège de 1635 dont elle a vendu les droits pour dix ans, ceux des rééditions de *L'Ombre* qui se vendent bien lui assurent un peu d'aisance.

Se crée chez elle ce qu'on a appelé l'Académie des beaux esprits, qui se tenait dans sa chambre, grande certes, mais pièce unique.

Richelieu fut son admirateur et la protégea toujours. Tallemant des Réaux, qui n'était pas un louangeur, rend justice à sa noblesse de caractère et à sa force d'âme. Nous lui devons la connaissance de cet épisode :

Boisrobert la mena au cardinal de Richelieu qui lui fit un compliment tout de vieux mots qu'il avait pris dans son Ombre. Elle vit bien que le Cardinal voulait rire : *Vous riez de la pauvre vieille dit-elle ? Mais riez, grand génie, riez ; il faut que tout le monde contribue à votre divertissement. Le Cardinal, surpris de la présence d'esprit de cette vieille fille, lui en demanda pardon et dit à Boisrobert : Il faut faire quelque chose pour Mlle de Gournay. Je lui donne deux cents écus de pension. – Mais elle a des domestiques, dit Boisrobert. – Et quels ?* répondit le Cardinal. – *Mlle Jamin,* répliqua Boisrobert, *bâtarde d'Amadis Jamin, page de Ronsard. – Je lui donne cinquante livres par an,* dit le Cardinal – *Il y a encore ma mie Piaillon,* ajouta Boisrobert ; *c'est sa chatte. – Je lui donne vingt livres de pension,* répondit l'Éminentissime, *à condition qu'elle aura des tripes. – Mais Monseigneur, elle a chatonné,* dit Boisrobert. Le Cardinal ajouta encore une pistole pour les chatons.

Respectueux de la vieille dame dont le carrosse était au bord de rendre l'âme, Richelieu en mit un à sa disposition.

*

Un temps, elle s'est occupée d'alchimie. Selon les uns, avant de connaître Montaigne, selon les autres, après. Il semblerait qu'elle ait pratiqué de loin en loin. En cette occurrence, elle fait preuve de la bonne opinion qu'elle a d'elle-même :

> *Car, comme je me trouve, s'il n'est déjà dit, au-dessus des savants à la mode, je pense être au-dessus des alchimistes ordinaires [...] qui du tout n'ouirent parler de l'alchimie, soit de la commune, soit de l'occulte qui est la mienne.*

On est fixé. Tout ce qui touche aux alchimistes est partout et toujours secret. Elle aurait, au cours de sept années impossibles à préciser, dépensé annuellement trois à quatre cents livres pour l'entretien de ses fourneaux. *La première année que je travaillais sur cet art me coûta, je l'avoue, quelque somme non mépri-*

sable, quoi que non fut excessive, provenant certes de mes inventions et de mes labeurs, non de mon patrimoine. Le goût de l'alchimie – chimie et alchimie étaient encore plus ou moins communes à cette époque – semble l'avoir tenue plus longtemps que ces sept années. Ce n'est pas l'esprit de lucre qui animait Marie mais celui de la recherche, de la curiosité, sachant que la multiplication de l'or condamnerait sa valeur :

L'alchimie est chez moi, mais non ses suites folles :
Tromper, dépenser gros, croire l'art sans douter
Attendre une mer d'or, sans fin la trompeter :
Aucun je n'ai trompé, j'ai fait peu de dépense,
J'attends peu, je dis moins, j'espère sans croyance.
Je ne dupe ou médis. De léger je ne crois.
Je suis fort véritable et d'une entière foi.

Elle a voulu pratiquer l'alchimie comme un art, tout en souhaitant trouver un « remède au désordre de sa cassette » ; peu lui importait, avouait-elle, l'absence de résultat, même d'espérance :

Je ne cessais de travailler pour voir sous les degrés d'une telle décoction, ce que deviendra la matière que je mis sur le feu : cette curiosité n'est-elle pas naturelle et saine.

*

Écoutons ceux qui l'ont bien connue. Sorel, cité par Pierre Bayle :

« Au-dessus de son savoir, je voudrais mettre encore sa générosité, sa bonté et ses autres vertus qui n'avaient point leur pareille. Il faut avouer pourtant qu'elle gardait toujours quelque animosité contre les nouveaux auteurs de son siècle, mais c'était avec raison puisqu'il y en avait entre eux qui ne prenaient plaisir qu'à lui faire pièce. »

Et l'abbé de Marolles, fort de ses amis, qui par ailleurs a parlé de « sa laideur inévitable » : « Elle avait l'âme candide et généreuse ; sa beauté était plus dans l'esprit que dans le corps. »

Pour avoir séduit, malgré son physique ingrat, les émérites intellectuels Lipse et Montaigne, les têtes politiques et hommes de pouvoir Henri IV et Richelieu, saint François de Sales, l'éminence de la pensée religieuse, et la reine Margot, et le duc de Nevers, et Anne-Marie Schurman, le chancelier Séguier... fallait-il que sa nature fût riche ! Elle s'est attaché l'amitié des hommes les plus distingués. Nommons-en deux : Charles Ogier, érudit, avocat, dégoûté de la profession qui, après avoir beaucoup voyagé, entra en religion et publia des récits de voyage et des recueils de poésie ; et surtout François de La Mothe le Vayer que Richelieu, qui l'admirait, avait désigné en mourant pour être précepteur du Dauphin : d'une érudition prodigieuse, ses ouvrages obtinrent un succès extraordinaire ; cependant, l'un d'entre eux, *De la nécessité de la foi en Jésus-Christ*, était boudé, et son éditeur le lui reprochait. « Je connais une recette pour en assurer le débit », et de conseiller de le faire interdire par la censure. Aussitôt, on se l'arracha. C'est à lui qu'elle légua sa bibliothèque.

BAYLE Pierre, *Dictionnaire historique et critique*, 5e édition, Brandmuller, Bäle, 1758.

COURCELLE D. de, « Le rire de Marie de Gournay, fille d'alliance de Montaigne », in M. Tetel éd. Montaigne et Marie de Gournay, *Actes du colloque international de Duke*, 31 mars-1er avril 1995, Champion, 1997.

DEZON-JONES E., *Marie de Gournay : fragments d'un discours féminin*, Paris, 1988.

FOGEL Marie, *Marie de Gournay*, Fayard, Paris, 2004.

GOURNAY Marie de, *Égalité des hommes et des femmes - Grief des dames* suivis du *Proumenoir de Monsieur de Montaigne*, commenté par Constant Venesoen, Droz, Genève, 1993.

MICHEL Pierre, « Une apôtre du féminisme au XVIIe siècle : Mademoiselle de Gournay », *Bulletin de la Société des amis de Montaigne*, n°27, oct-déc 1971.
MORAND Jean, « Marie Le Jars de Gournay, la fille d'alliance de Montaigne », *Bulletin de la Société des amis de Montaigne*, n°27, oct-déc. 1971.
SCHIFF Mario, *La Fille d'alliance de Montaigne, Marie de Gournay*, Champion, Paris, 1910.
SECRET F., *Littérature et alchimie : Mlle de Gournay, alchimiste*, Bibliothèque d'humanisme et Renaissance, XXXV, 1973.
TALLEMANT des RÉAUX, *Historiettes*, La Pléïade, 2 vol. I, p. 382 & I, p. 379, Paris, 1960.

MLLE MAUPIN

1670-1707

Au cours de l'hiver 1689 débute à l'Opéra de Paris dans le rôle de Pallas de *Cadmus et Hermione* une jeune femme auréolée de toutes les séductions : taille moyenne, merveilleusement proportionnée, d'abondants cheveux châtains, nez aquilin, grands yeux bleus expressifs et avec cela une bouche tentatrice, mobile et charmante. Sa gorge est splendide, blanche et ferme, ses jambes admirables ; son allure est énergique et conquérante. Elle subjugue dans le rôle de la déesse de la guerre. À la fin de la représentation, c'est le délire.

D'où vient-elle ? De province ? Laquelle ? Questions sans réponses : elle vient de provinces, et nombreuses. À vingt ans, Madelaine a un passé derrière elle, et quel passé déjà !

Si elle vient des provinces, elle n'en est pas moins née à Versailles d'un certain Gaston d'Aubigny, secrétaire du comte d'Armagnac, haut responsable des Grandes Écuries. L'excellente connaissance de l'épée qu'avait ce Gaston d'Aubigny le faisait respecter, son indifférence marquée à l'égard de Dieu et une sympathie affichée pour le Diable lui conféraient de l'originalité, un goût notoire pour les femmes, et le jeu le faisait admirer.

Sachant combien les risques de la rue exposent à tout instant la vie du premier venu, il eut la précaution de donner à sa fille une formation virile où l'épée, le cheval et le travail des réflexes eurent une large part ; c'était intelligemment compléter l'excellente éducation féminine délivrée par l'administration privilégiée et élitiste des Grandes Écuries de Versailles aux familles de ses employés que dispensaient les meilleurs maîtres de musique, de danse et de chant. La jeune fille apprend en outre les langues et s'initie au dessin comme toutes ses semblables bien nées. Douée à l'évidence, elle se révèle surtout passionnée. Endurante à cheval, adorant le fleuret, toute jeune elle est animée par l'esprit de compétition : elle veut gagner.

Et déjà, elle est jolie, très jolie.

Le comte d'Armagnac guette. À peine est-elle pubère, il la culbute. Madelaine dévoile un talent précoce qui enthousiasme le comte, une endurance qui étonne à cet âge, enfin une ardeur qui épuise son partenaire. S'il veut conserver cette merveille, il faut lui procurer un état : il la marie à un certain Maupin, vraisemblablement un brave homme dont on ne sait rien. Comparé au comte, il apparaît bien médiocre à la donzelle qu'il encombre vite. Elle demande à son amant de l'éloigner en le faisant nommer au plus loin, en Provence, où elle le suivra... plus tard ! Désormais, sans compte à rendre à ce mari lointain, elle est libre. Elle n'a encore que quatorze ans !

Ayant toujours des chevaux à sa disposition – le comte d'Armagnac y pourvoit –, elle devient une cavalière accomplie et surtout, elle court les salles d'armes où elle révèle toutes les qualités d'un grand bretteur : vivacité, réflexes foudroyants, souplesse et maîtrise de soi, maturité d'analyse du jeu adverse, ne quittant pas les yeux de son adversaire pour deviner ses intentions. À cet entraînement se développe naturellement une nature belliqueuse.

Dans les salles d'armes, les maîtres sont le plus souvent d'un certain âge, mais les prévôts sont jeunes. Madelaine s'amourache de l'un d'entre eux du nom de Serrane. La trouvant si douée pour l'épée, il se pique au jeu pour en faire la plus fine des lames.

Serrane n'a guère d'avenir car la maîtrise est hors de sa portée : cinq années de concours successifs pour l'acquérir nécessitent des moyens financiers que ne possède pas le jeune homme. Pour conserver cette maîtresse si belle et la soustraire à la concurrence, il lui fait miroiter la fortune de sa famille marseillaise et l'engage à l'accompagner dans cette lointaine province. Ils partent. Pour voyager, Madelaine s'habille en homme et remarque que les femmes la regardent tant elle est séduisante en costume de cavalier.

Arrivés dans la capitale phocéenne, Serrane avoue qu'il n'a pas de famille, et moins encore de fortune. Elle ne lui fait aucun reproche, mais… il faut vivre. Le couple donne alors des exhibitions d'escrime, homme contre femme, une nouveauté. Elle a choisi un costume mettant en valeur sa plastique et sa beauté. Les assauts sont brillants, les applaudissements unanimes. On en vient à douter qu'un tel talent dans une discipline réservée aux hommes ne cache un artifice. Dans l'assistance, quelqu'un crie :

– Ce n'est pas une femme !

– Ah ! Je ne suis pas une femme ?

Madelaine arrête l'assaut, jette son épée à terre, déboutonne sa veste et dévoile largement sa poitrine nue. La salle est subjuguée.

Le temps passe. Les exhibitions attirent de moins en moins de public. Serrane a l'idée saugrenue de chanter en duo avant les assauts. Il a une jolie voix, elle a déjà tâté du chant aux Grandes Écuries et, contre toute attente, c'est le succès : la voix de contralto, rarement exprimée à cette époque, trouble. Serrane la pousse à se présenter à l'Opéra de Marseille : elle obtient un rôle de débutante malgré son absence de réelle technique musicale, mais sa mémoire prodigieuse y supplée. La salle d'Opéra avec ses ors et ses lumières mettent la beauté des femmes en valeur. Madelaine a maintenant dix-sept ans. Elle fait la connaissance de Charlotte, une jeune fille pour laquelle elle est saisie d'un désir spontané et très fort. Elle brûle. On les présente. Une amitié se noue. Elle est reçue chez elle. Sa voix de contralto émeut, trouble : c'est l'étreinte, dans l'ivresse. Les deux néophytes découvrent dans le vertige les amours interdites.

Alarmés par ce qu'ils croient n'être qu'une amitié excessive, les parents décident d'enfermer leur fille dans un couvent d'Avignon. Éperdue, Madelaine quitte Serrane qui, désormais, ne présente plus d'attrait, et se précipite à Avignon. Las ! Il y a douze maisons conventuelles ! Dans laquelle est enfermée Charlotte, et comment la découvrir ? L'imagination ne lui fait pas défaut : habillée en cavalier, elle se renseigne auprès du relais de poste et par un heureux hasard découvre celui où est enfermée sa belle. Elle se déguise alors en dévote et se présente à la mère supérieure. Faisant appel à son expérience théâtrale, elle joue une grande scène : jeune veuve d'un homme fort riche, désespérée, elle veut consacrer sa vie à Dieu et offrir sa fortune au couvent qui l'abritera ; on ne résiste pas à de pareils élans et d'aussi admirables arguments : elle est aussitôt acceptée comme novice.

Les retrouvailles sont émouvantes. Transportées de bonheur, elles vivraient dans l'extase n'étaient les contraintes monacales vite devenues insupportables par leur rigueur. Le destin va intervenir.

Dix jours après leurs retrouvailles meurt une religieuse. Les diverses cérémonies et les longues oraisons se prolongent plus de vingt-quatre heures. Madelaine saisit l'occasion. Elle fait jurer à Charlotte de lui obéir quoi qu'elle lui ordonne, et de l'attendre. En pleine nuit, la « novice » pénètre dans le cimetière où la tombe est restée ouverte, en retire le cadavre, le dépouille de tout ce qui permettrait son identification, charge la morte sur ses épaules, entre dans la cellule de son amie effrayée du spectacle. Madelaine l'oblige à coucher le cadavre dans son lit, met le feu aux draps, brûle tous les linges contre la tête de la morte et fait en sorte que le feu se répande. Elle entraîne Charlotte morte d'effroi à travers le cimetière, escalade le mur… Le feu est au couvent, cris, affolement… Personne ne les a vues. Madelaine récupère ses habits de cavalier, s'en procure d'autres pour sa compagne, achète deux chevaux… et c'est la fuite à bride abattue.

L'affaire reconstituée a été délibérée au parlement d'Aix et Madelaine condamnée par contumace à être « brûlé vif » sous le nom de… sieur d'Aubigny !

Peu à peu, la passion entre les deux jeunes femmes se tarit. La menace est partout, la situation sans issue.

*

Paraît un mousquetaire de fière allure à la moustache irrésistible. Madelaine se jette dans ses bras. Il semble qu'ils aient mené une vie commune incertaine, faite d'expédients, et deux existences parallèles, chacun acceptant la liberté de l'autre. Elle n'a pas encore dix-neuf ans et donne libre cours à ses enthousiasmes amoureux, faisant la conquête d'une jolie fille par-ci, envoyant un cartel à un amoureux qui s'est permis de la tromper par-là. Son activité amoureuse est intense.

On la sait quelque temps à Orange où s'évanouit le mousquetaire. On la retrouve à Poitiers où elle se fait appeler La Maupin, chantant dans une petite troupe. Au sein de celle-ci, Maréchal, un vieil acteur qui a beaucoup de métier, et dont le passé est riche de succès, observe la jeune femme. Il lui dit un jour :

– Je t'écoute avec attention et je discerne dans ta voix toutes les qualités propres à devenir une grande chanteuse. Crois-moi, j'ai la compétence de ces choses-là. Si tu le veux, en quatre ou cinq ans je peux faire de toi la première chanteuse de l'Opéra de Paris.

Elle accepte. Elle répète et y met toute l'ardeur dont elle est capable. Maréchal la fait travailler gratuitement, mais peu à peu il sombre dans l'alcoolisme. Elle sait qu'il ne peut plus rien lui apporter. Vêtue en homme, elle part pour Paris.

En route, elle a une querelle dans une auberge et soufflette un cavalier. On sort. L'autre est agile, mais Maupin le blesse gravement ; c'est le comte d'Albert. Quand celui-ci apprend que son adversaire est une femme, passant de la stupéfaction à l'admiration, il est envahi par un sentiment bizarre qui ressemble à l'amour. Il veut la connaître. Il veut la voir. Il arrache ses pansements pour se lever. On finit par lui promettre de porter son message. La Maupin marque son indifférence, puis finit par consentir. Elle vient au chevet du blessé. L'entretien est doux, merveilleusement doux. L'amour est partagé, ils vont vivre des moments très beaux, sans aucune ressemblance avec les expériences antérieures de Madelaine.

Mais chacun a son chemin, et il faut se séparer.

La Maupin approche de ses vingt ans.

Elle a atteint Orléans où elle rencontre un beau jeune homme de vingt et un ans à la voix superbe, qui veut faire carrière : Gabriel-Vincent Thévenard. Elle tombe dans ses bras. Il veut tenter sa chance à Paris ? *Ollé !*

Soudain, en arrivant dans la capitale, Madelaine se souvient qu'elle est sous le coup d'une condamnation. Et pas des moindres : « brûlé vif ! » Que faire ? Mais s'en remettre à d'Armagnac, bien sûr. Elle va le voir. Celui-ci est ébloui à la vue de la femme épanouie qu'est devenue l'à peine nubile qu'il a connue. L'entrevue est… très longue : on a tant à se dire… Le comte est sensible, très sensible aux arguments de la belle enfant ; il présente lui-même une supplique à Louis XIV fondée sur le repentir sincère de sa protégée : le jugement d'Aix est annulé.

Tel est le passé – riche… – de cette toute jeune femme débutant à l'Opéra en cet hiver 1689 : ce n'est pas une oie blanche qui débarque à Paris.

*

S'affirme chez cette femme de vingt ans, que la vie a rendue si précocement mature, un comportement de redresseur de torts, né d'un sens aigu de la justice, issu d'une générosité naturelle, spontanée, qu'accompagne un sens fusant de l'humour.

Arriver à Paris est aisé ; entrer à l'Opéra nécessite de passer bien des barrières ; y recueillir l'enthousiasme du public, c'est tout autre chose.

Thévenard avait été reçu sans peine. Pour La Maupin, c'était une autre affaire. La salle du Palais-Royal était à cette époque le lieu de chasse gardée de tous les gens de cour dont la fierté affichée était d'être le « protecteur » d'une de ces demoiselles. Et celles-ci entendaient que la concurrence ne s'élargît pas car les partis qui s'offraient étaient généreux et glorifiants, parfois somptueux. Une candidate aussi séduisante que La Maupin aurait dû se heurter à un mur d'hostilité infranchissable. Grâce à Thévenard, elle parvient à se faire auditionner par le directeur séduit par sa voix grave et désormais un peu travaillée. À son insuffisance technique qui ne peut être cachée supplée largement son étonnant jeu de scène. Elle est engagée. Très vite, la nouvelle se fait apprécier du personnel qui, sachant qu'elle est la maîtresse de Thévenard et qu'elle ne semble pas rechercher de protecteur, l'adopte.

Dans cet Opéra où elle veut s'imposer, La Maupin est tentée par une comédienne fort belle, Mlle Rochois, à la poitrine superbe. Celle-ci avait un amant nommé Dumesnil qui jouait supérieurement ; mais pour déployer tous ses moyens, il ne lui fallait pas moins de six bouteilles de champagne : alors, au dernier acte, il était sublime. Au demeurant un très vilain monsieur qui volait leurs bijoux aux filles dans le vestiaire. Aussi Mlle Rochois le laissa-t-elle choir. Abandonné sans avoir deviné la raison de son évincement, Dumesnil vient tourner autour de La Maupin auprès de laquelle il ne rencontre qu'indifférence. Il insiste puis, dépité, se croit autorisé à la traiter de p… Elle bondit sous l'outrage, mais doit se retenir car le directeur vient à passer au même instant.

Rentrée chez elle, elle s'habille en page, prend son épée qu'elle camoufle sous sa cape ainsi qu'une canne. Elle attend Dumesnil dans l'ombre. Celui-ci passe dans l'obscurité et reçoit un soufflet violent d'autant plus inattendu qu'il ne sait d'où il vient, et voit sortir de l'ombre un page qui dégaine et le somme de se défendre. Effondré, il supplie qu'on l'épargne. Frustrée, dégoûtée par tant de lâcheté, La Maupin rengaine et lui administre avec sa canne une correction de cinquante coups de bâton sur les épaules. Puis elle lui prend sa tabatière et sa montre.

Le lendemain, Dumesnil se traîne à la répétition, tout voûté, perclus, pitoyable et, aux questions qu'on lui pose, de conter sa mésaventure, mais en y ajoutant des circonstances de nature à mettre en relief sa prétendue bravoure :

– Figurez-vous, messieurs, que j'ai été attaqué place des Victoires par trois vigoureux gaillards, dont l'un armé d'un pistolet menaçait de me brûler la cervelle. Seul contre trois hommes armés, je me suis défendu comme un lion. Désarmer ce misérable, le renverser à mes pieds et le mettre hors de combat, tout cela a été l'affaire de quelques secondes ; ce que voyant, ses camarades se sont prudemment esquivés

L'admiration est unanime.

– J'y ai laissé quand même ma tabatière et ma montre qu'ils m'ont arrachées dans la chaleur du combat.

La Maupin attend qu'il ait terminé, s'approche et, devant tous les comédiens :

– *Tu as menti, tu n'es qu'un lâche et un poltron. Tu n'as pas été attaqué par plusieurs personnes : c'est moi seule qui ai fait le coup. Ce fanfaron abject et vil qui outrage si facilement les femmes, pâlit devant la pointe d'une épée. Après l'avoir préalablement souffleté, je lui ai demandé réparation ; il tremblait comme une poule. Sur son refus de croiser le fer, je l'ai rossé d'importance, et pour témoigner de sa couardise, voici sa montre et sa tabatière !*

On imagine les lazzis, la honte de Dumesnil et l'enthousiasme déchaîné par l'héroïne

Habillée en femme, costumée en homme, elle est avant tout une amoureuse.

Pour les femmes avides de lui appartenir, elle fut un amant inoubliable. Pour les hommes une maîtresse aussi ardente que diaboliquement sensuelle. « Superbe de jeunesse et de beauté, d'un geste arrêtant les rires des sots, faisant trembler les lâches, séduisant les artistes, grisant les voluptueux, l'œil provoquant et la bouche prometteuse, la main sur le pommeau, rarement elle connut la défaite. »

Elle ne cherche pas les hommes, ils la recherchent. Et elle se donne chaque fois qu'elle le décide. Auprès des femmes, elle est insistante, volontaire : dans les loges où elles se déshabillent, la vue de la chair la rend ardente, malade du désir de toucher, caresser. Quand elle sent l'objet de son désir se troubler, tout son être s'émeut, son regard se trouble, son impatience vacille, elle palpite d'envie. « Chaque fois qu'un amour [masculin] nouveau la laissait haletante et inassouvie, elle en cherchait l'oubli dans de douces et perverses caresses de femmes. »

*

Habillée en homme, elle réussit à s'introduire au Palais-Royal lors d'un grand bal donné par Monsieur, frère du roi. Masquées, les femmes aux épaules nues et aux décolletés bas excitent notre Maupin, qui les fait danser et leur prodigue des avances très bien reçues. Elle est particulièrement séduite par une femme à qui elle fait une cour empressée. Elle est éconduite. Folle d'envie, elle lui saisit le bras et l'étreint vigoureusement. Surviennent trois cavaliers servants qui s'indignent. Madelaine méprise leur intervention. Ils lui en demandent raison.

– *Je descends et vous attends rue Saint-Thomas du Louvre, sous la première lanterne,* déclare-t-elle à tous les trois.

Dehors, point de lanterne ; aucune n'est allumée.

– *Où êtes-vous ?*

– Je suis ici

L'obscurité est totale

– *Qu'importe ! Finissons-en. Il fait un peu plus clair sur le quai.*

Et d'une voix péremptoire :

– *Au premier !*

Premier engagement du fer ; second engagement, l'adversaire est bon jouteur ; au troisième, il s'affale la poitrine traversée. Connaissant la qualité d'escrimeur du premier duelliste, son compagnon pense qu'il a dû trébucher et tomber par hasard. Furieux, il se précipite. Quelques minutes sont nécessaires car l'adversaire est une fine lame. La Maupin se fend, l'homme est transpercé.

À peine s'est elle remise en garde que le troisième se présente. Lui opposant un calme et une maîtrise de soi impériale, elle se permet même de plaisanter, et lui traverse la cuisse. Elle salue et rengaine.

L'affaire est grave.

Elle l'est trois fois.

Que fait-elle alors ? Elle retourne crânement au Palais-Royal, fend la foule, s'approche de Monsieur très entouré, parvient à lui et, dans un instant où celui-ci s'est un peu mis à l'écart, l'aborde franchement et lui raconte le fait en lui dévoilant son identité. Ébahi, le prince consent à… oublier l'aveu et fait porter secours aux trois blessés.

Même Louis XIV s'en serait amusé tout bas.

Mais cela, La Maupin l'ignore. Aussi estime-t-elle indiqué de changer d'air. Elle selle son cheval et part pour Bruxelles. Elle a vingt-deux ans et tant et tant d'aventures derrière elle.

On l'engage à l'Opéra. Elle provoque une frénésie et, parmi tous ses admirateurs, c'est l'Électeur de Bavière qui emporte la palme.

Les appétits charnels de La Maupin, ses exigences sensuelles, sa passion aux accents presque masculins enthousiasment ce prince mais l'exténuent, comme naguère d'Armagnac. L'Électeur a besoin de souffler, recherche une maîtresse moins volcanique et choisit une danseuse aussi jeune que charmante. Folle de jalousie, Madelaine précipite le drame : au cours de la représentation où elle joue le rôle de Didon, face au public, « elle se poignarde réellement ». Aux premiers secours, s'il ne semble pas que sa vie soit en danger, la blessure n'en est pas moins grave ; elle perd son sang d'abondance. Impressionné, culpabilisé, ému et admiratif, l'Électeur la reprend.

Mais au bout d'un certain temps, si La Maupin a récupéré toutes ses forces, celles du prince déclinent au rythme amoureux qu'elle lui impose. Il échange cet océan contre un lac : la comtesse d'Arco. N'osant signifier lui-même la séparation, il envoie le comte d'Arco avec une bourse contenant quarante mille livres comme cadeau de rupture, somme énorme[1]. Toisant avec un souverain mépris le « commissionnaire », elle prend la bourse et la lui jette à la figure :

– *Dites au prince que je ne veux pas de son argent, gardez-le : c'est la digne récompense de l'homme assez vil pour se faire le maquereau de sa femme.*

*

En proie à l'amertume de cette rupture avec l'Électeur, après deux ans passés à Bruxelles, elle ne se supporte plus dans cette ville où elle a connu toutes les gloires et décide, pour changer complètement d'air, de partir en Espagne. La frontière passée, elle est confrontée aux chemins peu sûrs où les voleurs n'hésitent pas à mettre à mort un voyageur pour s'emparer d'une montre. Les auberges sont détestables, hostiles, scandaleusement onéreuses. Elle arrive à Madrid rompue, et sans un sou.

Nécessité faisant loi, elle se place comme femme de chambre chez la comtesse Marino, femme du ministre.

Cela se passe mal. Cette comtesse est exigeante, prétentieuse, jalouse. La Maupin en a par-dessus la tête, mais il lui faut se taire et économiser pour rentrer en France.

Enfin les temps sont venus d'en finir avec cette femme.

Elle coiffe la comtesse pour un bal au palais royal et lui plante, à son insu, six radis derrière la natte de son chignon. La comtesse se regarde dans le miroir, par-devant seulement et, pour une fois, témoigne de sa satisfaction.

Au palais, on est surpris ; on approche, intrigué ; ravie de l'admiration qu'elle suscite, la comtesse Marino se pavane.

– Mon Dieu, lui dit un railleur, vous avez là une coiffure printanière, jardinière même, j'irais jusqu'à me permettre de dire maraîchère.

Et la dame de jouir des compliments, de minauder.

1. De l'ordre de six cent mille euros.

Un des amis de son mari la prévient. Sa déconvenue excite davantage la galerie. Elle s'enfuit, rentre pour se venger… mais la maison est vide.

*

La Maupin est rentrée à Paris. Quatre ans déjà qu'elle a quitté ce lieu de tous les délices ! Elle a vingt-cinq ans.

Elle revoit le comte d'Albert auquel la lie une tendresse inentamée.

Elle revient à l'Opéra et y retrouve Thévenard… et Dumesnil.

Elle redevient la favorite du public.

Un soir, lors d'une répétition, Thévenard, énervé, a pour Madelaine des mots très durs qui dépassent sa pensée, certes, mais qui la blessent. Elle l'attend dehors. Il le devine et ne sort pas. Le lendemain soir non plus. Trois semaines durant, il couche et mange dans sa loge, conscient du danger dont il est menacé. Quand ils jouent en scène, elle lui dit des horreurs à l'oreille.

Il finit par céder, et prend sa plume :

« Ma chère Madelaine,

Chacun dans ce monde a ses perfections et ses défauts. J'avoue très volontiers que vous maniez l'épée plus habilement que moi ; convenez aussi que je chante mieux que vous. Cela constaté, vous voudrez bien reconnaître que si vous m'enfoncez seulement trois pouces de lame dans la poitrine, ma voix, si je n'en meurs pas, pourra bien être fort altérée, et je tiens essentiellement au bien-être qu'elle me procure, indépendamment du bonheur de me mirer dans vos yeux quand nous jouons ensemble et que vous ne me lancez pas des apartés furibonds, ce qui altère singulièrement la douceur de votre regard.

Faisons donc la paix, ma chère Madelaine, je viens pieds et poings liés devant vous (par écrit toute fois vu le danger d'une entrevue) ; excusez une boutade dont je me repens avec sincérité, et soyez miséricordieuse. »

La Maupin consent à oublier l'incident à condition que Thévenard renouvelle ses excuses en présence des témoins de l'injure.

Cela se fit dans les règles.

Le foyer est fort fréquenté. Nombreux sont les vaniteux qui satisfont à l'indigne procédé d'échanger la relation de leurs bonnes fortunes ou des informations sur telle ou telle. Précisément, au foyer de l'Opéra, un jeune fat, le baron de Servan, gentilhomme périgourdin, se gobergeait de ses succès auprès des dames, soulevant l'intérêt général ; il ne se privait pas de citer des noms parmi lesquels celui de Mlle Pérignon, une ballerine à la conduite irréprochable. La surprise puis la consternation devenues générales incitèrent le gaillard, par bravade, à en rajouter.

Pendant toute cette conversation, La Maupin, dans son costume de scène qui est celui d'un page, assise à l'écart, écoute sans broncher. Son côté « vengeur » qu'elle assume toujours avec panache s'échauffe. Après que le baron se soit vanté tout son saoul, elle se lève, s'approche de lui et, de sa voix superbe :

– Vous êtes un menteur, monsieur, et de bas étage. Je ne me mêlerai pas de réfuter vos sots propos sur Mlle Pérignon qui ne méritent autre chose qu'un châtiment dont vous allez recevoir le profit ! – Votre nom, monsieur ? – *Le chevalier de Raincy, meilleur gentilhomme que vous, et tout à votre disposition pour vous donner la leçon que vous méritez.*

Elle fut rude : le baron eut le bras fracassé par la balle de pistolet et subit l'amputation. Quand de surcroît il apprit qu'il avait été exécuté par une femme, il partit cacher sa honte dans son Périgord natal d'où il ne sortit plus. On imagine l'aura dont resplendissait La Maupin auprès de ses camarades.

Éventuellement, elle ne reculait pas devant le coup de poing. Son logeur lui ayant refusé à dîner, elle s'empare d'une éclanche de mouton et la lui lance à la figure. Il esquive. L'éclanche atteint la servante, un colosse, qui se jette sur elle armée de la broche. La Maupin la terrasse après lui avoir porté un coup de clé à la tête. Compte rendu du commissariat :

J'aurai trouvé une blessure au front, partie de l'os coronal de grandeur d'un travers de doigt, pénétrant jusqu'au péricrâne ; plus une contusion et meurtrissure sur l'avant-bras, plus blessure faite par instrument contendant, tranchant comme chandelier, clef ou autre [...] qui pourra être guérie dans quinze jours, si accident n'aura.

*

La plus généreuse des femmes et la plus désintéressée, elle a trente-deux ans quand elle se souvient qu'elle a un mari, un certain M. Maupin dont elle porte depuis longtemps le nom. Elle le fait venir auprès d'elle. Il mourra six mois plus tard.

La voix grave de La Maupin déroutait lorsqu'elle attaquait des rôles écrits pour soprano. *Tancrède* est créé à l'Opéra : c'est une pièce écrite à son intention pour valoriser sa voix de contralto. Son timbre est magnifique, même s'il a été insuffisamment travaillé, et toute sa carrière en souffrira ; mais sa beauté et son jeu de scène lui apportent un triomphe le 7 novembre 1702. Elle est désormais invitée à Versailles, Marly et Fontainebleau, dans les appartements.

*

C'est l'époque où elle connaît une passion profonde et partagée pour une jeune femme de son âge, la comtesse de Forensac. C'est une liaison forte, exclusive, de deux femmes blasées découvrant dans leur relation, où la comtesse s'émerveille de la science amoureuse de Madelaine et celle-ci de l'enivrant don de sa compagne, la perfection de l'amour. Saint-Simon en a écrit : « La marquise de Forensac, à trente-cinq ans, est la plus belle femme qui fût peut-être en France. Elle était fille de Saint-Nectaire et d'une sœur de Longueval, lieutenant général, tué en Catalogne sans avoir été marié. [...] Elle fut fort riche. Elle fit bien des passions, et fut accusée de n'être pas toujours cruelle ; d'ailleurs la meilleure femme du monde, la plus douce et la plus simple dans sa beauté. » Son mari, le frère du duc d'Uzès, était « le plus sot homme de France » : il ne s'aperçut jamais de rien et l'aimait passionnément.

Après deux années de bonheur parfait intervient le drame : en deux jours, la comtesse meurt le 2 juillet 1705. Madelaine est brisée. Elle quitte la scène en pleine gloire, au sommet de son succès.

Rien de ce qui faisait sa vie ne l'intéresse désormais. Prise d'élans religieux, elle est attirée par la dévotion dont elle adopte les comportements et la vêture. Elle vire au mysticisme, prend ses dispositions avec un couvent. L'amour profond qu'elle a conservé pour le comte d'Albert doublé de beaucoup de confiance la conduit à se confier à lui. Elle lui écrit longuement, lui exposant ses états d'âme, sa lassitude, mais aussi ses craintes d'une vie isolée qui ne lui conviendrait pas. Doit-elle poursuivre ? Doit-elle renoncer ?

La réponse d'Albert est vague et la déçoit.

Son choix est fait : elle se jette dans les bras de Dieu.

Elle meurt, on ne sait dans quel couvent, en novembre 1707. Elle avait trente-sept ans. Peut-être la dureté de la vie religieuse a-t-elle eu raison d'une flamme si ardente que rien jusqu'alors n'avait pu altérer.

Cette femme au triple caractère de chanteuse, d'escrimeuse et d'amoureuse, désintéressée et généreuse, était une âme forte et un cœur pur.

HAECHLER Jean, *Le Règne des femmes*, Grasset, 2001.
LETAINTURIER-FRADIM par Claire MICHAUD, *Biographie universelle ancienne et moderne*, Desplaces, Paris & Brockhaus, Leipzig, 1854.
SAINT-SIMON, *Mémoires*, Hachette, Paris, 1856.

MARY READ

1680-1720

La mort d'une vieille dame du nom de Read en 1693 à Londres provoque un énorme soupir de soulagement chez sa belle-fille. Pour quelle raison ? Et qui était-elle ?

Cette belle-fille, appelons-la Élisabeth, car l'histoire n'a pas conservé son nom, s'était retrouvée seule lorsque son matelot de mari n'était jamais revenu d'un embarquement, quelques mois après ses noces. Enceinte, elle avait accouché d'un garçon, Archibald.

Toute jeune, fort galante et veuve par défaut, il arriva ce qui devait arriver : elle se trouva grosse et s'estima bien inspirée de n'en rien dire à sa belle-mère ni a la parentèle du pauvre supposé défunt. Elle argua de la nécessité pour son fils Archibald de vivre au bon air et quitta Londres pour la campagne.

Ce fils mourut peu de temps avant qu'elle accouche d'une petite fille : Mary Read.

Elle l'éleva dans sa campagne jusqu'à épuisement de ses ressources.

Pressée par la nécessité, il lui vint l'idée de faire accroire que cette petite fille était Archibald : de cette façon, elle pourrait abuser sa belle-mère à qui elle présenterait Mary comme le fils qu'elle avait eu de son mari, et pourrait profiter de l'aide financière que la vieille dame ne manquerait pas de lui apporter pour pourvoir à l'éducation de son… petit-fils. Quatre ans avaient passé et, entre quatre et cinq ans, on ne voit guère la différence chez un enfant surtout quand on a la vue basse.

La vieille dame accueillit Élisabeth aussi bien que celle-ci l'avait espéré et voulut la loger chez elle avec son enfant, se proposant d'aider à l'éducation du… garçon. Comme bien l'on pense, Élisabeth opposa un refus digne malgré l'insistance de la vieille dame. Compréhensive, la bonne grand-mère suggéra alors de garder le petit garçon et de l'élever elle-même, ce qui libérerait sa belle-fille. Pour le coup, c'était la pire des solutions, complètement inenvisageable ! Elle mourrait d'être séparée de son fils ! Il fut finalement convenu que chacun habiterait de son côté et que la belle-mère donnerait un écu par semaine à sa belle-fille pour assurer l'éducation de son petit-fils.

Faire marche arrière était désormais impossible. Élisabeth continua d'élever l'enfant comme un garçon. Au bout d'un certain temps cependant, il fallut bien avouer la vérité à Mary et lui révéler la particularité de la situation. Surtout, il fallait la convaincre de la nécessité de participer à ce secret dont le maintien conditionnait leur présent et leur avenir à toutes deux.

Deux ans passèrent, puis trois, d'autres encore… Finalement Mary avait treize ans quand mourut la grand-mère, laissant mère et fille sans ressources. La misère s'installa ; mais l'esprit d'Élisabeth était fécond, et elle imagina de placer Mary auprès d'une dame comme valet de pied.

La jeune fille n'avait ni la mentalité d'un domestique ni le tempérament casanier : de valet de pied, elle se transforma en matelot – elle avait une solide constitution – et s'engagea sur un navire de guerre à bord duquel elle navigua quelque temps ; mais à la longue, la rude discipline qui sévissait dans la Navy la rebuta, et elle déserta pour aller servir en Flandres comme cadet dans un régiment d'infanterie. Elle y montra un courage qui fit l'admiration de ses camarades mais, à son grand dépit, aucune promotion ne vint récompenser sa conduite, ce qui lui fit douter de la clairvoyance des officiers d'infanterie. Dépitée, elle se tourna vers la cavalerie où elle fit preuve du même courage, soulevant l'engouement de tous. Cette fois-ci, la promotion approchait. Mais… mais il y avait dans son escadron un magnifique Flamand, son compagnon d'armes, dont elle devint passionnément amoureuse. Dès lors, le cavalier exemplaire qu'elle était laissa à désirer ; ses armes étaient mal entretenues, ses uniformes négligés, le laisser-aller s'était emparé d'elle : plus jamais elle ne se portait volontaire pour quelque action, à moins qu'il s'agît d'accompagner ce Flamand.

Un soir, sous la tente, au cours d'une mission, intentionnellement ou non, elle dévoila son sexe. Pour une surprise, c'en fut une. Et quelle aubaine d'avoir une belle fille pour lui seul, à sa disposition, et à l'insu de tous ! Las, il lui fallut déchanter : elle opposa une résistance farouche à toutes les tentatives de son camarade. Elle avait la carrure d'imposer son refus. Le Flamand comprenait d'autant moins cette résistance qu'elle faisait preuve à son égard d'un comportement affectueux. Finalement, la lumière se fit en lui : il lui proposa de l'épouser. C'est ce qu'elle attendait. Elle accepta dans l'instant.

Comme c'était la fin de la campagne, on officialisa la nouvelle qui en laissa plus d'un bouche bée. Mais Mary avait acquis un tel capital de sympathie et d'estime qu'ils furent nombreux à assister au mariage où, pour la première fois de sa vie, elle s'habilla en femme. Une collecte réunit une bonne somme d'argent qui fut remise au jeune couple.

Ils décidèrent de quitter le métier des armes et, avec leur petit capital, s'installèrent aubergistes à Bréda, à l'enseigne des Trois Fers. L'établissement, fréquenté par les anciens compagnons d'armes, fonctionna de façon satisfaisante. Malheureusement, le Flamand mourut brusquement. Faire fonctionner une auberge toute seule n'était pas une sinécure, et la paix venait d'être signée à Ryswick : avec elle disparaissait la clientèle militaire. C'était la ruine. Que faire ?

Mieux armée au masculin qu'au féminin, Mary endossa à nouveau le costume d'homme pour reprendre du service dans un régiment de frontière. Elle s'y ennuya et trouva un embarquement sur un navire hollandais en partance pour le Nouveau Monde. Son bâtiment fut pris à l'abordage, et elle fut gardée par les assaillants avec lesquels elle signa son engagement comme pirate.

Peu de temps après, paraissait une lettre de grâce du roi George Ier en faveur de tous les Frères de la côte qui feraient leur soumission dans un délai fixé. Elle et ses compagnons acceptèrent les conditions de rémission et se retrouvèrent avec d'autres dans l'île de New-Providence à Nassau. Flibustiers en marge de la vie normale, inoccupés, désargentés, ils étaient tous disponibles. La guerre avec l'Espagne était de constante actualité. Le capitaine Woode, gouverneur de New-Providence, encourageait des vaisseaux corsaires porteurs de lettres patentes à attaquer les navires espagnols. Mary et certains de ses compagnons s'engagèrent parmi les premiers, persuadés que les galions allaient leur apporter la fortune.

Quelques heures après avoir appareillé, l'équipage se révolta, prit possession du navire et hissa le Jolly Roger, pavillon noir bien connu de la piraterie, avec une tête de mort comme les autres, mais au lieu de présenter deux tibias croisés en travers, il portait deux sabres croisés en dessous. De corsaires, on était devenu pirates. Le nouveau capitaine était John Rackam, dit Calicot Jack parce qu'il ne portait, en toutes saisons, que des vêtements de coton. Rescapé de la potence, il avait négligé la lettre de grâce de George Ier et s'était engagé incognito, embarquant avec lui, vêtue en homme, sa compagne, Ann Bonny.

À bord des navires pirates, les abordages procédaient d'un cérémonial très particulier fortement empreint de mysticisme : après avoir donné la chasse à la proie choisie, on s'approchait du navire convoité. Alors, pour se préparer à la mort, les uns et les autres s'étreignaient longuement pour se demander pardon de leurs torts réciproques. Ils battaient leur coulpe dans une manifestation de repentir profond, demandaient à Dieu de leur pardonner leurs péchés et, le plus naïvement du monde, l'invoquaient pour qu'il leur procure victoire rapide et riche butin. Ce cérémonial édifiant accompli, tous se couchaient à plat ventre sur le tillac à l'exception du seul pilote. La victoire acquise, se déployait chez ces mystiques le cérémonial d'action de grâce, tout aussi édifiant, dont la ferveur était à la mesure de l'importance du butin.

Les prises en provenance de la Jamaïque et des Indes occidentales furent fréquentes et rémunératrices. Aux abordages, nombreux, Mary Read se fit remarquer par son courage : elle était toujours la première à sauter sur les navires adverses, sabre en main droite, et pistolet dans la gauche.

L'admirable pirate qu'elle était plut à Ann Bonny qui voulut en faire son plaisir et lui avoua la réalité de son sexe. Poursuivie avec insistance, traquée à tout instant, Mary dut lui révéler le sien en l'adjurant de taire son secret. Une grande amitié naquit entre ces deux femmes. Leur évidente complicité porta ombrage à Calicot Jack. Soupçonneux, dans une crise de jalousie, il hurla à Ann qu'il allait couper la gorge à son amant, menace qui obligea celle-ci à lui révéler la vérité en l'adjurant à son tour de lui tenir le secret. Il tint parole.

Sans être de la trempe de Mary Read, Ann Bonny n'en était pas moins une femme d'un fier tempérament. Toute jeune, dans un excès de rage contre la servante de son père, elle l'avait tuée net d'un coup de couteau. Dans une autre circonstance, indisposée par un jeune homme trop pressant à son goût, elle l'avait si cruellement mordu qu'il avait dû être hospitalisé. Elle avait épousé un avocat du nom de Bonny, établi à l'île de New-Providence. L'histoire n'est pas banale et mérite d'être contée. Jack Rackam avait fait une cour assidue à « Mme Bonny » et l'avait séduite par sa superbe et ses largesses. Devenue sa maîtresse, elle eut l'audace de proposer à son mari d'accepter qu'elle le quittât pour aller vivre avec le forban, lequel lui verserait une somme importante ; elle exigea en plus que ce pauvre Bonny délivrât à Jack Rackam un reçu « lui abandonnant l'usufruit de sa femme » ! Sans être d'une pratique courante, c'était un usage de l'époque que d'indemniser un rapt. Mais le mari fit des difficultés et porta ses plaintes au gouverneur. Celui-ci, appliquant ou non une loi ou une directive, voulut faire un exemple qui marquât les imaginations : il condamna Ann au fouet et Rackam à être son bourreau. Se refusant au procédé innommable qui lui était imposé, et en révolte contre cette société qui s'opposait à la réalisation de sa passion, Calicot Jack décida de s'enfuir avec sa compagne en s'emparant, aidé de huit complices, d'un sloop ancré près du rivage. Ann avait embarqué en tenue d'homme, et quelque temps après s'était trouvée enceinte des œuvres de Rackman, qui l'avait déposée à Cuba et confiée en de bonnes mains. Après l'accouchement, rétablie, elle était remontée à bord.

À la suite d'un abordage, Rackam avait conservé à bord de son sloop un prisonnier pour ses talents de menuisier. Un jour qu'un pirate menaçait cet homme, Mary Read avait abattu le flibustier d'un coup de pistolet.

Une femme reste toujours une femme et, comme cela s'était produit dans son escadron de cavalerie, Mary s'éprit follement de cet homme. La passion la rongeait. Elle entendait la satisfaire. Ne pouvant se déclarer, elle pensa adroit de s'en faire d'abord un ami. Elle lui fit comprendre qu'elle n'était devenue pirate que par les malheureux hasards de la vie et bien à son corps défendant ; à la première occasion qui se présenterait, elle déserterait. Une amitié réciproque grandit, et les nouveaux complices devinrent inséparables. Estimant nécessaire d'effectuer un pas de plus, comme par mégarde, elle découvrit une partie de sa poitrine. Stupéfait, le menuisier la harcela de questions comme elle le souhaitait, et elle lui révéla sa passion : il en fut ébloui, et la rejoignit dans l'enthousiasme.

Pour tous, à l'exception de trois personnes qui seules partageaient le secret, Mary était un homme, nul n'en doutait.

Faisant relâche dans une île, son menuisier amant se prend de querelle avec un autre pirate. Selon la loi de la flibuste, l'affaire doit se régler à terre, au sabre et au pistolet. Mary est au supplice : elle appréhende le résultat, craignant que son homme ne tombe sous les coups d'un si rude adversaire. L'inquiétude et l'angoisse la tiennent éveillée. Elle se lève silencieusement, part à la recherche du flibustier, le trouve au milieu de la nuit dans une taverne où elle lui fait une querelle d'Allemand. La provocation devant témoins est si outrageante que le gaillard n'y tient plus : le duel est immédiat, afin de précéder le rendez-vous de son adversaire avec son amant. Le sabre dans la main droite, et le pistolet dans la main gauche, cette coutume conduisait à une véritable boucherie. Elle étend son adversaire raide mort.

Ce n'était pas son premier duel…

Ému au-delà de l'exprimable, son compagnon lui propose le mariage ; ils se jurent fidélité éternelle qui vaut à leurs yeux union bénie par un prêtre.

Mary se révèle enceinte.

Vint le jour, en octobre 1720, où le bateau de Calicot Jack, à l'ancre près de la Jamaïque, est repéré par un vaisseau de la Navy. À moitié ivres, les pirates sont incapables de se battre, et Rackam et ses hommes se sont réfugiés dans la cale. On vit bien ce jour-là où était le courage : seuls Mary Read, Ann Bonny et un troisième homme attaquent à eux trois, comme des furies, les marins qui montent à l'abordage, puis se maintiennent sur le tillac jusqu'à réaliser qu'il n'y a plus d'espoir. Folle de rage, Mary Read « se tourne vers ses camarades et crie à ces lâches de venir se battre comme des hommes » : ils ne bougent pas. Alors Mary décharge ses armes sur eux, tuant l'un des pirates et en blessant plusieurs, avant d'être désarmée.

Le jour où Rackam fut exécuté, « on lui permit, par une grâce spéciale, de voir Ann Bonny, mais pour toute consolation elle lui dit qu'elle était fâchée de le voir en cet état :
– Si vous aviez combattu comme un homme, ajouta-t-elle, vous ne vous verriez pas pendre comme un chien ». Il fut pendu avec quatre autres le lendemain du jugement, dans Port-Royal. Puis on le décrocha pour pendre son cadavre à la pointe de Plumb.

Ann Bonny n'avait pas été exécutée, bénéficiant d'un jeu de différés successifs… en attendant un accouchement.

Mary Read, encore enceinte, défendit sa vie. Accusée d'avoir commis le péché de chair, elle jura sur ce qu'il y avait de plus sacré que c'était faux, qu'elle n'avait jamais commis l'adultère : elle avait un mari, et refusait de le nommer.

Cette femme étonnante stupéfia le tribunal en prononçant une apologie de la peine de mort :

> *Si les pirates n'étaient punis du dernier supplice, et que la peur ne retînt beaucoup de poltrons, mille fripons qui paraissent honnêtes gens, et qui néanmoins ne s'appliquent qu'à piller la veuve et l'orphelin, ou à chicaner ou supplanter leurs voisins, se mettraient aussi en mer pour voler impunément, et l'Océan ne serait couvert que de canailles : ce qui causerait la perte totale du commerce.*

Elle demanda avec insistance à la cour de *distinguer dans sa sentence avec exactitude, la nature de ses crimes.* Elle expliqua qu'elle n'avait été dans la flibuste que malgré elle, et que son mari et elle-même n'attendaient qu'une occasion pour s'enfuir et mener une vie honnête à laquelle leur amour aspirait.

La cour eut compassion.

Mais parmi des témoins à charge provenant d'un navire pris à l'abordage un mois avant sa capture, la passagère Dorothy Thomas avait déjà reconnu à l'importance de sa poitrine que Mary Read devait être une femme ; elle affirma qu'elle l'avait entendu répondre au capitaine Rackam, qui lui demandait comment elle avait pu choisir la piraterie et le risque d'une mort ignominieuse si elle était capturée, qu'elle ne craignait pas la mort et que la potence l'indifférait.

– Qu'avez-vous à dire pour votre défense ?

– *Monseigneur, l'état de mon ventre.*

Enceinte, il était hors de question de l'exécuter. Et puis… la cour avait été sensible à l'attitude de cette femme, à son courage, à la dignité de son amour. Autant de bonnes raisons de penser qu'elle aurait obtenu sa grâce.

Mais, dans sa prison, elle fut emportée en quelques jours par une fièvre ardente.

BLOND Georges, *Histoire de la flibuste*, Stock, Paris, 1969.
BOTTING Douglas, *Pirates et flibustiers*, Time-Life International, 1978.

Mary Read

DEFOE Daniel, *Les Chemins de la Fortune, histoire générale des plus fameux pirates,* Phébus libretto, Paris, 1990.

FUNCK-BRENTANO Frantz, *L'Île de la Tortue, boucaniers et flibustiers,* Tallandier, Paris, 1979.

JOHNSON Charles (CNE), *Histoire des pirates anglais, depuis leur établissement dans l'île de la Providence jusqu'à présent… avec la vie et l'aventure de deux femmes pirates… traduit de l'anglais du capitaine Charles Johnson sur l'édition de 1774,* avec préface de Pierre Mac-Orlan, édition française illustrée, Paris, 1921.

ŒXMELIN Alexandre-Olivier, *Exquemelin dirt, Histoire des avantures flibustieres qui se sont signalez dans les Indes…* par A.-O.O., 1744.

SUZANNE-MARIE DE VIVANS MARQUISE DE JAUCOURT

1698-1772

Longtemps, j'ai recherché un portrait. Celui d'une femme qui m'inspire une grande tendresse. En vain.

Cette inconnue, que les hasards de la vie m'ont fait rencontrer, j'en suis devenu amoureux bien que deux cents ans nous séparassent. Ne serait-ce qu'au titre de seule femme ayant participé, effectivement, à la grande *Encyclopédie* de Diderot, D'Alembert et Jaucourt, et dans l'anonymat, elle mérite de prendre place ici.

Par elle, nous pénétrons dans l'intimité familiale d'une noblesse ancienne au XVIIIe siècle où politesse, élégance, culture et honneur présidaient aux rapports humains. Par ses lettres, essentiellement adressées à ses enfants, dont jamais elle n'aurait imaginé que les lût un autre que son destinataire, nous savourons une langue arrivée au sommet de sa formulation. Surtout, nous avons le bonheur d'apprécier des sentiments exprimés avec une authenticité et une précision que la familiarité d'une mère s'adressant à ses enfants rend naturelle en l'absence de toute recherche autre que celle du mot juste.

C'est par cette correspondance que je l'ai découverte dans les archives familiales qui n'avait intéressé personne avant que j'en déroulasse les rubans fanés plus de deux siècles après. Ma présentation ne vise qu'à servir de cadre aux portions de lettres que je reproduis, à l'exception d'une seule, restituée dans son entier, et qui est un chef-d'œuvre.

*

En 1721, au château de Noaillac, à la limite de la Gascogne et de la Guyenne, une jeune femme de vingt-trois ans, orpheline de père, va se séparer de son tuteur, un gentilhomme des Lumières au plein sens du terme.

Elle est de noble race. Un de ses aïeux fut un héros, compagnon de tous les jours d'Henri de Bourbon, qui deviendra, roi de France sous le nom d'Henri IV. Après tant de places enlevées, il prit Dôme, réputée imprenable, escaladant de nuit la falaise côté Dordogne. Ceux qui connaissent l'endroit apprécieront l'évocation de ce haut fait. Bien que cela soit hors sujet, je ne résiste pas au plaisir d'évoquer ce personnage en utilisant telle, en italiques, la relation du temps qu'en a laissée le chroniqueur.

> « À la bataille de Coutras, Geoffroy de Vivans avançant *dix pas avant le premier rang* de ses troupes, dix ou douze adversaires fondent sur lui *ou sur son cheval ; entre autre un lui donna dans le petit ventre, au-dessous du nombril, au défaut des deux cuissards, l'autre dans le bras droit entre les deux faucils. Navré comme il était, avec cinq ou six compagnons, chargèrent si rudement les adversaires qu'ils les défirent.* À l'agonie, il est transporté sur des branches jusqu'à… Sainte-Foy-la-Grande ! Souffrant atrocement, *d'autant qu'en même temps, le même jour au paravant, on lui avait donné un autre coup de lance par-devant au milieu de sa cuirasse, dont le bois rompit, et le fer lui tomba dans la selle entre ses cuisses. […] Supportant tourments inouïs il conjurait tous ses amis de lui donner du pistolet dans la tête.* Accouru, le chirurgien du Roi constate *de grandes douleurs et tranchées au ventre faisant force sang par le dos, et qu'à tous propos il lui fallait bailler le bourrelot* [bassin] *[…] Voyant que le ventre commençait à être livide, je sonde en haut et trouve à demi-pied* [16 cm] *de l'orifice quelque chose étrange et dur qui fut cause que je fis une incision de quatre doigts* [environ 8 cm] *je rencontre deux éclats de bois, chacun de la longueur du doigt. Le*

soir venu, le ventre s'en allait en gangrène. Je le découvre, le fais mettre à genoux, autour de lui tous ceux de sa maison l'exhortant à recevoir patiemment la mort et par l'immission, je sonde et trouve une chose dure, ronde et lisse, qui était le fer de la lance, lequel ne pouvant bien prendre, j'amplifie encore la plaie, et par icelle au lieu du ferrement j'y mis la main et tirai ledit fer. Le lendemain, lui venait-on de lui donner un bouillon après un clystère qu'il avait pris au paravant, dont partie du clystère et le bouillon sortirent par la plaie. Le chirurgien du Roi lui composa un baume dont il emplit la plaie soir et matin et lui interdit de boire. Le seizième jour il y mit un emplâtre solide vulnéraire, *et ledit sieur Vivans monta à cheval et partit chez un sien ami.* »

Il était robuste…

Voilà de quel homme, entre autres, descendait la jeune femme. Les biens de Suzanne-Marie de Vivans, plus que confortables, ont été gérés par son tuteur, le chevalier François de Vivens. La presque homonymie Vivans et Vivens ne traduit aucun lien familial. Vivens était un huguenot.

Sa pupille, Suzanne-Marie de Vivans, marquise de Noaillac ne l'était… pas, comme tant de Français après 1685 : mieux valait abjurer et vivre en paix.

En ce jour de 1721, pupille et tuteur vont se séparer. Elle l'aimait comme un père, et lui comme une fille. Sans doute bien davantage. Il n'a que cinq ans de plus qu'elle… Le mariage de Suzanne-Marie avec le comte de Jaucourt est résolu. Les adieux sont émouvants, mais l'avenir de la jeune femme est si souriant, Bordeaux, puis Paris…

Elle est charmante. Plutôt petite, très brune, les yeux noirs, le teint mat, la taille fine et un je-ne-sais-quoi dans le regard où se conjuguent l'intelligence, l'éducation, la sensibilité, le courage et le sens de l'honneur. Fille de la campagne, femme de plein air, jouissant intensément et pleinement de la terre, elle soigne les fleurs de son parc, les arbres de son verger plutôt que son teint.

Son fiancé, officier de cavalerie, a quitté le service. À trente-neuf ans, il épouse à Paris le 7 janvier 1726 Suzanne-Marie, de quinze ans sa cadette. Le curé, qui suspecte la jeune femme d'être une catholique de façade, a refusé de bénir le mariage ; à cette époque, certains curés prenaient leurs aises. Le comte de Jaucourt l'a épousée par le ministère d'un prêtre moins sourcilleux.

Le nouveau marié est un beau gaillard. Bâti en athlète, il mesure un mètre quatre-vingt-quatre, ce qui est considérable pour l'époque. Il se fait une haute idée de sa fonction de haut et bas justicier : se promenant dans sa forêt du Nivernais, il y rencontre un voleur de bois. Il expédie le maraud en l'assommant à coups de canne puis, ayant satisfait à la justice, l'aide lui-même à charger son bois. Il est craint et respecté. Comte de Jaucourt, tant que son père est vivant, il adopte le marquisat attaché au château de sa femme et prend le nom de marquis de Noaillac.

*

Le jeune couple est riche d'une fortune terrienne. Elle a du bien. Le château de Noaillac, mi-féodal, mi-Renaissance ; à une vingtaine de kilomètres, à côté de Tonneins, le domaine de Saint-Christau, d'une contenance de cent quatre-vingt-douze hectares de terres labourables, nanti d'une gentilhommière gasconne ; des vignes à Clairac ; deux maisons de rapport à Bordeaux, des vignes à Barsac et à Margaux ; un hôtel particulier récemment construit dans ce qui est le tout nouveau quartier de Paris, rue de Grenelle, en face de l'hôtel Maurepas.

Chaque année, le couple va passer trois mois au château de Brinon-les-Allemands, en Nivernais, dans la famille depuis 1601. On y consomme les revenus de la terre : la table est riche et abondante, on ne dépense rien. Ainsi épargne-t-on.

Après quelques années centrées sur Paris et Brinon-les-Allemands, Suzanne-Marie fait visiter à son mari ses terres de Gascogne. Le 15 novembre 1728, elle écrit à Isabelle de Jaucourt, sa belle-sœur :

> *Il faut que je vous dise qu'il est bon d'avoir des amis de toute espèce. Le père cordelier qui va prêcher ce carême à Sarlat où nous avons un procès contre M. de La Verrie s'est chargé de solliciter en notre faveur ; sa recommandation aurait peut-être plus de poids si le tribunal était féminin. N'est-il pas plaisant qu'un moine sollicite pour des huguenots ? Ce qui le mettra à l'abri du reproche, c'est que la partie adverse n'est guère plus orthodoxe au décorum près.*

Il y a comme une dérision à cette épithète de huguenot qu'on lui accole sans preuve, comme si l'adoption de la foi catholique était systématiquement sujette à caution.

Plus loin, à la même :

> *Mes deux curés gardent un silence qui me fait pitié. Je leur ai donné une jeune et jolie petite huguenote pour les entretenir, qui serait très bonne à convertir, mais l'un des deux relève de maladie, et de plus est janséniste, et l'autre a une trogne qui me dénote qu'il préférerait la vue d'une bouteille de bon vin à celle de Vénus elle-même.*

*

Les années passent.

De leur union naîtront successivement, trois garçons : Louis-Pierre, Étienne et Armand-Henri. En 1736, le couple s'installe dans le bel hôtel de la rue de Grenelle.

Trois ans après, les Jaucourt achètent, près de Beaugency, le ravissant château de Chantôme de… quarante-cinq pièces, avec les terres attenantes qui forment un domaine foncier de six cents hectares de belles et bonnes terres : si c'est principalement une résidence, cela n'en est pas moins une propriété de grand rapport. De l'avis des contemporains, c'était le plus joli château de la région. L'achat est d'importance : cent cinquante mille livres.

Cette acquisition va déplacer le centre de gravité de la famille, car Chantôme sera à jamais l'amour de Suzanne-Marie.

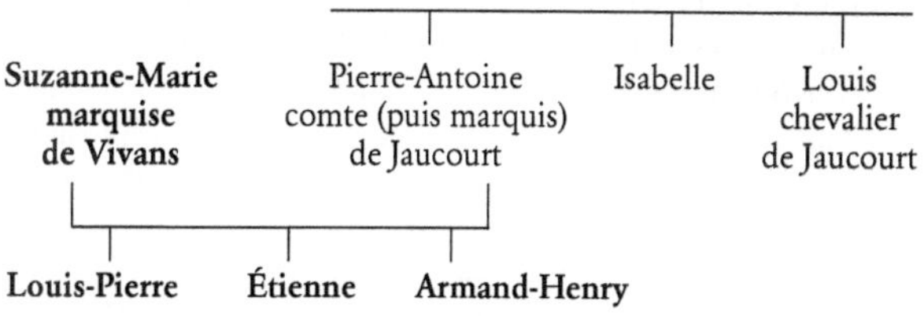

Sa belle-sœur, Isabelle, célèbre par le nerf et le sel de son esprit, très cultivée, restera célibataire – demoiselle majeure, comme on disait à l'époque –, si laide que le portier du Théâtre-Français, doutant de sa vue, se retournait chaque fois ; elle aurait pu se marier à plusieurs reprises, et fort avantageusement, malgré ce… handicap. Grande lectrice de Rousseau, auquel elle fait fréquemment allusion, recevant souvent Condillac, elle correspond régulièrement avec Mably, dont elle apprécie fort le style, et fréquente Montesquieu, à l'évidence par plaisir réciproque. Viscéralement attachée au couple de son frère et aux trois garçons, possessive, exclusive, un tantinet jalouse, elle a le sens familial chevillé au corps. Lucide, Suzanne-Marie, à laquelle elle cherche querelle pour être demeurée une semaine sans lui écrire, lui répond :

> *Adieu ma petite sœur. Aimez moi pour ma satisfaction et ne me tracassez plus pour la vôtre. La confiance est propre à l'amitié comme la jalousie l'est à l'amour. Reposez-vous sur elle, et au nom de Dieu, quittez un chipotage dont vous ne trouverez le modèle que dans Mlle de Scudéry.*

Son jeune beau-frère, qui porte le nom de chevalier Louis de Jaucourt, s'installe presque complètement à Chantôme et y passera de longues années de travail dans l'harmonie et la simplicité.

L'aîné de ses enfants, Louis-Pierre, est entré au service comme cornette dans le régiment de cavalerie de Chabrillat. C'est un adolescent qui tarde à se révéler un homme. Pour le soutenir, Suzanne-Marie va faire sa cour à Versailles, un lieu que pourtant les Jaucourt ne fréquentent pas. Son nom lui ouvre toutes les portes. Elle préface l'avenir et écrit à Louis-Pierre :

> *Je vous ai fait mention au commencement de ma lettre d'un voyage à Versailles, c'est un pays que j'ai peu fréquenté jusqu'à présent, mais votre intérêt, mon fils, m'en fait connaître la route. Je me suis fait présenter à M. le Cardinal* [Fleury] *et à M. de Breteuil pour avoir droit d'aller leur parler de vous dans les occasions.*

Dix-huit mois plus tard, il faut « tuter » ce garçon et veiller à son avancement. C'est Suzanne-Marie, et non son mari, qui prend en main la conduite de leur aîné :

> *Si tu allais au quartier général, il te faudrait rendre une visite à M. de Silhouette qui demeure chez M. le maréchal de Noailles ; tu lui dirais que tu es le neveu de M. de Jaucourt avec qui il est en relation, à qui il a eu la bonté d'envoyer le détail de la journée du 27 juin. M. de Silhouette possède la confiance de M. le maréchal et a déjà rendu de bons offices à quelques personnes que ton oncle lui a recommandées.*

Ambitieuse pour ses enfants, attentive pour son mari, sa détermination, son sens maternel et familial, son adresse se révèlent dans cette lettre de 1743 à Louis-Pierre, qui relève d'une blessure :

> *J'ai encore vu M. d'Argenson ce matin. Je lui ai dit que tu t'ennuyais du service subalterne ; que sans t'avoir élevé avec trop de vanité, tu sentais que tu n'étais pas né pour cela. Pour moi, mon enfant, je suis persuadée que nous aurons un guidon à la promotion, et qu'il est plus avantageux pour toi de n'être que cornette. Si tu avais une compagnie, on te regarderait comme placé, du moins pour quelques temps. J'emploie tous les ministres que*

je connais. M. de Maurepas, M. de Saint-Florentin ont parlé pour toi, M. de Trudaine, M. du May, et beaucoup d'autres. Il est nécessaire que tu t'aides de ton côté, que tu ailles à la Gendarmerie, et que tu fasses ce que je t'ai mandé dès que tu seras un peu présentable : on ne parvient qu'autant qu'on est connu : M. de Ségur se fera un plaisir de te produire si tu lui témoignes en avoir envie. Je suis sûre que M. du May te recevra bien, que M. le chevalier de La Roque te fournira les moyens d'être présenté à M. de Castellane, major de la gendarmerie, s'il a trop d'affaires pour t'y mener lui-même ; […] M. de Lamoignon a été d'une inquiétude extrême à ton sujet. Transcris, si tu me crois, ce qui suit et le lui adresses : tu sais qu'il demeure rue de la planche et qu'il est Président à mortier […].

Et de lui écrire, mot à mot, la lettre qu'il doit envoyer :

Ma mère ne m'a pas laissé ignorer, Monsieur, l'intérêt que vous avez bien voulu prendre à ce qui m'est arrivé, et quoi que je sente que c'est à l'amitié que vous avez pour ma famille que je dois une partie de vos bontés, ma reconnaissance n'en est pas moins vive. Si tu sais quelques nouvelles, tu les ajouteras, sinon tu finiras par j'ai bien l'honneur d'être avec respect…

Quelle leçon de comportement, d'adresse, quelle vigilance pour les siens. Quatre fois en six mois, elle ira voir d'Argenson à Versailles pour décrocher ce guidon de gendarmerie. Elle l'obtiendra fin 1743. Elle tient ce garçon à bout de bras ; elle le porte, et cette lettre est une merveille d'intelligence maternelle :

Je suis touchée de te voir malheureux sans infortune. Si dans les années les plus riantes de la vie tu sens si vivement les impressions de la mélancolie, que sera-ce quand l'âge aura augmenté cette disposition ? En vain tu fais consister tes peines dans les objets du dehors ; elles sont en toi, mon enfant. […] Je voudrais te faire connaître que ce n'est pas uniquement dans le tumulte de l'armée que l'on ne dispose pas de soi-même. Un homme qui ne veut pas rompre avec le monde pour se donner tout entier à l'étude trouve en tous lieux l'inconvénient dont tu te plains. Le soin des affaires, les devoirs, les bienséances, les plaisirs, toutes ces choses partagent le cours de la vie ; elles prennent beaucoup de temps et leurs préparations en consument encore davantage. Ce n'est donc que l'art de remplir les intervalles qui nous est nécessaire, et l'économie du temps qui peut nous être utile.

Ces lettres subissent rarement une correction ; parfois un mot barré est remplacé. La plume court et le papier coûte cher ; elle poursuit son texte verticalement dans les marges : une écriture sans brouillon.

Je reviens à l'emploi que je voudrais que tu fis des gens qui viennent te distraire. Il me semble qu'on peut tirer parti de tous les hommes en général, et de chacun en particulier. Pour y parvenir, la bonne route serait de se dégager de soi et de s'occuper des autres, de ne pas se livrer à cette sorte de délicatesse dans le choix qui conduit immanquablement au dégoût de tout ce qui n'est pas parfait, et de se garder par-dessus toutes choses de se mettre en parallèle avec qui que ce soit ; les comparaisons ne peuvent jamais être justes et l'on n'en retire que du dédain pour ce qui nous est inférieur, ou de la jalousie pour qui nous surpasse, ou bien la mortification de nous voir préférer des gens contre qui nous nous sommes mesurés avec un avantage décidé de notre côté.

Son beau-frère, un monstre d'érudition, formé dans les universités protestantes de Genève, Cambridge et Leyden, docteur en médecine, en philosophie, en théologie et en physiologie, lisant la plupart des langues européennes et parlant couramment le latin, le grec et l'hébreu, ce chevalier Louis de Jaucourt évoqué plus haut, travaille la journée durant dans sa tour et descend pour le dîner. Quand Isabelle est là, les conversations volent haut entre les quatre adultes.

Suzanne-Marie a des nouvelles du chevalier de Vivens. Quarante ans durant, ils correspondront, chaque semaine, sans en manquer jamais une. Malheureusement, à part une lettre de Suzanne-Marie et trois ou quatre de Vivens, toute leur correspondance a disparu : celle de la marquise de Jaucourt rendue à ses héritiers, celle de Vivens certainement restituée par bonne manière et vraisemblablement brûlée.

*

En 1751, le chevalier Louis de Jaucourt est devenu un des rédacteurs de l'*Encyclopédie* à laquelle préside Diderot.

Curieusement, cette femme intelligente et sensible qu'est Suzanne-Marie est embarrassée par le poids de la tradition lorsqu'elle écrit à son fils :

> *Je suis sortie de la bonne compagnie de vos ancêtres, le chevalier* [Louis de Jaucourt, son beau-frère] *fait copier mon ouvrage pour l'impression ; nous serons tous sous la presse et j'en aurai l'honneur. On peut après cela se caresser le menton.*

D'évidence, il s'agit d'un ouvrage qu'elle a écrit et dont il ne reste, hélas, aucune trace. Sans doute a-t-il dû paraître anonyme ou sous un nom d'emprunt : estimait-elle qu'il y avait dérogeance à publier ?

*

Tout ne va pas pour le mieux. Le troisième garçon, Armand-Henry, officier dans la marine royale, âgé de dix-neuf ans, commence à inquiéter sérieusement ses parents : joueur, dépensier, léger, caricature de petit marquis, il accumule les dettes. Suzanne-Marie n'accepte plus ce comportement. Elle a avec lui une conversation empreinte de solennité et de gravité ; mais ils sont interrompus. C'est le soir ; et Armand-Henry doit partir le lendemain à potron-minet rejoindre son escadre à Rochefort ; la mère ne verra pas son fils avant son départ. Elle s'assoit à son écritoire et rédige à son intention cette lettre qui est un chef-d'œuvre de style, de psychologie, de rigueur, et de noblesse. Il la trouvera en partant :

Nous avons été interrompus dans un moment où je n'avais pas achevé de vous exposer ce que j'avais prémédité de vous dire, et ce n'est point assez de vous avoir fait connaître quels sont mes sentiments pour vous, je dois vous montrer d'où ils partent ; vous êtes faible, mais cela n'est pas le vice qui m'éloigne de vous, il ne pourrait que diminuer mon estime et me forcer à vous mettre malgré moi au rang des gens médiocres ; aveu mortifiant pour une mère qui avait conçu de toutes autres idées de son fils. Ce qui me blesse aujourd'hui est d'une nature plus cruelle ; à la faiblesse, vous joignez l'acquiescement, vous rejetez volontairement tout ce qui s'oppose à vos penchants, vous ne rassemblez et ne réunissez vos facultés que pour éteindre en vous les lueurs du bon sens, et de la raison. Vous n'employez votre esprit qu'à vous justifier à vous-même les usages et les maximes d'un monde qui vous égare. Le plaisir est l'unique pivot sur lequel vous tournez. Eh ! Où le cherchez-vous ce plaisir ? Dans la dissipation et dans l'étourdissement ; ce que vous prenez pour sentiment, n'est en vous qu'amour propre et vanité, vous vous aimez dans les impressions flatteuses que vous croyez faire, vous quittez les sociétés qui vous plaisaient davantage dès que vous ne vous croyez plus l'homme préféré ; que de présomption dans cette conduite ! ou que d'orgueil ? Vous voulez jouer le premier rôle, ou vous vous comptez pour rien ; voilà pourquoi les conversations particulières vous plaisent tant, pour briller dans les générales, il faut plus de talents ou plus d'acquis ; vous le sentez, et ne pouvant réunir l'attention des autres, vous vous donnez audience à vous même ; là, dans votre propre tribunal, vous jugez à la rigueur tout ce qui se dit et tout ce qui se fait ; plus de bonté, plus d'indulgence dans votre examen, vous êtes piqué, sans le savoir, de votre manque de supériorité. Vous m'aimez, dites-vous ? Détrompez-vous mon fils, c'est tout au plus si vous avez pour moi une estime sèche ; vous avez connu mes sentiments pour vous, vous ne pouvez disconvenir qu'ils ne vous aient été utiles, de tout ce que j'ai fait ce que vous prisez le plus est peut-être ce qui vous a été le plus nuisible : je vous ai mis en place d'accroître votre vanité. L'estime et l'amitié produisent d'autres fruits que ceux que je recueille de vous, vos attentions pour moi tiennent à la politesse et à la bienséance. Nos prin-

cipes et nos maximes sont à trop de distance pour former des liens d'union, votre facilité vous fait céder à tout ce qui vous est présenté ; mes idées seules ne sont point acceptables, vous les écoutez avec une sorte d'égard, mais rendu à vous-même, vous ne vous les rappelez jamais. Si les rapports forment les liaisons, comment pourrais-je croire que vous m'aimez et comment pourriez vous vous flatter que mon amitié subsistât. La persuasion est une suite de la confiance, la confiance est le produit de l'estime et de l'amitié ; inutilement ai-je tenté de ranimer en vous les faibles restes de tous ces sentiments ; comme un feu mourant qu'on attise, vous avez jeté quelques étincelles, le nombre en diminue chaque jour ; je sens le même progrès dans mon cœur et ma tendresse s'éteint insensiblement. Voilà mon fils l'état de mon âme à votre égard, je me propose de vous en parler pour la dernière fois de ma vie. Vous toucherez à la majorité quand nous nous reverrons, à cet âge, les remontrances ne sont plus de saison ; nous nous réduirons aux bons procédés, c'est tout ce qu'il faut pour vivre paisiblement chacun dans son caractère.

Peu de lettres atteignent une telle perfection d'expression. L'âme qui l'a dictée n'était pas une âme ordinaire.

*

En 1755, avec la parution du tome V de l'*Encyclopédie*, le chevalier Louis de Jaucourt est devenu un homme célèbre. Empreint d'une grande simplicité, sur presque tous les sujets il s'exprime en spécialiste et, par moments, cela agace un peu Suzanne-Marie, qui se refuse à le reconnaître docte en toutes matières : puisque le docteur Lencyclope, comme elle l'appelle, donne tant d'articles à Diderot, pourquoi ne lui en fournirait-elle pas elle-même ? Elle prend sa plume et écrit au philosophe :

Vous serez surpris, Monsieur, qu'une femme qui n'a pas l'avantage de vous connaître, qui n'a aucune prétention à l'esprit, encore moins à la science, vous envoie un article pour votre Encyclopédie. *Mais il ne faut que du bon esprit pour aimer cet*

ouvrage, et une femme, sans savoir lire, peut traiter mieux l'article fontange que le plus habile médecin. Je sais combien celui qui s'en est chargé [allusion évidente à son beau-frère, le cher Louis de Jaucourt] a de connaissances en tous genres ; mais il n'a, je vous assure, jamais vu de fontanges d'assez près pour les bien définir ; et je ne crois pas qu'Aristote, Hyppocrate ou Galien, lui aient donné des lumières sur cet important sujet. Si ma fontange a le bonheur de vous plaire, je pourrai vous fournir des articles du même genre ; si vous la trouvez mal nouée, dénouez-la et renouez-la ; si vous préférez celle du docteur, je croirai que l'on peut bien parler des choses que l'on n'entend pas ; et je vous enverrai un article de médecine qui ne serait peut-être pas mauvais.
J'ai l'honneur d'être, Monsieur, très parfaitement
votre très-humble et très-obéissante servante…

Suzanne-Marie de Vivans ne manquait pas d'humour !

Mais surtout, elle est une encyclopédiste, une véritable, plus que Buffon qui n'a jamais envoyé le seul article « Nature » auquel il s'était engagé et qui était tant attendu ! Et plus que Montesquieu également, qui n'a fourni qu'une partie incomplète d'un seul article. Elle, Suzanne-Marie de Vivans, marquise de Jaucourt, en a donné au moins quatre, non identifiés car non signés. Ainsi a-t-elle été la seule femme ayant participé à l'*Encyclopédie* de Diderot.

Les affaires de la famille vont mal. Le comte (marquis de Jaucourt maintenant) s'est avéré un piètre gestionnaire à Brinon-les-Allemands, et le fils aîné, Louis-Pierre, reprend la propriété à zéro. Fort heureusement, Chantôme est gérée par Suzanne-Marie. Aussi, donne-t-elle par écrit à son fils des conseils éclairés, précis et minutieux pour la reconstitution des terriers, et formule une règle de conduite pour remettre la propriété en rapport.

Rue de Grenelle, comme à Chantôme, on reçoit peu de monde à la fois, mais des amis très proches. Armand-Henri est prisonnier en Angleterre ? Lamoignon le fait échanger. A-t-il besoin de protection pour poursuivre sa carrière d'officier de marine ? C'est Choiseul qui s'en occupe. Le chevalier de Vivens veut publier ? Malesherbes s'en charge à la demande de Suzanne-Marie. Lencyclope aime ces soirées où s'exprime son frère aîné avec beaucoup d'assurance, sa belle-sœur avec sa culture et son charme, où vient souvent Mably, souvent également Condillac, qui passera deux mois consécutifs à Chantôme avec sa nièce et léguera sa bibliothèque à Louis-Pierre.

Le temps passe sur Chantôme. Les enfants sont loin, le couple vieillit doucement.

La correspondance de Suzanne-Marie avec ses fils, dans la plénitude d'une langue parfaite, illustre le caractère de cette femme ; parmi tant de formules, celle-ci : *On renonce plus facilement au plaisir d'aimer qu'au désir de plaire.*

*

Le 1er mai 1772 meurt Suzanne-Marie de Vivans, marquise de Noaillac et de Jaucourt, laissant un testament de vingt-neuf pages, étonnant de précision et d'intentions délicatement voilées, mais fermement exprimées.

Le chevalier de Vivens ne lui survivra que quelques mois. Saint-Amans, faisant son éloge, écrira : « Depuis le coup fatal qui précipita dans le tombeau cette femme dont la vie était nécessaire à la sienne, M. de Vivens, qu'une fermeté philosophique avait soutenu jusqu'alors, cessa toute correspondance avec les amis qui lui restaient. »

DELCER Maurice, *Geoffroy de Vivant, un d'Artagnan périgourdin*, Maleville, Libourne, 1987.

HAECHLER Jean, *L'Encyclopédie de Diderot et de... Jaucourt*, Honoré Champion, Paris, 1995.

HAECHLER Jean, *Le Chevalier de Vivens, un philosophe des Lumières en Guyenne*, Aubéron Bordeaux, 2000.

LAFONT Christophe, *Henri IV et Geoffroy de Vivans*, imp. Tony Lopez,1990.

MARGUERITE-JULIENNE LE PASTOUR

1718-1???

L'exécuteur des hautes ou des basses œuvres est un personnage hors société. L'ostracisme auquel il est en butte est compréhensible pour les basses œuvres, beaucoup moins pour les hautes, qui seules relèvent du bourreau.

Pour une bonne compréhension, je précise que les basses œuvres sont la partie peu ragoûtante de la voirie, le ramassage des bêtes crevées, leur dépeçage au domicile de l'exécuteur, et l'exploitation pour son compte des résidus, cuir, graisse et corne, à quoi s'ajoute le privilège de la vidange des fosses d'aisance… Il est l'éboueur de la société et assume des tâches nécessaires et répugnantes. Leur nature abjecte explique que leur entrepreneur soit l'objet de l'opprobre populaire : il n'a pas le droit d'habiter en ville, sauf la maison du pilori marquée d'infamie puisqu'y sont cloués ou attachés les condamnés ; il ne doit pas toucher les fruits ou les légumes lorsqu'il fait son marché, mais les désigner avec un bâton ; son pain est réservé à la boulangerie, mais posé à l'envers.

Tout différent est le bourreau, exécuteur des hautes œuvres, celles qui concernent uniquement les traitements infligés aux humains en application des décisions d'une justice dont il est l'auxiliaire. C'est un personnage officiel. Son travail ne se limite pas à l'exécution d'un condamné à mort : il officie aussi à l'application de la torture, procède à l'exécution des peines et traitements infamants. Parmi les plus courants, on trouve :

– la pendaison ;

– la décapitation à genoux, privilège réservé aux nobles ;

– le feu à vif en raison d'excès de luxure ou de péché contre nature ;

– la roue, les membres brisés au gourdin et le corps exposé face au ciel ;

– l'estrapade, par laquelle le condamné, les bras précédemment liés derrière le dos, est précipité du haut d'une potence : la chute, brusquement interrompue en bout de corde, disloque les articulations des bras.

D'autres peines sont moins capitales :

– aux blasphémateurs du saint nom de Dieu, on coupe la langue ;

– aux déserteurs, le nez ou l'oreille ;

– aux voleurs, on tranche la main.

Les tortures sont plus rares, telles le supplice de l'eau réservé aux interrogatoires, l'éviscération suivie de pendaison, l'écorchage ; elles ne sont pratiquées que par des bourreaux experts et la plupart ne sont plus en usage depuis la fin du Moyen Âge.

Parmi les traitements infamants, on relève :

– celui réservé au suicidé dont le cadavre est mis sur une clé, la face tournée contre terre, attaché par les pieds au derrière d'une charrette, puis traîné de la prison à la place d'exécution pour y être pendu par les jambes à une potence ; son corps y demeure vingt-quatre heures, pour être ensuite jeté à la voirie comme indigne de sépulture ;

– à la maquerelle, on donne le fouet. Ensuite, elle est promenée sur un âne, coiffée d'un chapeau de paille, la tête tournée vers la queue de l'animal ; après quoi, elle est bannie de la ville ;

– la marque sur l'épaule, au fer rouge, d'une fleur de lys pour les voleurs, ou des lettres GAL pour les condamnés aux galères ;

– enfin le carcan, deux heures consécutives.

*

Le bourreau est un personnage sacré, la clé de voûte du fonctionnement de la justice. La profession fut officialisée et partiellement codifiée par Charles VIII.

L'exécution est un spectacle à la fois trivial, mystique et moralisateur : trivial, parce que la populace se laisse aller à toutes sortes de commentaires souvent scandaleux, d'insultes et de gestes obscènes ; mystique, parce que c'est la justice des hommes dans sa souveraineté, et dans le cas d'exécution capitale, le passage de l'autre côté pour une comparution immédiate devant le juge suprême ; moralisateur, parce que l'exemplarité de la peine dénonce publiquement le crime ou la faute.

La coutume voulait que cette charge soit héréditaire. Il s'y pratiquait l'apprentissage en milieu familial où, dès six ans, les enfants assistaient aux exécutions ; à dix ans, ils assuraient des petites tâches et à quinze, ils devenaient aides. Il est arrivé, dans des cas exceptionnels, qu'ils soient suppléants. Si le bourreau meurt avant que son fils ait atteint sa vingt-cinquième année, un régent est nommé en attendant cette majorité de bourrellerie. Ainsi se sont constituées des dynasties de bourreaux qui ont perduré jusqu'à la récente suppression de la peine de mort.

La mise à l'écart dont est l'objet le bourreau a conduit au repli familial et donné naissance à une caste au sein de laquelle la généralisation du cousinage a soulevé des problèmes de consanguinité.

Le bourreau naît bourreau.

La profession est interdite aux femmes. Ainsi, en 1637, le bourreau de Dijon qui s'était fait assister par sa femme fut prié de trouver aussitôt un aide de sexe masculin.

Un bourreau doit avoir la main sûre, un parfait contrôle de soi, une indifférence de plomb aux cris et aux sanglots, et posséder des connaissances anatomiques : aussi était-il souvent recruté parmi les bouchers, ou se faisait-il assister par des hommes de cette profession. Au cours d'une exécution, quelle qu'elle soit, le bourreau a le rôle actif, il est la vedette. Quand il est maladroit, il est conspué, molesté ; il est même arrivé qu'il soit tué par la foule en colère ; dans le cas contraire, il est applaudi, voire ovationné.

Si une exécution est un sujet d'horreur, elle est toujours un spectacle très recherché : il y a foule, et autant de femmes que d'hommes, les premières plus gourmandes, dit-on, que les seconds.

*

Au cours des années 1740, dans une rue, un homme jeune de bonne contenance est abordé par un monsieur qui lui propose du travail. Henri est précisément dans une situation précaire, de celle où on se demande comment et quoi on mangera le soir. Il suit ce monsieur dans un endroit retiré où celui-ci lui annonce qu'il est bourreau et qu'il a besoin d'un aide. – *Ma foi, pourquoi pas* ? Certes on n'y gagne pas la considération, mais au moins de quoi vivre. Métier d'avenir ? Pour certains sans doute, mais pas pour lui, pense-t-il. C'est qu'Henri est en réalité Marguerite, Marguerite-Julienne Le Pastour, travestie en homme, enfuie de sa Bretagne après une violente dispute – une après tant d'autres – avec ses parents. Départ sans retour, à la recherche d'une autre vie ou de l'aventure… mais choix d'autant plus difficile qu'à cette époque le statut de la femme ne favorisait pas l'indépendance.

Elle ne sera plus Mlle Marguerite-Julienne Le Pastour. Elle choisit le prénom d'Henri, s'habille en homme, se coupe les cheveux très courts et vogue la caravelle à bon vent !

À une dizaine de lieues de Cancale, elle trouve une opportunité : valet d'un curé ; ils sont nombreux en Bretagne, et riches. Elle l'assiste, lui sert la messe – ô sacrilège ! –, fait le laquais sans la livrée, et le bedeau. Cela va un temps, mais elle se lasse vite, aspire à des horizons plus larges.

Des sergents recruteurs parcourent alors le pays à la recherche de volontaires pour aller combattre les Autrichiens. Henri saute sur l'occasion. Les enrôleurs tiquent un peu sur sa petite taille mais, baste, il faut des soldats et on enrôle les rares volontaires sans trop d'examen.

Las ! La vie militaire la déçoit vite, tout au moins celle de l'armée française, car elle déserte pour passer à l'ennemi ; elle s'enrôle, mais n'y est guère plus heureuse, et déserte une nouvelle fois, non en solitaire comme précédemment, mais avec quelques camarades aussi peu satisfaits de la situation qui leur est faite dans l'armée autrichienne. Ils traînent en Alsace, dupent par-ci, volent par-là. Henri en a vite assez de ce compagnonnage et, faute d'imagination, elle ne trouve rien de mieux que de s'engager à nouveau, dans l'armée française qu'elle avait désertée, ce qui la rend passible du peloton d'exécution. Légèrement inconséquente, Henriette…

Mais on manque d'hommes, et si on oublie cette… infidélité, cette fois-ci on ne passe pas sur sa taille. Elle est réformée, bien heureuse, après tout, de s'en tirer à si bon compte.

Que faire maintenant ?

C'est ainsi qu'Henri, traînant dans les rues de Strasbourg, a accepté l'emploi qui lui était offert.

*

Le nouvel assistant bourreau est sérieux, appliqué, opiniâtre malgré les aléas de sa vie militaire, ne demande qu'à apprendre si la rémunération est lucrative et se fait ainsi apprécier par son employeur auquel il donne toute satisfaction. Mais c'est un déserteur-né, c'est dans ses gènes, et il ne résiste pas à l'envie d'aller « voir ailleurs ». La rumeur « interbourrelle » lui a appris qu'une place vaquait à Montpellier. Il décide de postuler. Bien au regret de devoir se séparer d'un aide aussi satisfaisant, son employeur lui fait cependant un excellent certificat lui permettant de présenter sa candidature sous les meilleures références : Henri est engagé. Sa diligence, son souci du travail bien fait impressionnent, les coups de rupture assénés sur les membres des condamnés au supplice de la roue qui nécessitent force et précision sont applaudis, le marquage appliqué sans coup férir satisfait les spectateurs : les Montpelliérains sont fiers de posséder un bourreau sérieux, efficace. Ses employeurs sont satisfaits.

Mais, comme chez la plupart des êtres humains, l'ambition grandit ; notre héroïne est entrée dans la carrière, elle est encore jeune, elle vise le sommet de sa profession. Et la rumeur « interbourrelle » lui apprend que la place de maître bourreau, exécuteur en chef de la ville de Lyon, est à pourvoir. Pourquoi pas ? Ses états de service sont dignes de tous éloges, sa réputation est bien établie.

Henri prend congé de Montpellier et se met en route pour Lyon, persuadé d'obtenir le poste. En chemin, dans une auberge, il avise une jeune servante – appelons-la Cunégonde – qui lui agrée et semble posséder les qualités qu'il recherche : contre un bon salaire, il lui propose de l'engager à être son aide et à tenir sa maison, à la condition formelle qu'elle accepte de passer pour sa femme. Henri a de l'autorité, est bien habillé, de présentation convenable, et semble avoir de l'argent : elle accepte et voici M. et Mme Henri qui débarquent à Lyon.

Sur la présentation de ses états de service, il est aussitôt engagé. Par dérogation aux autres villes, il est admis que le maître bourreau peut avoir sa femme pour aide. De même que dans la capitale où le maître bourreau est appelé Monsieur de Paris, ici Henri échange son nom contre celui de Monsieur de Lyon.

Une maison dans le quartier de la Guillotière est mise à la disposition du couple par les autorités.

La ville est grande, la deuxième de France, et les condamnations sont nombreuses à une époque où on ne badine pas avec la loi. Plus gratifiant, les honoraires à Lyon sont élevés :

– le carcan, trente-cinq livres ;
– la marque, quarante livres ;
– le chapeau de paille, neuf livres ;
– la promenade du condamné, dix livres.

Henri procède naturellement aux exécutions capitales par pendaison ou par le feu, soumet à la question avec d'excellents résultats : il sait doser le supplice de l'eau et manie le bottier avec infiniment de sensibilité pour « encourager » l'aveu qu'il sent prêt à sortir : c'est un artiste.

Un an passe. Puis une année encore.

La ville de Lyon s'enorgueillit de son maître bourreau. Jamais une bavure, un travail net, soigné, rapide. M. de Lyon est habitué aux applaudissements qui saluent son savoir-faire, sa maîtrise.

Seulement voilà… Cunégonde avait espéré autre chose. Épouse officielle de M. de Lyon, sexuellement frustrée, elle ne bénéficie pas des avantages qui règnent dans la vie intime d'un couple. Jolie à son appréciation, elle est là, sous le même toit que cet homme seul qui ne fréquente aucune femme. Il n'en profite pas, ne la regarde même pas comme le ferait n'importe quel homme dans une situation semblable : il y a là une anomalie, un mystère, d'autant qu'elle n'a négligé ni les décolletés ravageurs ni les aperçus affriolants de cheville, voire de mollet, et même, comme par inadvertance, de genoux. En vain. De dépit en rancœur, elle estime ne plus devoir accepter une situation aussi frustrante qu'elle juge de surcroît offensante à ses charmes. Il lui faut comprendre. Elle se met à observer Henri.

Plusieurs mois passent encore ; bientôt trois ans que Lyon vit dans la fierté de son maître bourreau. M. de Lyon a maintenant trente ans.

Cunégonde surveille, espionne. Et un soir, par le trou de la serrure, que voit-elle ? Henri, finissant de se déshabiller, est une femme ! Cunégonde n'en croit pas ses yeux…

Elle est comme une femme trompée, ravagée par la volonté de vengeance. Elle se précipite chez un magistrat de la ville et lui révèle ce qu'elle a découvert. Stupéfait, celui-ci ne veut pas la croire, mais Cunégonde ne manque pas d'argumenter qu'il est facile de s'assurer de la véracité de sa déclaration. Le magistrat consulte ses pairs : on convient d'en avoir le cœur net ; si la chose est vraie, faudra-t-il administrer une peine exemplaire à quelqu'un qui s'est ainsi moqué des édiles de la ville, ou étouffer l'affaire ? En tout cas, il faut savoir.

M. de Lyon est arrêté. Nul n'est besoin de procéder à quelque examen : il reconnaît la réalité des faits. C'est l'ahurissement. Mais il refuse obstinément de déclarer son état civil, si bien qu'il est incarcéré sous le nom… d'Henriette.

Elle est accusée de dissimulation d'identité, et de dissimulation de sexe : la loi prévoit la flagellation. Mais en réalité, la loi est ambiguë, un additif ayant été apporté qui exige le huis clos pour les femmes, sans pour autant avoir abrogé des dispositions antérieures contradictoires. Les magistrats sont divisés, les un souhaitant que la peine soit exemplaire, les autres que l'on fît en sorte que… C'est l'embarras.

Marguerite-Julienne, maintenant Henriette, passe plusieurs mois en prison dans l'attente de son sort. Elle reçoit la visite d'un franciscain, le père Jean-Baptiste Richard, qui s'intéresse à son cas. Effectivement, il y a matière ! Il ne la confesse pas, mais il sait créer un climat de confiance et de sympathie, attirer les confidences. Au cours de nombreuses conversations avec la prisonnière, le religieux va découvrir chez cette femme une personnalité trouble dont il a peine à apprécier le caractère et à percer le mystère. Elle lui avoue qu'elle *exécutait avec un plaisir particulièrement marqué les personnes de son sexe, alors qu'au contraire elle ne ressentait rien lorsqu'elle exécutait ou questionnait un homme.* Les « psys » n'existaient pas encore, l'assouvissement des fantasmes de l'enfance était inconnu des bonnes gens, la haine inconsciente de la mère ou du père n'était pas inventée. L'indifférence d'Henriette à l'égard de son redoutable ministère fascine le franciscain et le conduit à la certitude que cette femme est habitée par le diable.

Dans son cachot, ayant comme seule communication avec l'extérieur le père Richard, Henriette attend. Les mois passent, et le magistrat instructeur, M. de Rochebaron, peu enclin à informer dans cette affaire où il ne se sent guère à l'aise, procède à des auditions irrégulières. Son laquais, un jeune homme bien fait du nom de Noël Roche, l'accompagne toujours. Il est fasciné par les déclarations d'Henriette, regarde cette femme intensément, envoûté. Avait-il des goûts un peu particuliers ? Était-il la proie de tendances sadiques refoulées ? En tout état de cause, il devient brusquement follement amoureux de la « bourrelle » ! Il découvre ses sentiments à son maître qui n'en est plus à une surprise près.

Les acteurs de cette singulière histoire vont d'ahurissements en stupéfactions. Chacun est embarrassé. Comment sortir de cette affaire ? Le magistrat réfléchit, écoute son laquais avec sympathie, car cette idylle lui fait entrevoir un moyen, pour lui et ses confrères, de sortir d'embarras : les deux motifs de condamnation tomberaient… enfin perdraient de leur force… si la prisonnière devenait Mme Henriette Roche ! Qu'à cela ne tienne : sous la condition formelle que les tourtereaux quitteront Lyon le jour même de la bénédiction nuptiale pour n'y plus jamais revenir, on les marie vite fait, et tire la galère.

Où pouvaient-ils aller tous les deux ? À Montpellier, certainement pas. À Strasbourg, pas davantage. La France est grande et permettait tous les choix pour peu que ce soit loin de Lyon. Eh bien Henriette Roche, devenue Marguerite-Julienne Roche, choisit Cancale. Elle revendiqua sa part d'héritage, donna naissance à une petite fille et l'on n'entendit plus jamais parler d'elle.

PARINAUD Marie-Hélène, avec BOURGERON J.P., « Le bourreau travesti fait tomber les têtes », *Historia*, 2003.

NICOLE-REINE LEPAUTE

1723-1788

L'évocation de Nicole-Reine est relativement brève.

La raison en est simple : ses travaux ont été occultés par les hommes qui – pour préserver sa retenue, ou sa pudeur sans doute… –, s'en sont approprié les mérites.

Aussi est-elle présente pour attester de l'inconnu dans lequel sont restées nombre de femmes faute du témoignage d'un honnête homme.

Dans le domaine scientifique, particulièrement, les travaux des femmes ont été escamotés, et singulièrement dans les couples œuvrant en recherche commune : allégeance séculaire, conformisme intangible, subordination affirmée par la loi faisant de l'époux le chef du couple… Le résultat fut d'attribuer au seul mari le mérite des découvertes effectuées en commun, minimisant le rôle de l'épouse à celui de simple collaboratrice. La conscience du mari en est-elle perturbée ? Détail, faribole, question mineure… inutile. Nombreux sont ces cas de dissimulation, voire de captation des résultats au profit de l'homme : à lui le renom, parfois la gloire. Pour elle, le silence et le temps effaceront jusqu'à la mémoire de son nom.

Quelques relations pourraient paraître hors sujet si elles n'étaient nécessaires pour mettre en relief les caractères concernés.

Deux hommes se sont attribué les mérites de la dame que j'évoque ici : le premier est son mari, Jean-André Lepaute, et le second Alexis Clairaut. C'est grâce à un troisième, Joseph Jérôme Lefrançois de Lalande, un honnête homme celui-là, que nous sommes informés des véritables mérites de cette femme et partiellement de ses travaux.

Abordons d'abord ces deux hommes, et nous comprendrons mieux la suite.

Le premier est Jean-André Lepaute dont on ne sait de captieux, dérobeur, tricheur ou truqueur l'épithète qui lui convient le mieux, mais assurément malhonnête et imposteur. Horloger du roi, il est apprécié comme un homme de bonne compagnie, affable, entièrement requis par ses travaux. C'est une sommité. Il fréquente son confrère Caron, artisan horloger dont il est estimé, ainsi que de son fils, Pierre-Augustin, lequel travaille à un système d'échappement devant apporter aux montres plates, par un mécanisme tout nouveau, continuité et surtout régularité jusque-là très approximative. Tenu au courant de ses recherches, Lepaute félicite le jeune homme et l'encourage. Deux ans durant, des journées entières, Pierre-Augustin Caron poursuivit ses travaux sur des pièces microscopiques.

Fin 1752, son prototype est en préparation. Il fait part à Lepaute de ses craintes qu'on ne lui dérobe son invention. Le grand homme lui conseille d'effectuer un dépôt à l'Académie des sciences et offre d'accompagner le jeune homme qui remet un simple mémoire.

Passent quelques mois, le prototype est achevé. Pierre-Augustin le présente à Lepaute qui l'examine longuement, loupe en main, pour finalement déclarer qu'il n'y comprend rien : un bon dessin ferait mieux l'affaire ; très fier, Pierre-Augustin l'exécute, ajoute les précisions détaillées que lui demande l'académicien. Paternel, celui-ci propose de l'appliquer à une montre actuellement en commande pour un grand personnage. Trop heureux, le jeune Caron donne son accord : c'est la confirmation éclatante qu'il a révolutionné l'horlogerie !

L'Académie des sciences étant fermée pour l'été, Lepaute en profite pour annoncer dans le *Mercure de France* qu'il vient d'inventer un nouvel échappement révolutionnaire qu'il a présenté à Louis XV, ce qui confère autorité à l'invention. Il y décrit minutieusement le mécanisme en conformité avec le document établi à son intention par Pierrre-Augustin. Le jeune homme réalise qu'il est floué et s'en ouvre à ses amis qui s'étonnent de sa naïveté. Maurice Lever raconte :

> « – *Comment ! lui dit l'un, vous ignoriez donc son procédé avec Le Roy, fils aîné, après les obligations qu'il lui avait, de lui avoir donné la construction de la pendule à une roue ?* Non, il ne savait pas. Il apprend alors que le fils aîné du célèbre horloger avait inventé une pendule à roue que Lepaute avait exécutée. Un contrat les liait pour le partage des bénéfices, mais Lepaute avait présenté cette pendule à Louis XV, sans en avertir son associé. – *Comment ! lui rétorque un autre, ne savez-vous pas qu'il a demandé à l'un de ces messieurs de l'Académie des sciences, qui le lui a refusé, un certificat à son nom comme auteur du remontoir à vent inventé par M. Le Plat, et qu'il voulait le placer dans la pendule que M. de Jullienne lui a commandée pour l'Académie de peinture, en s'en disant l'inventeur ?* Non, il ne le savait pas non plus. Et tous ses confrères, à tour de rôle, de lui raconter les escroqueries du sieur Lepaute, dont il ignorait absolument tout. »

Pour son malheur – il le saurait bientôt –, Lepaute était tombé sur un os – et un os très dur, un os à s'y casser les dents : l'inventeur en question allait bientôt prendre le nom de Pierre-Augustin Caron… de Beaumarchais !

Le jeune Caron poursuit l'horloger du roi en justice. Quel est ce freluquet qui ose s'attaquer à un homme aussi illustrement établi ? Pierre-Augustin se passe d'avocat et plaide lui-même son dossier devant l'Académie des sciences à laquelle il présente un mémoire qui fera date. Surtout, avec un sens étonnant de la publicité, il prend l'opinion publique à témoin en doublant son mémoire par une lettre au *Mercure de France* :

c'est au public de juger. La joute rebondit sur plusieurs numéros. Tout au long de sa vie, le futur Beaumarchais ne cessera de plaider et de se tourner vers cette opinion publique qu'il saura magistralement séduire. Il s'impose par des mots qui font mouche, des arguments « qui valent leur poids d'argent ou de prison, une gestuelle qui théâtralise le débat ».

Lepaute perd son procès.

Tirons-en deux enseignements ; le premier n'est pas mince, car il démontre combien les renommées bien établies résistent aux tâches. Gabriel-Joseph Lepaute, le petit-neveu de l'horloger du roi, dans la notice de quarante-cinq pages qu'il a publiée en 1869 à la gloire de sa famille, traite l'incident en cinq lignes :

> À cette même époque, Jean-André Lepaute eut quelques difficultés au sujet de son échappement à double virgule, déduit du précédent, avec Caron fils, qui avait cultivé dans sa jeunesse l'horlogerie, mais qui fut ensuite plus connu dans la littérature par sa brillante carrière théâtrale, sous le nom de Caron de Beaumarchais.

Pieuse discrétion.

Le second enseignement, de beaucoup plus de conséquence pour la connaissance de notre dame, est la nature de son mari de tout tirer à lui : il exclut de laisser à sa femme, même partiellement, le bénéfice des travaux qu'elle a réalisés pour lui, et avec lui.

*

Le second personnage à avoir occulté les mérites de notre héroïne est Alexis Clairaut : génie mathématique aussi étonnant que le fut Pascal pour les sciences abstraites, il lut à douze ans un mémoire à l'Académie des sciences sur quatre nouvelles courbes géométriques de son invention intitulé *Recherches sur les courbes à double courbure*, et fut admis dans l'honorable institution à dix-huit ans, avant l'âge prescrit de vingt ans, par dérogation royale, la seule qui fut jamais. Considéré comme le plus grand mathématicien de son temps, il a été l'instructeur, le conseiller, le guide de Mme du Châtelet, travaillant avec elle nuit et jour à Cirey, le verrou tiré à la permanente rage de Voltaire : Mme du Châtelet traduisait les *Principes* de Newton, sous la direction du savant. Par veulerie, absence de caractère, il a complètement passé sous silence les travaux de Nicole-Reine.

À noter cette anecdote relative à Clairaut. Il ne s'est point marié. Quoique très répandu dans le monde, il s'était imposé la règle de ne jamais souper en ville. Il l'observa longtemps. Mais cédant enfin aux importunités de ses amis, un jour il y dérogea. Son estomac fut si dérangé que cette indisposition, jointe à un gros rhume, l'enleva aux sciences à cinquante-deux ans.

Tels sont les deux personnages qui ont tu les travaux de Mme Lepaute, née Nicole-Reine Étable de Labrière, pour mettre les leurs en valeur et en acquérir le mérite exclusif.

*

Née au palais du Luxembourg où logeait son père qui était au service de la reine d'Espagne, Louise-Élisabeth d'Orléans veuve de Louis Ier, Nicole-Reine Étable de Labrière épouse en 1749 Jean-André Lepaute, officiellement horloger du roi, talentueux, travailleur et inventif, qualités qui ne sauraient lui être contestées. C'est un personnage. Une autorité. Elle a vingt-six ans, lui quarante. Ils logent au palais du Luxembourg, où précisément Nicole-Reine avait passé son enfance. Elle est alors une femme agréable, dotée d'une taille élégante, « le pied charmant » et des mains admirables.

Devenue par son mariage Mme Nicole-Reine Lepaute, elle participe aux publications et communications de son mari qui sont nombreuses ; par Lalande, nous apprenons que le *Traité d'horlogerie* publié en 1755 sous le nom de Lepaute est la résultante d'un travail en commun de l'horloger, de Lalande et de Mme Lepaute. On trouve dans ce remarquable ouvrage une table du « nombre des oscillations pour des pendules de différentes longueurs, ou des longueurs pour chaque nombre donné de vibrations depuis celui de dix-huit lignes, qui ferait dix-huit mille vibrations par heure jusqu'à celui de trois mille lieues » qui est anonymement dû à Nicole-Reine.

En même temps, elle tient la maison ainsi que les comptes de l'entreprise familiale, Jean-André s'étant associé son frère Jean-Baptiste.

*

Lepaute s'est taillé une réputation dans la fabrique d'horloges géantes comme celle qu'il a installée au palais du Luxembourg. Jeune astronome, Jérôme Lalande était responsable de l'observatoire de ce palais dont la coupole était située sur la porte principale. Est-ce à la suite d'une mission de l'Académie des sciences où il est commissaire pour examiner un nouveau type d'échappement créé par l'horloger que Lalande a connu les Lepaute, ou simplement par voisinage ? En tous les cas, une amitié est née, et le savant invite l'horloger à construire des horloges astronomiques. Il semble que, dès cet instant, la participation de Nicole-Reine s'impose d'évidence.

Clairaut cherchait à affiner la prévision du retour annoncé de la comète de Halley. Il s'adresse à Lalande pour lui fournir les diaboliques calculs de l'orbite de la comète, jour après jour, en déterminant les perturbations occasionnées par la force de gravitation de Jupiter et Saturne lors de ses passages à leur proximité exigeant le « calcul pour tous les degrés, et pour cent cinquante ans, des distances et des forces d'attraction exercées sur la comète par chacune des planètes ». Lalande ne peut assurer seul de tels calculs qui représentent un travail énorme, ce qui le conduit à demander son concours à Mme Lepaute. Nous sommes en juin 1757 ; elle accepte cette mission. Mais comment savoir ce qui appartient à Nicole-Reine et à Lalande ? Les analystes ne peuvent guère l'apprécier :

« Les contributions de Nicole-Reine ne sont pas toutes connues dans le détail. Les calculs pour le passage de Vénus devant le disque du soleil de 1761 [...] sont souvent attribués à Mme Lepaute ; rien ne vient confirmer cela. »

Ce que l'on sait, c'est ce qu'en a écrit Lalande dans son *Histoire abrégée de l'astronomie* :

« On comprendrait difficilement le courage qu'exigeait cette entreprise, si l'on ne savait que pendant plus de six mois nous calculâmes depuis le matin jusqu'au soir, quelquefois même à table, et qu'à la suite de ce travail forcé, j'eus une maladie qui changea mon tempérament pour le reste de ma vie ; mais il était important que le résultat fût donné avant l'arrivée de la comète, pour que personne ne pût douter de l'accord entre l'observation et les calculs qui serviraient de fondement à la prédiction. »

Dix-huit mois plus tard, Clairaut annonçait à l'Académie des sciences la date de retour de la comète. C'était la stupeur, l'admiration unanime.

Lorsqu'il publia sa *Théorie du mouvement des comètes*, Clairaut avait cité Mme Lepaute et la nommait la savante calculatrice. Il avait en la personne de Mlle Goulier une maîtresse fort jalouse des mérites de Nicole-Reine. Par crainte de déplaire à celle qui partageait sa vie, il supprima de ses articles le nom même de celle à qui il avait des obligations si essentielles. Cette omission aurait eu comme conséquence le refroidissement intervenu dans les relations entre Clairaut et Lalande.

Ce dernier a-t-il, n'a-t-il pas été, amoureux de Nicole-Reine ? Il l'a sans doute plus qu'admirée. Après son décès, plus tard, il écrira d'elle, dans son *Histoire abrégée de l'astronomie* :

« Sa société me fut utile et chère ; elle m'éloigna des liaisons dangereuses ; elle me procura les agréments d'une vie commode avec des gens aimables et instruits. Elle avait assez de caractère pour être impérieuse, quand cela pouvait être utile ;

mais elle avait assez de prudence pour céder, dans les occasions où la résistance eut été dangereuse. Enfin, elle me fut si chère, que le jour où j'assistai à son convoi fut le plus triste que j'eusse jamais passé, depuis celui où j'appris la mort de mon père. Cette femme intéressante est souvent présente à ma pensée, toujours chère à mon cœur ; les moments que j'ai passés auprès d'elle et dans le sein de sa famille sont ceux que j'aime le plus à me rappeler et dont le souvenir mêlé d'amertume et de peine, répand quelque douceur sur les dernières années de ma vie, comme son amitié fit le charme de ma jeunesse. Son souvenir que j'ai toujours sous les yeux, est ma consolation, quand je pense qu'un philosophe ne doit pas se plaindre des lois impérieuses de la nécessité, et des pertes qui sont une suite nécessaire de l'ordre de la nature. »

Nicole-Reine a-t-elle partagé ces sentiments ? On fait remarquer que Lalande était d'une rare laideur quand Lepaute portait beau. L'*Histoire des femmes de science* rapporte une curieuse anecdote : « Lalande affecte de manger avec délice des araignées et des chenilles et s'en vante comme d'un trait philosophique ; elle qui a horreur de ces insectes, s'habitue pour lui être agréable à les voir, à les toucher et finalement à les avaler. » Cela ne s'invente pas.

En 1759, Lalande, chargé par l'Académie des sciences de fournir à la *Connaissance des temps* qui donne chaque année aux astronomes et aux navigateurs la position des différents corps célestes pour chaque jour de l'année, engage Nicole-Reine à l'aider dans un travail qu'il ne peut réaliser seul, en raison de la diligence qu'impose le calendrier (ces éphémérides sont instituées pour dix ans). Elle poursuit cette collaboration jusqu'en 1774 pour prendre ensuite en charge la publication des Éphémérides de l'académie. Malgré l'anonymat de la plupart de ses travaux, la dimension de cette femme nous est parvenue. Élue membre associé de l'académie de Béziers à l'invitation de Dortous de Mairan, elle adresse plusieurs mémoires qui sont insérés dans le *Mercure de France*.

Prédite pour 1764, l'éclipse annulaire du Soleil était un phénomène jamais observé en France. Mme Lepaute la calcula pour toute l'étendue de l'Europe, et « publia une carte où l'on voyait, de quart d'heure en quart d'heure, la marche de l'éclipse, et une autre carte pour Paris où l'on y voyait les différentes phases ».

*

Sans enfant, elle fait venir de la Meuse en 1768 un neveu de Lepaute avec l'intention de l'associer à l'affaire de son mari ; elle prend soin de son éducation, de sa formation, lui enseigne elle-même l'astronomie. Sous le nom de Lepaute d'Agelet, il est nommé adjoint astronome à l'Académie des sciences et embarque comme astronome dans l'expédition de l'*Astrolabe*, menée par La Pérouse ; il périra avec ses compagnons en 1788.

Une trop grande assiduité au travail ayant affaibli sa vue, Nicole-Reine dut cesser ses travaux.

Son mari gravement malade, dérangé de la tête et délirant, elle s'enferma avec lui à Saint-Cloud pour lui procurer un meilleur air. Durant les sept dernières années de sa vie, elle le soigna et l'assista avec une patience angélique.

Elle mourut quelques mois avant lui.

*

Sans les reconnaissances de Lalande, nous ne saurions pratiquement rien de cette dame, sinon son élection à l'académie de Béziers et les quelques observations bien relatives énumérées plus haut.

Elles doivent être nombreuses les femmes dont l'activité de recherche nous restera toujours inconnue car dissimulée, masquée, gommée par l'« autorité » qualifiée d'éminente des hommes qui les conservaient sous leur coupe. « In–nombrables », au véritable sens du terme, également aussi sont les « emprunts » dissimulés dont elles ont été les victimes…

Ne serait-ce qu'à ce titre d'exemplarité, la présence de Mme Lepaute m'a semblé s'imposer dans cet ouvrage.

Le naturaliste Commerson lui a dédié la rose du Japon qu'il nomma Pautia, devenue aujourd'hui hortensia.

BOISTEL G., *Cahiers Clairaut n° 108*, 2004.
CLAIRAUT Alexis, *Théorie des comètes.*
LALANDE Joseph Jérome Lefrançois de, *Histoire abrégée de l'Astronomie.*
LEVER Maurice, *Pierre-Augustin Caron de Beaumarchais*, Paris, Fayard, 1999.
LEPAUTE Gabriel-Joseph, *Notice sur la famille Lepaute qui s'est distinguée dans l'horlogerie et les sciences au VIIe & au XVIIIe siècles*, Paris, 1969.
MICHAUD, *Biographie universelle ancienne et moderne*, Desplaces, Paris & Brockhaus, Leipzig, 1854.
POIRIER Jean-Pierre, *Histoire des femmes de science en France du Moyen Âge à la Révolution*, Pygmalion, 2002.

SOPHIE GERMAIN

1776-1831

La diversité des opinions est infinie, les conceptions sont aussi différentes que les traits des physionomies ; sur une matière donnée, autant d'hommes, autant d'idées. Les idées extrêmes existent à la fois, et les esprits se partagent toutes les nuances. Mais la vraie opinion d'un siècle est dans la tête des grands hommes qu'il a produits.

Telle est une des pensées de Sophie Germain que j'ai choisie. Le secrétaire perpétuel de l'Académie écrit le 30 mai 1823 :

« Mademoiselle,

J'ai l'honneur de vous prévenir que toutes les fois que vous vous proposerez d'assister aux séances publiques de l'Institut, vous y serez admise dans l'une des places réservées au centre de la salle. L'Académie des Sciences désire témoigner par cette distinction tout l'intérêt que lui inspirent vos ouvrages mathématiques et, spécialement, les savantes recherches qu'elle a couronnées en vous décernant un de ses grands prix annuels.

Agréez, Mademoiselle, l'hommage de mon respect.

Fourier »

À une telle époque, quelle reconnaissance pour une femme !

Sophie Germain est née sous l'Ancien Régime, en 1776. Elle appartient à une famille d'orfèvres, tous artisans célèbres depuis deux siècles ; son père est député du tiers état de Paris aux États généraux de 1789.

C'est au cours de cette année symbole qu'elle découvre dans la bibliothèque paternelle l'*Histoire des mathématiques* de Jean-Étienne Montucla, dans laquelle est relatée la circonstance de la mort d'Archimède. Une vocation naît. Sa décision est immédiate, son choix définitif, rien ne l'en fera dévier : elle sera mathématicienne. Dès lors, elle lit tout ce qui lui vient sous la main touchant les mathématiques, particulièrement Bezout, l'auteur d'un cours complet qui fit époque par sa clarté et « par le degré d'élévation où la science s'y trouvait portée ». Tout le jour, elle lit ; et même une partie de la nuit. Ses parents s'en inquiètent. On lui retire le feu de sa chambre ? Qu'importe ! On lui retire ses vêtements ? Elle s'en passera ! La lumière lui est enlevée ? Elle s'en procurera en récupérant les bouts de chandelle que l'on jette. Ainsi, quand la famille est endormie, par un froid tel que l'encre gèle dans l'écritoire, enveloppée de ses couvertures, elle lit, lit, lit…

Elle a treize ans.

Sa détermination est si irréductible, sa résistances à toutes les pressions si inébranlable que ses parents, intelligents, bien que convaincus de l'inutilité de la géométrie pour une femme – qu'en ferait-elle ? –, renoncent à contrarier une telle soif d'étude ; laissons-la s'étancher, pensent-ils…

Désormais, Sophie Germain est libre d'organiser son travail. Libre et seule. Elle avance, mesurant ses acquis, sources de jubilation… en même temps que s'accroît la conscience de ses ignorances. Seule, elle apprend la théorie des nombres. Seule encore, pendant la Terreur, elle déchiffre le calcul différentiel de Cousin. Mais bientôt, un obstacle bloque sa progression : écrits en latin, les ouvrages supérieurs lui sont inaccessibles. Qu'à cela ne tienne ! Habituée à étudier sans l'aide de personne, elle apprend le latin avec acharnement, seule. Seule, ainsi qu'il en sera tout au long de sa vie. Maintenant, elle peut aborder Euler et Newton.

*

L'École polytechnique est créée, mais son sexe lui en interdit l'entrée. Elle a dix-huit ans quand son attention est attirée par l'analyse nouvelle de Joseph-Louis Lagrange, réputé « l'un des géomètres les plus illustres des temps modernes » qui professe les mathématiques à Polytechnique. Elle se procure ses cours ; et comme elle sait qu'il est dans les habitudes que les élèves présentent librement des observations par écrit, elle envoie les siennes à Lagrange sous le pseudonyme masculin d'Antoine-Auguste Le Blanc, ancien élève de l'école. Surpris par la pertinence du mémoire, la sommité en fait publiquement l'éloge. Plus surpris encore qu'il ne le révèle depuis son estrade, il vient lui-même au domicile de Le Blanc lui témoigner son admiration. Stupéfait de se trouver en présence d'une mathématicienne, il lui promet de ne révéler ni son identité ni son sexe. Pour tous, elle reste M. Le Blanc.

Très vite, une correspondance s'établit avec de nombreux savants de l'époque qui adressent à « M. Le Blanc » leurs ouvrages ou lui communiquent leurs travaux.

*

1805. Paraissent les *Disquisitiones arithmeticæ* de Charles-Frédéric Gauss, un traité sur la théorie des nombres. L'auteur est le plus grand géomètre du XIXe siècle. Dès l'âge de seize ans, il avait mis au point une méthode encore utilisée de nos jours pour déduire, à partir de mesures terrestres, les éléments de l'orbite d'une planète. Renversant toutes les idées de ses prédécesseurs, il est l'auteur de théorèmes fondamentaux sur les surfaces courbes. On ne compte pas ses découvertes et ses publications en mathématiques bien sûr, mais aussi en astronomie et en optique. Il est l'inventeur du magnétomètre ; dans sa modeste habitation de l'observatoire de Göttingen, il « trônait comme le souverain absolu de l'empire des sciences, l'arbitre infaillible, contre le jugement duquel il n'y avait plus d'appel ».

L'intérêt de Sophie Germain se porte sur les nombres premiers. Elle effectue des recherches, tente de nouvelles démonstrations et adresse le fruit de son travail sous son habituel pseudonyme de Le Blanc à l'autorité suprême qu'est Gauss :

Malheureusement, l'étendue de mon esprit ne répond pas à la vivacité de mes goûts, et je sens qu'il y a une sorte de témérité à importuner un homme de génie, lorsqu'on n'a d'autre titre à son attention qu'une admiration nécessairement partagée par tous les lecteurs.

En réponse, dans une très longue lettre datée du 16 juin 1806, Gauss écrit notamment :

« Je me félicite que l'arithmétique acquiert en vous un ami assez habile. Surtout votre nouvelle démonstration pour les nombres premiers, dont deux est résidu ou non résidu, m'a extrêmement plu ; elle est très fine, quoiqu'elle semble être isolée et ne pouvoir s'appliquer à d'autres nombres. »

Et quelques mois après, il lui envoie en remerciement des autres communications qu'elle lui a adressées un exemplaire d'un mémoire qu'il a publié.

Ici se place une histoire amusante.

Les batailles d'Iéna et d'Auerstadt ont fait des victimes dans la population civile, et les Français sont entrés à Brunswick, la ville de Gauss. Se souvenant du destin d'Archimède, Sophie Germain craint pour la vie de Gauss. Le général Pernety, ami de la famille, est chef d'état-major de l'artillerie impériale en Allemagne. Il dirige le siège de Breslau lorsqu'il reçoit une lettre de Sophie. La demande devait être pressante car le général envoie aussitôt un officier à Brunswick pour prendre des nouvelles de Gauss de la part de Pernety et de Mlle Germain. L'officier fait le trajet ventre à terre et trouve Gauss. Puis il se rend chez le gouverneur délivrer son message. À la lecture d'une si urgente recommandation, celui-ci invite le mathématicien à souper le soir même en compagnie du Commandant de la place. Quelle n'est pas la surprise générale lorsque Gauss affirme ne connaître ni Pernety, ni « Mlle Sophie Germain » ; celle-ci, dans son empressement, avait oublié que seule l'intervention de M. Le Blanc pouvait être compréhensible.

Informée du quiproquo, elle écrit à Gauss le 20 février 1807 :

> *En me rendant compte de l'honorable mission dont je l'avais chargé, M. Pernety m'a mandé qu'il vous avait fait connaître mon nom : cette circonstance me détermine à vous avouer que je ne vous suis pas aussi parfaitement inconnue que vous le croyez ; mais que, craignant le ridicule attaché au titre de femme savante, j'ai autrefois emprunté le nom de M. Le Blanc pour vous écrire et vous communiquer des notes qui, sans doute, ne méritaient pas l'indulgence avec laquelle vous avez bien voulu y répondre.*

Finalement Gauss adressa sa reconnaissance en des termes aussi flatteurs pour la géomètre qu'amicaux pour la jeune fille qu'il appellera désormais du doux nom d'« amie » :

« Mais lorsqu'une personne de ce sexe qui, par nos mœurs et par nos préjugés, doit rencontrer infiniment plus d'obstacles et de difficultés que les hommes à se familiariser avec ses recherches épineuses, sait néanmoins franchir ces entraves et pénétrer ce qu'elles ont de plus caché, il faut sans doute qu'elle ait le plus noble courage, des talents tout à fait extraordinaires, le génie supérieur [...] Mais comment vous dire mon admiration et mon étonnement en voyant se métamorphoser mon correspondant estimé M. Le Blanc en cette illustre personnage qui donne un exemple aussi brillant de ce que j'aurais peine de croire. »

Cette correspondance avec la grande autodidacte se poursuit, fréquente, dense. Elle lui écrit :

> *Après avoir réduit, suivant que vous l'indiquez, les formes ternaires dont la déterminante est zéro aux formes binaires, j'ai cherché si cette propriété ne s'étendait pas aux formes quaternaires,*

> *c'est-à-dire si ces formes n'étaient pas susceptibles de se réduire aux formes ternaires lorsque leur dominante est zéro, et j'ai examiné ensuite quelques autres propriétés de ces formes et de leurs adjointes.*

Elle va maintenant délaisser les mathématiques pures pour des recherches plus appliquées

*

Une occasion va faire sortir Sophie de l'ombre. En 1808, Chladni démontre ses expériences sur les vibrations des surfaces élastiques ; c'est tellement important, notamment dans le domaine de l'acoustique, que « Napoléon (présent à ces expériences) propose en 1811 un prix extraordinaire à l'Institut pour que ces vibrations soient soumises au calcul » et qu'une équation réponde à toutes les incidences. Le problème posé est des plus difficiles ; il a tenté les plus grands savants et n'a été résolu que d'une manière partielle[1].

La question posée était de donner la théorie mathématique des vibrations des surfaces élastiques et de la comparer à l'expérience. Lagrange déclara que la question ne serait pas résolue sans un nouveau genre d'analyse. Sophie se présente au concours. Seule. Devant la difficulté, les mathématiciens ont renoncé. À la réception de son mémoire, le secrétaire perpétuel de l'Académie, Joseph Fourier, lui écrit pour saluer l'importance de son travail et prend la peine de se déplacer pour venir s'entretenir avec elle des réflexions que cet écrit lui a inspirées.

Le prix ne sera pas attribué parce que l'équation présentée n'était pas irréprochable (les lacunes d'une autodidacte), mais son mémoire permettra ultérieurement de découvrir la solu-

1. D'Alembert avait donné la solution du cas linéaire c'est-à-dire du mouvement vibratoire à une seule dimension ; il s'agissait de considérer un cas plus compliqué, la théorie mathématique des surfaces élastiques c'est-à-dire le mouvement vibratoire à deux dimensions.

tion. La même question fera l'objet d'un deuxième concours, et cette fois-ci, elle bénéficiera de la mention « honorable ». C'est au troisième concours qu'elle sera couronnée, le 8 janvier 1816. Même si la démonstration n'est pas encore parfaite, du moins le nouveau genre d'analyse était trouvé. Huit ans de travail acharné ! Par réserve, ou pour une autre raison inconnue, elle ne vint pas recevoir son prix

Elle a quarante ans. Désormais, elle appartient au monde des savants.

On comprendra que je m'abstienne de me lancer dans des explications sur ces travaux de Sophie Germain ; voici du moins la fameuse équation :

$$N^2 \left[\frac{d^4\rho}{ds^4} + 2\,\frac{d^4\rho}{ds^2 ds'^2} + \frac{d^4\rho}{ds'^4} - \frac{4}{S}\left(\frac{d^2\rho}{ds^2} + \frac{d^2\rho}{ds'^2}\right]\right. + \frac{d^2\rho}{dl^2} = 0 \ldots \text{(C)}$$

Élémentaire, n'est-ce pas ?

Elle publie en 1821 les *Recherches sur la théorie des surfaces élastiques*, et en 1830 un *Mémoire sur la courbure des surfaces*, suivi de bien d'autres sur le sujet qui sont résumés avec soin par Todhunter dans l'*Histoire de l'élasticité.*

Rebière a écrit : « Pour construire la tour Eiffel, les ingénieurs ont utilisé l'élasticité des métaux. On a inscrit sur la tour les noms de soixante-douze savants ; on a oublié celui d'une fille de génie, la théoricienne de l'élasticité. »

Un de ses contemporains, Navier, mathématicien et ingénieur, a écrit dès 1821 de ses écrits géométriques qu'ils sont de ceux que « bien peu d'hommes peuvent lire et qu'une seule femme pouvait faire. »

Puis elle s'attaque au théorème de Fermat qui, depuis deux siècles, défie les mathématiciens : « Est-il possible de fabriquer un cube dont le volume soit exactement la somme des volumes de deux cubes plus petits ? » Fermat prétendait que c'était impossible. Sa démonstration étant perdue, le théorème était devenu un sujet de réflexion pour tous les grands mathématiciens. Sophie Germain choisit une approche différente et montre par plusieurs équations qu'il est partiellement démontré. Ce n'est qu'une avancée, mais de taille, que Gauss apprécie. C'est seulement en 1994 que la démonstration a été effectuée par Andrew Wiles.

*

Pénétrée de la présence d'analogie entre la science et les arts dans toutes les opérations intellectuelles, ayant davantage de disponibilités, Sophie Germain s'attache à être au courant des dernières découvertes de chaque science.

Elle étudie la chimie, la physique, la géographie, l'histoire et la philosophie en vue d'effectuer une synthèse dans laquelle « elle portait la même puissance synthétique, le même génie analytique mais où elle ne pouvait souffrir l'hypothèse, l'arbitraire, le désordre ». La Bibliothèque nationale possède de nombreux manuscrits de ses notes et mémoires non publiés sur les sciences naturelles et sur la métaphysique.

Ses *Considérations générales sur l'état des sciences et des lettres* ont été écrites lorsque la maladie la traquait déjà et pour partie dans les souffrances qui ont précédé la fin ; elle n'a pu les mener à terme. Cette œuvre est le résultat d'une longue maturation. On a prétendu qu'elle ne la destinait pas à la publication ; c'est peu probable car son envergure lui donnait rang de philosophe. C'est une œuvre de maturité dont une définition assez juste résulte d'une observation figurant dans ses *Pensées détachées*, inédites : *Si les hommes qui ont avancé les sciences par leurs travaux, si ceux à qui il a été donné d'éclairer le monde, veulent revenir sur le chemin qu'ils ont fait, ils verront que les idées les plus belles, les plus grandes, sont les idées de leur jeunesse, mûries par le temps et par l'expérience. Elles sont renfermées dans les premiers essais, comme les fruits dans les boutons du printemps.*

Des *Considérations générales sur l'état des sciences et des lettres,* Hippolyte Stupuy écrit :

« Son but est de faire tomber la barrière élevée entre le domaine de l'imagination et celui de la raison. Elle montre que dans les sciences tout s'enchaîne par des rapports dont un seul bien constaté en annonce beaucoup d'autres ; que dans les lettres et les arts, les arrêts de la raison ne diffèrent en aucune manière des oracles du goût, et qu'enfin c'est par les mêmes lois que sont unis l'ordre physique et l'ordre moral. »

C'est un petit ouvrage de cent pages in-octavo, dense, riche, qui demande beaucoup d'attention mais dont la lecture est facilitée par la clarté du style.

Je n'aurai pas l'outrecuidance de tenter un résumé de cette œuvre dense. Quarante années de réflexion, de maturation, de synthèse à partir des mathématiques, de la physique, de l'histoire, de la chimie, de la musique, de la philosophie, de la poésie ne peuvent se résumer ni en deux paragraphes, ni en deux pages, ni en dix. C'est pourtant ce qu'a tenté et réussi en quinze pages avec talent le Dr Segond, professeur agrégé de la faculté de médecine de Paris dans le numéro de septembre octobre 1879 de la revue *La Philosophie positive,* dirigée par Littré, dont je cite ce paragraphe :

« Le discours se divise en deux parties ; dans la première, inductive et abstraite, elle énonce une loi et la précise par deux exemples caractéristiques empruntés à la poésie et à la science. Dans la seconde partie, surtout déductive et enrichie d'un grand nombre de documents, elle poursuit la démonstration de ses principes à travers les âges et dans toutes les œuvres de l'esprit humain. Oserai-je ajouter que dans cette vaste systématisation, Sophie Germain montre qu'à partir de toutes les formes de représentation ou de production intellectuelle, il y a une équivalence entre les perceptions concrètes et abstraites dans les opérations mentales et insiste sur le fait que rien ne sépare entre elles l'imagination et la raison. »

Dans son *Cours de philosophie positive,* Auguste Comte a écrit d'elle que son discours indique « une philosophie très élevée, à la fois sage et énergique, dont bien peu d'esprits supérieurs ont aujourd'hui un sentiment aussi net et aussi profond ».

Dès qu'il eut pris connaissance du texte des *Considérations générales,* Sophie Germain prit à ses yeux rang de philosophe ; plus tard, dans son système de commémoration, il la fera figurer en regard d'Hegel. Il écrira : « J'attacherai toujours le plus grand prix à la conformité générale que j'ai aperçue dans cet écrit avec ma propre manière de concevoir l'ensemble du développement intellectuel de l'humanité. » Quelle reconnaissance de la philosophe après celle de la mathématicienne !

*

Laissons Sophie s'exprimer avec toute sa fougue poétique :

> *L'âme peut être affectée par l'entremise de sens différents, parce qu'elle reçoit alors le même ordre d'idées. Ainsi l'éloquence, l'art musical et la pantomime procèdent d'une manière analogue. La peinture ne dispose que d'un seul instant ; mais elle sait le choisir de façon à rappeler ceux qui ont précédé, et à faire pressentir la suite de l'action que le tableau représente. Si l'on excepte un petit nombre de cas dans lesquels l'auditeur est préparé, par les circonstances du moment, à prêter toute son attention à l'orateur, celui-ci débute avec calme. Le musicien agit de même. Au commencement de sa pièce, il emploie une modulation simple et réserve les mouvements expressifs pour la suite de l'action. Dans le spectacle de la nature, nous retrouvons cette gradation. Le lever du soleil est précédé d'un crépuscule, et un autre crépuscule annonce la fin de l'apparition de cet astre. L'écrivain et l'orateur terminent aussi leur oraison avec la même simplicité qu'elle a été commencée. Une pensée d'éclat jetée à la fin d'un discours laisserait l'auditeur dans une sorte d'éblouissement qui serait fatigante. Le goût, en s'épurant, a proscrit cette manière.*

Et bien que désirant limiter les citations de cet ouvrage, je ne résiste pas à en proposer les dernières lignes :

> *Tant de vérités de genre différents, groupées autour d'une vérité première, qui est le fait principal du sujet, mettront dans tout son*

> *jour l'identité de rapports entre le module de chaque science, de chaque art, et les diverses parties de cette science ou de cet art. Les lois de l'être, les conditions du vrai, ainsi présentées à la fois sous mille faces différentes, échaufferont alors l'imagination ; un enthousiasme nouveau, fondé sur une base plus solide que celui qui sut embellir d'agréables fonctions, inspirera nos poètes et nos orateurs. Au lieu de créer l'univers selon les caprices de nos volontés, ils nous le montreront tel qu'il est réellement ; et si jamais le génie entre dans cette route nouvelle, il verra avec admiration que l'art de créer n'a été que celui de copier, et de transporter en d'autres lieux de faibles parties d'un tableau qu'il lui sera donné de savoir peindre dans son ensemble.*

Sophie Germain a noté, pour elle, des *Pensées* détachées dont celle-ci est extraite. Nullement destinées à être publiées, elles étaient notées sur un simple cahier. Elles sont brutes et nous permettent de mieux pénétrer sa personnalité dans l'ignorance où l'on est de sa vie privée, si elle en a eu une…

Ce cahier retrouvé après sa mort par son neveu Lherbette, député, a été publié à Paris en 1833.

*

J'ai choisi, dans ce recueil, cinq autres pensées dans lesquelles on trouve le souffle du poète, comme dans celle-ci :

> *Tycho-Brahé. Tant de mérites de sa part, tant d'obligations avouées de la nôtre, laissent le droit de le juger sur le reste. Il n'eut point l'esprit philosophique. Un homme qui n'a point entendu la voix de Copernic, qui n'a point saisi un système ; un homme partagé entre les travaux de l'alchimie et les veilles astronomiques, se montre imbu de tous les préjugés de son temps. Il était assis sur les confins de deux siècles. Il tint aux ténèbres qui l'ont précédé et à la lumière qui l'a suivi. Ce contraste, cette étrange association de l'erreur et de la vérité trouve une image sensible et physique dans le spectacle du matin : l'empire du ciel paraît divisé, le cercle de la nuit fugitive est encore tracé dans le vague des airs ; les rayons*

> *de l'aurore viennent se briser à cette barrière, et les ombres, en reculant, semblent combattre les premiers traits d'un jour pur.*

Toujours en se référant à Tycho-Brahé :

> *On voit, en étudiant Tycho, qu'il était curieux de passer tout entier à la postérité. Cette attention sur lui-même n'est pas une faiblesse ; s'il s'est cru digne d'intéresser, il intéresse, en effet, la postérité. On blâme les prétentions ridicules, on rit d'une importance sans motif. On applaudit à l'homme supérieur qui se rend justice.*

Et voici deux autres pensées encore, l'une d'inspiration scientifique :

> *La grande supériorité n'est que le moyen de considérer les choses difficiles sous un point de vue où elles deviennent faciles, où l'esprit les embrasse et les suit sans efforts.*

L'autre plus philosophique :

> *La force d'impulsion étant diminuée, celle de l'attraction prend plus d'empire ; le corps s'approche tant soit peu du centre ; l'orbite devient plus petite et est décrite en moins de temps. Le corps paraît donc se mouvoir plus vite, et voilà comment s'explique ce paradoxe singulier, qu'une diminution dans la force produit une accélération dans le mouvement.*

Elles sont l'une et l'autre d'une philosophe scientifique.

*

En l'absence regrettable de détails biographiques, on ne peut même esquisser son portrait. Simplement quelques éclairages. Elle disait aimer la vertu comme une vérité géométrique. Le tact était pour elle une vertu cardinale. Sa bienveillance se marquait en tout, « elle s'applaudissait même de voir quelquefois ses idées fécondées par d'autres qui s'en emparaient ».

Elle tenait un salon scientifique où elle s'était révélée une causeuse… sachant pratiquer l'écoute. De Prony, directeur de l'École des ponts et chaussées, l'a appelée l'Hypathia du XIXe siècle. Mais je pense que ce qui définit le mieux cette femme remarquable est la modestie ; cette dernière pensée peut servir de conclusion :

> *Dominique Cassini traça les progrès de l'astronomie dans un écrit où il traite de son origine et de son antiquité ; ce morceau est précieux. On aime à voir un homme de génie planer ainsi sur une longue carrière et montrer les pas de l'esprit humain. Cassini s'arrêta bientôt ; cette histoire de la science n'aurait été que la sienne, et il est très remarquable que, décrivant les travaux de l'académie auxquels il avait eu tant de part, parlant de découvertes que lui-même et lui seul avait faites, il ne s'est jamais nommé. Il dit toujours : on a vu, on a imaginé, et, avec une occasion naturelle et répétée de parler de lui, cette modestie qui lui fait tant d'honneur est une belle leçon.*

GERMAIN Sophie, *Œuvres philosophiques suivies de Pensées et de lettres inédites accompagnées d'une étude sur sa vie par Hyppolite Stupuy*, Firmin Didot, Paris, 1895.
MICHAUD, *Biographie universelle ancienne et moderne*, Desplaces, Paris & Brockhaus, Leipzig, 1854.
REBIÈRE A., notes recueillies par, *Les Femmes dans la science*, Nany & Cie, Paris, 1897.

ANNE-MARIE JAVOUHEY

1779-1851

1811, l'Angleterre abolit la traite des Nègres.

1815, le traité de Paris interdit à la France vaincue le rétablissement de la traite dans les colonies restituées, l'Angleterre précisant qu'elle veillera à l'application de cette clause.

Pour une bonne compréhension de la situation que nous allons rencontrer, il faut dissocier traite et esclavage.

L'esclavage est une pratique de l'exploitation humaine, la traite est le transport et le négoce d'une marchandise humaine. L'esclavage est codifié : c'est le Code noir dont l'article quarante-quatre précise : « Déclarons les esclaves être meubles » ; canoniquement un homme, il est juridiquement une marchandise. Louis Sala-Molins constate l'incongruité du Code noir qui « fonde en droit, le non-droit à l'état de droit des esclaves noirs, dont l'inexistence juridique constitue la seule et unique définition ». Ce code ne s'applique qu'aux colonies d'Amérique, le sol de France étant libérateur par nature pour celui qui le touche. L'esclavage exploite. La traite n'exploite pas : elle transporte une marchandise (un humain ayant subi, par sa capture originale, sa dépersonnalisation). Sa vente à la colonie le transforme en esclave.

La Convention avait aboli l'esclavage en 1794, mais il fut rétabli par Napoléon en 1805, par la réaffirmation du maintien du Code noir. Il attendra les Cent-Jours pour l'abolir à nouveau. La traite se poursuivra jusqu'au 4 mars 1831. Ce jour-là, le gouvernement de Louis-Philippe en décréta l'interdiction définitive, qui concourut à toutes les interprétations et transgressions imaginables.

La marine royale française arraisonne désormais les navires négriers ; mais que sont ces humains dépersonnalisés ? Se pose la question des esclaves libérés : qu'en faire ? Il est exclu de renvoyer les affranchis en Afrique où, si par aventure ils sortent des enclaves françaises du Sénégal, Saint-Louis et Gorée, ils seront aussitôt capturés et à nouveau réduits en esclavage par la population locale.

La loi française, dans sa sagesse, donne sept ans aux esclaves pour se préparer à entrer dans la liberté, ce qui conduit les premiers affranchis à patienter jusqu'en 1838 pour effectuer leur entrée dans la collectivité nationale… Et en attendant ? Ces hommes à demi sauvages, dépourvus de notions morales, sans la moindre instruction, dénués de moyens d'existence et d'expérience de la liberté, représentent un danger certain pour la société s'ils ne sont pas accompagnés dans cet apprentissage. En attendant mieux, ils sont engagés sur place à des travaux collectifs. Mais quand approche la septième année ? Le gouvernement, embarrassé, voudrait entamer une politique humanitaire de première grandeur conduite avec imagination, tact et générosité.

Rapporteur de la commission établie dans cette perspective, Alphonse de Lamartine présente à l'Assemblée début 1835 la recommandation de confier à mère Javouhey l'aménagement de ces sept années de purgatoire au fur et à mesure des arraisonnements.

Elle accepte sous deux conditions non négociables :

– les esclaves vivront à Mana, en Guyane, où sa congrégation possède un domaine organisé dans lequel les candidats à la liberté seraient complètement isolés et conséquemment protégés du reste de la colonie ;

– la garantie de l'indépendance totale de sa communauté à l'égard de l'administration coloniale : aucun fonctionnaire, aucun contrôleur ne serait admis sur place, aucun gendarme, aucune force armée.

L'accord est signé le 18 septembre 1835.

*

Qui est donc cette femme pour imposer de telles conditions à l'État ?

Une simple petite paysanne bourguignonne. Elle a dix ans à peine à la Révolution, et les persécutions religieuses l'affectent profondément. Très tôt, elle fait preuve d'un courage étonnant, voire de témérité. Le culte est interdit, et naturellement l'enseignement religieux. À douze ans, de nuit, elle conduit les prêtres auprès des mourants. Elle organise des messes dans le secret et, après la Constitution civile du clergé, cache des prêtres réfractaires.

Son instruction des plus modestes est celle, rudimentaire, que dispense l'instituteur du village ; ce sera, sa vie durant, son seul bagage, complété par des lectures d'ouvrages de géographie au cours de ses voyages en mer, ses seules occasions de disponibilité.

Dès seize ans, elle enseigne le catéchisme à son village et à ceux qui se trouvent dans un rayon de dix kilomètres ; à cette activité clandestine elle convie ses trois sœurs, qui vivent dans l'admiration de leur aînée. Vive, enjouée, aimant danser, appréciant la toilette, elle anime toutes les festivités du village.

Survient l'appel de Dieu.

Du coup, son amoureux éconduit… entre à la Trappe.

Les communautés ayant été détruites à la Révolution, Anne-Marie entraîne ses trois sœurs et cinq autres compagnes à formuler des vœux publics, initiative guère appréciée par leur père, laboureur aisé. L'atmosphère familiale devient pesante.

Sous l'Empire, dès que les rapports avec l'Église l'ont permis, les quatre sœurs sont confirmées religieuses. En 1807, à vingt-huit ans, Anne-Marie est riche de l'expérience de plusieurs petites écoles et communautés qu'elle a fondées.

À Cluny, l'ancien couvent des Récollets est à vendre ; Balthazar Javouhey, finalement résigné à la vocation de ses filles, l'achète en 1812 et procède aux transformations permettant de recevoir cent vingt-cinq élèves, filles et garçons :

la congrégation des sœurs de Saint-Joseph de Cluny est née et baptisée. Elle est agréée. Dans les statuts, elle prévoit l'obligation pour les sœurs de se rendre en quelque lieu qu'il plaira à la supérieure générale. Cette clause capitale révèle qu'elle a déjà projeté le développement de sa communauté. L'évêque d'Autun préside le premier chapitre, et Anne-Marie prend la fonction de supérieure générale.

Déjà, les sollicitations se succèdent, et la municipalité de Chalon-sur-Saône met à sa disposition l'ancien séminaire d'Autun pour ouvrir une école.

L'Empire, en haut lieu, se pose des questions sur cet étonnant développement d'une congrégation obscure. La mère Javouhey le sait, anticipe, débarque à Paris, sans même avoir demandé l'accord de son évêque, et se présente au ministère des cultes, où elle s'impose par l'ascendant naturel qu'elle possédait déjà tout enfant.

Arrive la Restauration. Le nouveau régime lui propose de créer une école à Paris ; elle accepte aussitôt, consciente qu'en France on ne trouve sa certification que dans la capitale. Elle part avec ses trois sœurs. Là, malgré des conditions très dures – on doit puiser l'eau à la Seine et se nourrir des rejets des Halles –, elle force l'estime respectueuse des pouvoirs civils et acquiert bien vite l'appui des ministères qui l'épauleront toute sa vie. Figure exemplaire de la rechristianisation de la France, elle compte maintenant douze établissements dans le pays. De toutes parts affluent les demandes d'implantation.

Le gouvernement la sollicite pour ouvrir deux écoles à l'île Bourbon (La Réunion) aux frais de la colonie ! À cinq mois et demi de navigation de la France, tellement loin qu'une année s'écoule entre une correspondance et sa réponse. Qu'importe ! Elle n'hésite pas. Adolescente, elle avait eu un rêve où elle se voyait entourée de beaucoup d'enfants de couleur alors qu'elle n'en avait jamais vu. Ce rêve aura eu dans sa vie l'importance d'une prophétie qu'elle transformera en réalité. La volonté missionnaire a trouvé son terrain ; cinq de ses quinze religieuses partent avec elle.

La même année 1817, le ministre réclame des sœurs pour le Sénégal. En 1819, elle en envoie cinq, dont sa sœur Rosalie. Elles sont les premières religieuses à pénétrer le continent africain.

Trois ans plus tard, mère Javouhey les rejoint. Et c'est le coup de foudre pour l'Afrique ! Et pour les Africains ! Le monde noir est sa vocation, sa passion. Avec plus d'un siècle et demi d'avance, elle prône l'africanisation de l'encadrement : il faut des prêtres indigènes, demain des religieuses sénégalaises. La congrégation n'est encore impliquée que dans l'enseignement. Elle prend conscience de la nécessité de joindre les missions hospitalières et enseignantes qui apparaissent inséparables : le dénuement de l'Afrique les rend complémentaires. Or, à Bourbon, la mission de la congrégation n'est qu'enseignante, et au Sénégal sa délégation est exclusivement hospitalière ; il faut convaincre le ministère de conjoindre ces deux activités en reconnaissant à sa congrégation la double vocation.

Ce projet, elle le sait, nécessite un personnel irréprochable autant dans sa formation que dans son dévouement. Le dévouement ne saurait être contesté ; par contre, la formation laisse à désirer, elle en est consciente. Aussi envisage-t-elle la création d'une école normale où seraient formées en un premier temps une trentaine de jeunes filles de dix à quinze ans adoptées par la congrégation : elles recevraient durant deux ans un enseignement gratuit et spécialisé, *et s'obligeraient en entrant à servir dans nos pensionnats suivant leurs moyens jusqu'à l'âge de vingt-cinq ans et alors, si elles se croyaient appelées par la Providence à suivre une autre carrière dans le monde, nous leur donnerions une petite dot pour aider à leur établissement.**

À la demande des autorités britanniques, elle ouvre une maison en Gambie puis une autre en Sierra Leone. Avec une étonnante rapidité, la congrégation essaime à la Guadeloupe, la Martinique, Saint-Pierre-et-Miquelon, Pondichéry – dépendant de Maurice –, Tahiti, les îles Marquises et Mayotte.

Mère Javouhey a quarante-sept ans. Son activité est stupéfiante.

Au Sénégal et en Sierra Leone, elle est partout, met la main à la pâte, baptise les mourants, ensevelit les morts et… prie longuement, à genoux, sur leur tombe, car il n'y a pas de prêtre.

Elle rentre en France, où le ministre lui demande d'accepter de prendre en charge l'hôpital de Saint-Étienne-du-Rouvray, dans les environs de Rouen, le plus bel établissement de France. Elle remplit cette mission avec une telle réussite que les pouvoirs publics lui confient l'hôpital d'Alençon pouvant recevoir cinq cents… aliénés. Elle s'y rend et raconte les conditions qu'elle y trouve, à faire se dresser les cheveux sur la tête :

> *Il y avait au moins quinze furieux qu'on n'osait aborder qu'avec la force armée, plusieurs d'entre eux ne portaient aucun vêtement, depuis deux ou trois ans ; ils avaient des barbes jusqu'à moitié de la poitrine ; ils se fourraient dans la paille comme des chiens… J'arrive seule dans cette maison, j'entends les cris, les hurlements de tous ces malheureux, je ne savais que dire.* * […] *On faisait tout pour m'effrayer. J'attendais des forces ; 17 sœurs arrivèrent* […] *nous voilà installées tant bien que mal. Dès le lendemain, nous nous mettons en devoir de calmer les furieux. Dans trois jours, nous parvenons à les habiller, changer, tranquilliser, de manière que la plupart travaillèrent au jardin. Ils ne voulaient voir personne que les sœurs qu'ils regardaient comme des anges. Ce sont ces malheureux qui nous ont aidées avec un zèle infatigable à mettre toute la maison en bon état, de manière que deux mois ont suffi pour y établir l'ordre le plus parfait.* **

*

Ici, je ne puis passer sous silence un fait capital qui n'a cessé de lui empoisonner la vie pendant de longues années, mais je préfère le réduire à de simples indications car hors sujet. Le nouvel évêque d'Autun, dont dépend administrativement la congrégation, Mgr Bénigne Urbain Jean-Marie du Trousset d'Héricourt, a été sacré à trente-deux ans. Il est rempli d'ambition et veut mettre la main sur la présidence de la congrégation : la lutte durera un quart de siècle au cours duquel la mère souffrira, harcelée par les initiatives misérables de ce prélat pour obtenir l'acceptation par la supérieure générale d'une présidence à son profit. Elle ne cédera jamais.

Le cran de mère Javouhey, ses résultats, sa disponibilité, sa nature entreprenante font l'admiration des ministres.

On lui demande d'aller en Guyane.

Commence alors la grande aventure où elle va donner toute sa mesure.

C'est Mana 1.

Particulièrement insalubre, la Guyane a servi de bagne sous l'Ancien Régime. Restituée à la France en 1814, les Indiens mis à part, elle est peuplée de sept cents Blancs et de quinze mille esclaves noirs. Le gouvernement veut implanter des paysans français, mais cette initiative se heurte à l'opposition des colons.

Ce projet ambitieux est digne d'Anne-Marie Javouhey. Elle envoie d'abord à Cayenne, en éclaireurs, deux sœurs de… vingt-cinq et vingt-six ans pour prendre en main un embryon d'hôpital.

Un territoire d'une centaine de kilomètres carrés est proposé à la congrégation près de l'embouchure de la Mana, à cent soixante-dix kilomètres au nord de Cayenne. Consulté, le gouverneur juge toute tentative prématurée. Mère Javouhey passe outre cette opinion et présente au comte de Chabrol, ministre de la Marine dont dépendent les colonies, le projet qu'elle avait eu dès son arrivée au Sénégal : envoyer des orphelins français des deux sexes entre douze et quinze ans pour œuvrer en communauté au développement d'un immense domaine centré sur la création de la famille, l'accoutumance au travail et parallèlement l'éducation et l'enseignement. Pour préparer l'arrivée de ces orphelins en cours de formation dans les écoles de la congrégation, des cultivateurs et des ouvriers sont recrutés en France sous contrat de trois ans. À l'échéance, le choix leur serait offert soit de poursuivre dans la communauté, soit de la quitter avec une somme appréciable ; liberté leur serait également consentie de s'installer comme colons à leur propre compte, sur une concession de terre qui leur serait allouée.

Le gouvernement accepte. La colonie prend en charge le transport des cultivateurs et des ouvriers qui prépareront l'accueil des orphelins, ainsi que, pour deux ans, les frais d'entretien.

La supérieure générale embarque avec neuf sœurs et vingt-sept converses. Elle a sélectionné trente-neuf cultivateurs accompagnés de cinq femmes et onze enfants, auxquels ont été joints douze ouvriers artisans. Le groupe compte au total quatre-vingt-dix-neuf personnes.

La mère arrive avec deux principes bien arrêtés :

– ce n'est pas la couleur de sa peau qui distingue le civilisateur, car tous les hommes sont enfants du même Père ;

– une élite autochtone à créer doit remplacer au plus tôt le civilisateur.

Cette expérience n'a de chance de réussite que si le Blanc travaillant la terre peut être isolé et protégé de la colonie et de son administration comme de la perversité des colons.

Son projet est simple et, bien sûr, un peu utopique. C'est la mise en commun de tout. Des moyens d'abord tels que construction, maison collective, hangars, matériel, hôpital, église, etc. ; également des fruits des travaux de défrichement et d'assèchement ; enfin de l'élevage, des plantations et des récoltes. Rien n'appartient à quiconque. C'est la collectivité à l'état pur dont d'autres, plus tard, se voudront les théoriciens. Ici, c'est la pratique servie par la générosité, le don de soi et la foi.

*

Le projet de mère Javouhey est clairement résumé dans un paragraphe d'une lettre adressée par le gouverneur à son ministre :

« Le but qu'elle a toujours entretenu dans l'entreprise dont elle s'est chargée, a été l'agrandissement de la colonie au moyen d'orphelins des deux sexes qui lui seraient successivement envoyés de France et qu'elle se chargerait, avec les secours du gouvernement, d'élever, d'habituer au travail et d'établir en famille.* »

Quoique le projet soit un peu onirique, son développement est accéléré. Les forêts sont superbes, et leurs bois permettent la fabrication de tous les meubles. Les pâturages s'avèrent excellents, et le troupeau de bovins atteint vite trois cents unités. Les poissons et les fruits sont en abondance, et les cultures vivrières se développent facilement. La paysanne bourguignonne que reste Anne-Marie Javouhey donne du temps au potager : elle sarcle et plante, c'est le bonheur : *Tout le travail est pour la communauté. Que j'aime cet esprit d'association volontaire où l'on s'engage librement et où l'on peut rester tant qu'on se trouve bien ! Si on quitte, on vous donne ce qui vous revient, et l'on n'a rien à dire.***

La mise en valeur d'une contrée jusqu'ici improductive éveille la jalousie des colons esclavagistes qui ne pardonnent pas à une femme de réussir là où ils ont échoué. Le rachat d'esclaves pour émancipation attise leur haine. La « malintention » leur fait approcher certains membres de la communauté pour les encourager à déserter.

Comme prévu, après deux ans, la subvention de la colonie s'arrête, ce qui rend les conditions difficiles. Leur contrat de trois ans échu, à l'exception de trois d'entre eux, les cultivateurs et les ouvriers quittent la communauté, les conditions jugées trop dures, le climat insupportable. De ce fait, la soudure n'a pas eu le temps de s'opérer avec les jeunes orphelins qui seraient venus de France : ce sont seulement des esclaves en fuite ou rachetés qui se sont installés.

Rien n'abat la supérieure générale. À Cayenne, où les deux jeunes sœurs hospitalières étaient venues en éclaireurs, s'est développée une maison : elle n'y a encore effectué aucune visite. Elle y part pour racheter des esclaves en fuite, et effectue cent soixante kilomètres à pied à travers la forêt, accablée par la chaleur, entourée de moustiques, menacée par les bêtes sauvages, traverse les marigots à dos d'homme. Jamais elle ne renonce, jamais elle ne fléchit, jamais elle ne doute, Dieu est toujours avec elle. Mais elle est privée du réconfort des sacrements, car Mgr d'Héricourt, pour l'obliger à signer les statuts qu'il a modifiés, a interdit au clergé local de les lui administrer. Les responsabilités de la congrégation pèsent d'autant plus lourd sur ses épaules.

Elle correspond avec toutes les mères supérieures des maisons dans le monde, les guide, les encourage : un travail de correspondance énorme dont les seuls restes retrouvés ici et là, et édités, emplissent plus de deux mille pages.

Écrasée de responsabilités, elle reste toujours en ouverture. Apprenant que quatre-vingts lépreux agonisent sur une île en face de la côte guyanaise, elle s'y rend. Terrifiée par les conditions atroces dans lesquelles vivent ces malheureux, elle obtient du gouverneur dont elle fait le siège l'autorisation de créer une léproserie à côté de Mana, les y fait transporter, construit une maison d'accueil et un petit hôpital auquel elle affecte deux sœurs.

Le travail réalisé en trois ans est magnifique. Du fait du départ des colons, le résultat est mitigé aux yeux d'Anne-Marie Javouhey. Pour le ministre de la Marine, il est admirable, sans aucune réserve.

On la réclame en France d'où elle est partie depuis quatre ans. Il est plus que temps de rentrer. Ici se termine Mana.

*

Au cours de ces années, la congrégation n'a cessé de s'étendre avec l'ouverture de nouvelles installations à Saint-Affrique, Quevilly et la prise en compte de l'hospice de Gournay.

À son arrivée en France, elle reçoit de la part des pouvoirs publics un accueil auquel elle ne s'attendait pas, attentionné, respectueux, élogieux, prêt à aider toutes ses initiatives. Cette attitude s'étend à la haute société parisienne qui, par snobisme, voudrait l'avoir à sa table ; à cinquante-cinq ans, elle ne se prête pas à ce jeu, mais sait honorer le pouvoir.

Peu ou prou, toutes les maisons se portent bien, avec souvent des préoccupations financières ; mais grâce à la multiplication des implantations, il y a abondance de novices et de converses ; il est désormais possible de faire face aux demandes des maisons missionnaires. Au cours des trois années qu'elle va passer en France, elle parcourt le pays, accompagne les sœurs qui embarquent à Brest ou à Bordeaux.

Toujours « bienveillant », Mgr d'Héricourt prévient contre elle les autres évêques des diocèses où elle a établi des maisons, la dénonce comme une intrigante dont la congrégation n'est pas en règle. Il existe une certaine solidarité de l'épiscopat qui empêche ceux qui sont acquis à mère Javouhey de le manifester. Elle n'en tient pas moins tête à celui dont hiérarchiquement elle dépend et qui outrepasse ses pouvoirs.

*

Revenons à la loi du 4 mars 1831 promulguant l'abolition de la traite. En 1834 naît la Société française pour l'abolition de l'esclavage. Belle initiative qui ne résout aucun problème. Les Noirs des bateaux arraisonnés sont automatiquement affranchis mais, pour envisager une insertion dans la société, doivent, comme nous l'avons vu, un engagement de sept ans avant que cette liberté ne devienne effective. Qu'en faire en attendant ?

Les ministres des Colonies ont l'habitude de s'adresser à mère Javouhey. L'actuel ministre s'ouvre à elle de sa préoccupation et de l'embarras où se trouve le gouvernement confronté à une situation inédite. Elle propose un plan : accueillir à Mana tous les Noirs, les diriger pendant sept ans pour leur permettre d'entrer armés dans le monde de la liberté en les éduquant, les instruisant, leur donnant un métier et… une formation morale par la religion. Quel souci elle enlève au ministre, d'autant que l'opinion s'agite ! Soulagé, il donne son accord et accepte les conditions draconiennes exigées par la religieuse. Le ministre lui écrit alors :

« Le gouvernement vous donne, Madame, un grand témoignage de sa confiance en vous remettant le soin de former aux bonnes mœurs et au travail les noirs libérés de Guyane et, s'il y a lieu, ceux des autres colonies.** »

On parle de plus en plus de Mana à Paris. Louis-Philippe se tient au courant du projet. Il reçoit à plusieurs reprises Anne-Marie Javouhey en audience privée, et la reine Marie-Amélie lui marque une profonde admiration. Au courant du conflit entre Mgr d'Héricourt et la supérieure générale, le roi lui propose d'intervenir ; elle refuse par cette sorte de pudeur et d'honnêteté ecclésiastique qui entend que les problèmes internes à une famille restent étrangers à ceux qui ne lui appartiennent pas.

La semaine précédant son embarquement pour la Guyane, elle est reçue chaque jour par Louis-Philippe qui veut connaître le projet dans ses détails. La veille de son départ, dans la chapelle royale, aux côtés de Louis-Philippe et de sa famille, elle assiste à une messe à l'intention particulière de Mana.

*

Et c'est Mana 2.

L'arrivée d'Anne-Marie Javouhey à Cayenne provoque la fureur des colons. Elle se sait menacée et s'enferme en attendant le départ de la goélette qui l'emmène à Mana, où elle trouve une situation satisfaisante. Elle déploie une activité stupéfiante : *Bientôt nous aurons assez de vivres de plantés pour assurer la subsistance des sept cents personnes dont je suis chargée… Nous commençons l'abattis de trente carrés pour manioc à la Terre-Rouge pour y faire le premier village des noirs libérés… Nous n'avons pas de charpentier ; je fais bien l'architecte, mais je ne peux pas faire les bois… Par exception j'ai eu à faire punir de quinze coups de fouet deux de ces Nègres qui s'étaient rendus coupables de vols, légers sans doute, mais dont l'impunité aurait été un exemple fâcheux.* * En réalité, elle a réuni un conseil des Noirs et leur a présenté le cas ; c'est d'eux qu'est tombée la sanction.

Tout est prêt à temps : cent cinquante cases bordent deux avenues parallèles qui descendent perpendiculairement jusqu'au fleuve.

*

L'année 1838 est l'année clé, celle de la libération des cent quatre-vingt-cinq premiers engagés sans aucune formalité administrative avec distribution de terres aux affranchis. Les ménages peuvent s'installer sur les concessions de terre qui leur sont données et fonder un nouveau village.

C'est mission accomplie

Le ministre lui écrit sa satisfaction :

« Songez que deux cent cinquante esclaves attendent en quelque sorte le résultat de votre expérimentation. Vous travaillez pour eux tout autant que pour les Noirs de Mana.* »

La règle de cette société est religieuse : tous participent à la prière du matin ; les horaires de travail et de repos doivent êtres scrupuleusement respectés.

À cinq heures et dix-neuf heures, prière en commun.

De six heures et demie à dix heures et quatorze heures à dix-huit heures, travail et temps libre.

Deux heures par jour d'enseignement.

Les cultivateurs et les jeunes Noirs défrichent ensemble ; de leur côté les ouvriers travaillent dans l'atelier.

Elle rachète trente-deux Noirs. Chaque fois qu'un nègre marron se réfugie à Mana, elle le rachète.

> *Dans deux ou trois ans ce sera un excellent asile pour les malheureux qui voudront vivre en bons chrétiens car nous ne les recevrons que comme cela.**

Et cependant…

Elle est déçue. Les nouveaux villages constitués par les esclaves libérés ne trouvent pas leurs marques, manifestent une indifférence au travail, affichent même une paresse chronique. Le travail en commun, désormais, rebute. Pour les inciter à cultiver en communauté, elle choisit la canne à sucre et propose de leur construire une usine pour sa transformation. Ils ne comprennent pas le projet.

Une heureuse consolation marque cette même année : quatre-vingts mariages sont célébrés à Mana.

La mère prend du recul. Elle doit faire face à des campagnes haineuses. Une tentative d'assassinat par noyade organisée par des colons échoue de justesse. Le préfet apostolique, toujours sous la pression de Mgr d'Héricourt, la maintient éloignée des sacrements aussi longtemps qu'elle refuse de signer les nouveaux statuts. Elle apprend que l'évêque d'Autun a fait fermer une chapelle de la congrégation, que des notes diffamatoires ont été adressées au ministre des Cultes, qui n'a même pas répondu. Des deux prêtres qui lui ont été envoyés à Mana, l'un s'est égaré dans des originalités incontrôlables, l'autre a dû être aliéné.

On peut cependant se poser des questions.

Certes, la forte opposition générale s'explique par les intérêts menacés des esclavagistes. D'un autre côté, si les démêlés avec l'évêque d'Autun sont un effet de l'ambition du prélat, et on ne peut que ressentir de la tristesse à l'évocation des mesquineries épiscopales dont l'essentiel s'est traduit par des entraves à l'action de la mère, elle entreprenait souvent sans ménager ses arrières. Les dettes s'accumulaient, et sa hiérarchie était en droit de s'inquiéter. Elle a eu avec plusieurs prêtres des rapports difficiles, et nombreux ont été les renoncements. Excès d'autoritarisme de sa part ? Exigences auxquelles la fierté d'un prêtre refusait de se ranger ? Peut-être ne lui a-t-on pas attribué les meilleurs, et les conditions d'isolement et de climat ont-elles pu modifier le comportement des aumôniers. On peut trouver là les principales raisons pour lesquelles elle a été controversée de son vivant, comme le sont toutes les fortes personnalités.

Inlassablement elle voit plus loin, analyse les résultats, pèse les difficultés rencontrées, et se persuade que l'instruction doit être entamée le plus tôt possible. Il y a trois mille enfants Noirs et esclaves au-dessous de quinze ans en Guyane et aux Antilles ? Il faut les racheter et les réunir à Mana. Alors, trois mille noirs devenus adultes, éduqués, formés, initiés à un métier, représenteraient pour la colonie une ossature solide. Le gouvernement recule devant l'importance du projet.

Désormais, la mission d'Anne-Marie Javouhey est accomplie. Il fallait une femme d'une envergure exceptionnelle pour amener à l'émancipation, dans les conditions optimales, des centaines d'êtres à demi sauvages, et tellement misérables.

La France la réclame. Elle approche les soixante-dix ans, et mère Isabelle la remplace en Guyane où elle laisse une population importante constituée de deux cent quatre-vingt-trois affranchis, deux cent vingt-sept noirs nés libres et quatre-vingt-seize libérés engagés à temps.*

*

Les événements se précipitent : c'est la révolution de février 1848. Cette femme connue de tout Paris pour sa charité traverse les barricades qui s'ouvrent devant elle aux cris de « C'est la mère Javouhey ! », « C'est la générale Javouhey ! »** Elle sourit, avance, rien ne l'arrête.

Le 4 mars 1848 est proclamée par Victor Schœlcher l'abolition immédiate de l'esclavage dans toutes les colonies françaises. Un terme est enfin mis au conflit avec Mgr d'Héricourt quand celui-ci constate son isolement face à l'opposition conjuguée de l'archevêque de Paris, du nonce et des principaux diocèses où est installée la congrégation.

Pour Anne-Marie Javouhey, ce sont les derniers mois. Elle meurt à Paris le 15 juillet 1851.

Le bilan de sa vie est édifiant. Toute son œuvre a été centrée sur la réalisation de trois objectifs inlassablement poursuivis : libérer les esclaves, éduquer la jeunesse, soigner les malades, liés à l'évangélisation qui ne pouvait en être disjointe.

Louis-Philippe, qui la connaissait bien, a dit d'elle : « Mme Javouhey ! Mais c'est un grand homme. »

Quand elle meurt, la petite paysanne bourguignonne à peine lettrée laisse soixante-treize établissements en France et soixante-neuf dans les colonies animés réciproquement par huit cent soixante-seize et trois cent quarante-cinq religieuses. Aujourd'hui la congrégation des sœurs de Saint-Joseph de Cluny comprend au 1er janvier 2003, trois mille vingt-huit sœurs et novices originaires de soixante pays réparties en :

- quatre-vingt-dix maisons en Europe ;
- cent dix maisons en Afrique et Océan Indien ;
- cent vingt maisons en Asie ;
- soixante-dix-neuf maisons en Amérique et aux Antilles ;
- vingt-quatre maisons en Océanie.

*

La limitation indispensable de ces lignes m'a conduit à passer sous silence la foi immense qui l'habitait, l'extraordinaire concentration qu'elle apportait à la prière, son exigence intransigeante de morale qui n'avait d'équivalent que sa charité ouverte à tous, à tous sans aucune discrimination. Que le lecteur veuille bien m'excuser d'avoir négligé cet aspect pourtant essentiel : il concerne la vie intérieure.

Anne-Marie Javouhey a été béatifiée le 15 octobre 1950.

* & ** : Toutes les correspondances citées marquées d'un astérisque proviennent du livre de Geneviève Lecuir-Nemo, et de deux astérisques de celui de Gaëtan Bernoville.

BERNOVILLE Gaëtan, *Une gloire de la France missionnaire, Anne-Marie Javouhey,* Grasset, 1942.
DÉCOUVRIR, Collection, *Anne-Marie Javouhey et les sœurs de Saint-Joseph de Cluny,* Jet Réalisation, Paris, 1998.
DESCHAMPS Hubert, *Histoire de la traite des Noirs.*
JAVOUHEY Anne-Marie, *Correspondance,* Éd. du Cerf, Paris, 1994.
LECUIR-NEMO Geneviève, *Anne-Marie Javouhey, fondatrice de la congrégation des sœurs de Saint-Joseph de Cluny,* Karthala, 2001.
À noter diverses documentations confiées par la congrégation et l'ouvrage de George Goyau : *Mère Javouhey, apôtre des Noirs.*
MEILLASSOUX Claude, *Anthropologie de l'esclavage, le ventre de fer et d'argent.*
SALA-MOLINS Louis, *Le Code noir ou le calvaire de Canaan.*

VICTORIA WOODHULL

1838-1927

– Environ cinq pour cent, Victoria.

Telle fut la réponse de John Blood à sa femme.

Cinq pour cent de quoi ?

Cinq pour cent des suffrages à l'élection présidentielle des États-Unis de novembre 1872 contre Grant.

Victoria Woodhull, la première femme candidate à la présidence des USA recueillait cinq pour cent des voix du corps électoral, exclusivement masculin.

Une déception ? Un succès considérable ! Plus qu'un événement, un jalon essentiel dans l'histoire de cette démocratie, l'expression de la foi, l'aboutissement du courage et de la volonté d'une femme à la dimension exceptionnelle.

Et quand posa-t-elle cette question ?

À la fin de sa comparution devant le grand jury où son avocat avait pourtant bien plaidé :

– S'il y a des propos obscènes dans le *Woodhull & Claflin's Weekly*, il y en a aussi dans la Sainte Bible, dans les œuvres de Byron et de Shakespeare. Alors j'exige du gouvernement des État-Unis lui-même qu'il interdise l'envoi par courrier d'exemplaires de la Bible, et la saisie immédiate des œuvres de ces auteurs[1].

À l'issue de cette comparution, Victoria Woodhull, candidate à la présidence, et sa sœur, Tennessee, étaient raccompagnées à leurs cellules : une honte. Une bataille juridique qui outrepassait le débat, en réalité la fixation de la querelle de juridiction entre le pouvoir fédéral et la juridiction d'état de New York, servait bassement de prétexte à maintenir en cellule ces deux femmes. Une honte... mais aussi une machination scandaleuse.

C'était le 10 novembre 1872. Trois jours auparavant, Grant avait été élu avec cinquante-trois pour cent des voix.

– *Cinq pour cent seulement*, dit-elle avec une immense lassitude.

– Mais c'est énorme ! Songe que dans ce pays où les femmes ne votent pas, tu as recueilli cinq pour cent des voix des hommes ! Des hommes, entends-tu ? Pour la première fois dans l'histoire des États-Unis, une femme s'est portée candidate à la présidence, et quarante mille hommes ont voté pour elle !

Et ce jour-là, celui où elle soumettait au corps électoral sa candidature à la magistrature suprême, cette femme, Victoria Woodhull, était en prison.

*

Quel chemin parcouru !

Qu'importe d'être née dans une basse-cour, si l'on est issue d'un œuf de cygne, dit-on ; mais l'« œuf de cygne » avait été pondu par une Roxanna Claflin et fécondé par un Buck Claflin, petit malfrat, brelandier, épandeur de fausse monnaie à l'occasion, et maquilleur de chevaux par surcroît – ce que n'appréciaient pas du tout les citoyens des États-Unis.

Neuf fois, Roxanna pondit un œuf. Sa fonction maternelle s'arrêtait là : élever ne la concernait pas, éduquer moins encore. De son point de vue, c'était de la responsabilité de l'école et d'elle seule qu'il appartenait de l'affranchir complètement de cette tâche. Seulement, voilà ! Ce lieu n'était guère fréquenté par les enfants Claflin qui préféraient la rue, les terrains vagues et le chapardage tous horizons : des gens infréquentables mis au ban du village.

Victoria était la huitième des enfants de Roxanna, Tennessee la neuvième. Au sein de cette étonnante tribu, les deux sœurs complices faisaient bande à part. Il apparut vite que

Victoria était la proie de prémonitions tandis que Tennessee semblait investie de dons de voyance.

Couvert de dettes, Buck Claflin mit le feu à sa maison pour en toucher l'assurance, quitta Homer, petit village de l'Ohio où sa réputation était exécrable et où la police, depuis longtemps à sa recherche, aurait fini par le retrouver. Traînant sa famille de baraques en bois en baraques en bois, il s'arrêta en Pennsylvanie. Là, il exploita astucieusement les talents de ses deux dernières filles âgées alors de quatorze et douze ans : l'aînée faisait tourner les tables à raison d'un dollar par séance, et la cadette « voyait ».

Victoria était déjà superbement belle. Elle imposait sa présence au milieu de tous et de toutes ; sa distinction naturelle conférait aux pires oripeaux l'air d'élégants drapés.

Un médecin âgé de trente-sept ans s'en éprit follement et l'épousa en 1853 : elle avait tout juste quinze ans. Ce qu'ignorait ce brave homme – et brave il l'était –, c'est qu'en épousant Victoria, on épousait Tennessee, ce qui était encore acceptable tant celle-ci avait de charme, mais aussi Roxanna, mais aussi Buck, mais encore les autres frères et sœurs. Au bout de deux ans, il n'y tint plus : sous prétexte de présenter sa femme à ses parents, Canning Woodhull l'enleva et rejoignit New York.

M. et Mme. Woodhull Srs, grands bourgeois, écarquillent les yeux à la vue de leur belle-fille qui n'a pas encore dix-sept ans. Elle est ravissante, son élégance naturelle coupe le souffle, mais le parler n'est pas à la mesure, il s'en faut ! Et la propension à affirmer trop souvent d'une manière un peu péremptoire surprend, puis choque chez une aussi jeune femme. M. et Mme. Woodhull Srs sont intelligents et bienveillants. Ils jugent la pâte exceptionnelle, mais il convient de l'aider à lever. Pour les dix-sept ans de leur belle-fille, une grande réception est organisée dans leur hôtel, à laquelle est conviée la gentry new-yorkaise : c'est la présentation.

Au contact de cet univers si étranger pour elle, au sein de ce cocon bien pensant, est née en Victoria une révolte, révolte contre le puritanisme où elle ne voit qu'hypocrisie, révolte contre l'ostracisme dont les femmes sont l'objet sur le plan politique – elles sont sans existence juridique –, révolte contre la discrimination et la condamnation auxquelles est en proie la voyance. Sur ces trois sujets, elle s'est penchée pour en percer les ressorts ; elle en a discuté des après-midi entières, avec des personnages « engagés ». Le mouvement féministe né avec la première Convention des droits de la femme en 1848, la conquiert ; elle s'enthousiasme pour l'amour libre et adhère au mouvement spirite. Se défendant d'être ce qu'on appellera une pétroleuse, elle a compris au contact de la bonne société la nécessité de s'exprimer sereinement, de choisir ses mots, et de substituer l'argumentation à l'affirmation. Au bout de quelques mois new-yorkais, cette jeune femme intelligente s'est policée. Elle a mûri également. Aussi se résout--elle à saisir cette grande réception organisée à son intention pour marquer élégamment ses choix.

Les invités sont tous arrivés. En frac et robe du soir, ils patientent. La vedette de la soirée se fait attendre. Tout à coup, en haut du grand escalier, elle apparaît. Et tout aussitôt, un silence se fait. De plomb. Majestueusement, Victoria descend les marches sous les regards braqués de toute l'assistance. Arborant l'insigne des féministes et habillée de leur tenue largement empruntée de l'uniforme des zouaves, elle prend son temps, en pleine jubilation intérieure. Dans la consternation générale, son beau-père s'approche et, dans un réflexe de gentleman, lui prenant la main à la dernière marche : « Comme vous êtes originale, ma fille ! »

Le pauvre Canning est effondré.

La soirée se terminera comme elle pourra.

*

Victoria est enceinte.

Elle en a assez de cette vie de New York. Sa sœur lui manque. Elle exige le départ pour l'Ouest : Canning acquiesce, il ne sait rien lui refuser. Trois mois de voyage. Elle accouche en chemin, et c'est l'arrivée à San Francisco, le pays des hommes vrais, ceux de l'Ouest, mâles, bruts, durs.

Si elle lui conserve sa tendresse, Victoria n'aime plus Canning, qui se met à boire. C'est le début de la déchéance.

Elle cherche du travail et monte sur scène où son succès est éclatant : elle a acquis l'expérience du public.

Un soir, vers la fin du spectacle, elle a une vision et entend Tennessee l'appeler. Dès la sortie du théâtre, elle fait sa valise, abandonne son mari et son enfant, et part à Indianapolis rejoindre la tribu. Les retrouvailles sont grandioses. Tennessee est devenue superbe, follement aguichante, ardente, et les hommes en sont fous.

La tribu reconstituée, on repart dans l'enthousiasme, comme autrefois. Tennessee occupe deux pièces ; dans la première, elle donne ses consultations « médicales », essentiellement de diagnostics – issus de la voyance, bien sûr ; s'il doit y avoir soins, elle les poursuit dans la seconde, aménagée avec un divan, où elle traite les cas particuliers, toujours des hommes beaux, et jeunes de préférence, qui se montrent enchantés de sa thérapie et renouvellent les séances. Son dévouement est sans bornes, son énergie admirable. De son côté, Victoria poursuit, aux côtés de Tennessee, des séances de spiritisme où son rayonnement, amplifié par sa voix magnifique, fascine l'assistance.

Cependant, un changement est intervenu. Pendant la longue absence new-yorkaise de sa sœur, Tennessee a acquis la célébrité ; distancée, Victoria, qui aime régner, doit affirmer ses talents et en diversifier les applications. Elle est féministe ? Elle va donner des conférences sur le sujet. Elle a déjà acquis l'expérience du public ? Elle va découvrir son pouvoir sur les foules : elle est une oratrice née.

Patatras ! Roxanna a commis des escroqueries, mettant la tribu dans l'obligation de prendre le large et de se faire oublier. On s'enfuit à Chicago où la clientèle est riche et nombreuse. Tennessee gagne de plus en plus d'argent avec ses pratiques ; mais la façon dont elle finalise ses consultations et l'exacerbation féministe de Victoria, qui prône à tous vents l'amour libre, les font appeler les Scandaleuses. Ce qualificatif leur restera collé à la peau.

On déménage une fois de plus pour s'installer à Saint-Louis où, selon le scénario maintenant bien rodé, est ouvert un double cabinet, de spirite pour l'aînée et de voyance et de soins pour la cadette. C'est alors qu'apparaît dans la vie de Victoria l'homme qui aura sur sa destinée une influence essentielle : le colonel James Blood, héros de la guerre de Sécession, notable de la ville et président du club spirite. Dans l'instant, ils sont fascinés l'un par l'autre : lui par le charme, l'élégance, la distinction naturelle, la beauté, la volonté, l'esprit de décision de cette femme à laquelle aucune autre n'est comparable ; elle par le héros de la guerre, le notable, l'intelligence supérieure, la culture et la distinction. Il devient la passion de la vie de Victoria, elle devient le bouleversement de la sienne. En plein maelström amoureux, ils partent dans un voyage aménagé par Blood où Victoria, confortée par lui, donne conférence après conférence sur les sujets qui les lient tous deux, le spiritisme d'une part, leurs idéaux communs, et de l'autre l'amour libre et le socialisme. Seule en scène, sans jamais une note, portée par ses convictions et par cet étonnant pouvoir qu'elle exerce sur la foule, elle remue ces hommes admiratifs mais aussi ces femmes subjuguées par celle qui expose tout haut, et avec tant de flamme, ce précisément qu'elles pensent au fond d'elles-mêmes sans avoir jamais le propos de l'évoquer au sein de leur ménage.

De retour à Saint-Louis, le couple trouve la tribu en voie d'expulsion ; on part pour Pittsburg où, peu de temps après, Victoria est l'objet d'une apparition qui lui enjoint de partir pour New York où le destin l'attend au 17 Great John street ! Comme Jeanne d'Arc à l'écoute de ses voix partant pour Bourges, on plie bagage dans l'heure et on va pour le 17 Great John street. On arrive à l'adresse indiquée : une grande maison à louer, abandonnée. Selon le schéma habituel, sont aménagés le cabinet de voyance à deux pièces et le cabinet de spirite.

Précédé par sa réputation, Blood est accueilli à bras ouverts par les spirites new-yorkais qui apprécient Victoria et bientôt l'admirent. Elle prend la mesure de ces hommes cultivés dont elle réalise qu'elle n'a plus rien à leur envier maintenant que sa dialectique est comparable à celle des meilleurs d'entre eux.

*

La destinée de Victoria Woodhull va se dessiner.

Survient une rencontre qui aura des conséquences d'importance : dans la rue, sortant de chez son coiffeur, Buck Claflin voit passer un attelage à deux roues entraîné par deux magnifiques chevaux blancs, conduit à vive allure par un personnage âgé, debout, tout de noir vêtu et couronné d'une immense chevelure blanche, image de la richesse, de l'assurance, de la réussite.

– Quelle est cette apparition, demande-t-il interloqué ?

– C'est le commodore Vanderbilt, une des plus grosses fortunes des États-Unis. Il est paraît-il très malade et, dégoûté des médecins, il se fait soigner, dit-on, par un magnétiseur.

Rentré 17 Great John street, Buck raconte sa rencontre à ses deux filles. D'un seul élan, elles se lèvent, se font les plus élégantes qu'elles peuvent, forcent la porte du commodore, pénètrent dans ses appartements intimes poursuivies par les glapissements indignés des soubrettes, entrent dans la chambre où se trouve Vanderbilt couché, complètement ahuri de cette intrusion, mais apparemment charmé par le spectacle.

– Repassez demain, j'ai mal à la tête.

– Laissez-moi faire !

Et Tennessee s'assoit sur son lit, lui impose ses mains caressantes, longuement, doucement… et le mal de tête disparaît. Il est ébloui. Elles promettent de revenir le lendemain, où on déroule pour elles le tapis rouge. Il en est ainsi plusieurs jours de suite à la plus grande satisfaction du commodore. Vanderbilt est un célibataire de soixante-quinze ans. Tennessee le convainc de poursuivre le traitement chez elle, où elle obtiendrait, lui affirme-t-elle, de bien meilleurs résultats. C'est chose faite, et le commodore finit dans le lit de sa soignante.

Il se plaît chez ces femmes. Il y vient chaque jour et prend la mesure de l'intelligence de Victoria ; il leur fait alors une proposition : une énorme spéculation sur l'or se prépare à Wall Street. Il est trop connu pour paraître, et la divulgation de ses investissements ferait échouer l'opération : il a besoin d'un écran totalement opaque pour acheter et vendre en coulisse. Il leur explique le fonctionnement de la spéculation, leur détaille le projet. Elles boivent ses paroles. Vanderbilt crée pour elles la Woodhull & Claflin, agence de courtage en bourse. Le coup de poker réussit et en quelques jours elles amassent une véritable fortune.

Pour la Bourse, c'est trop : qu'un *broker* tout nouveau réalise un coup fabuleux pour son entrée, c'est déjà stupéfiant. Mais voir pénétrer à Wall Street, le saint des saints de la masculinité, Mmes Woodhull et Claflin, cela tient du scandale ! Qui plus est… elles sont belles comme des déesses. Qu'on le veuille ou non, elles sont devenues les *ladies brokers*. Détestées par les mâles, dépités, traitées de « reines des putes », elles n'en marquent pas moins leur époque, et s'imposent à la société, quoi qu'elle en ait.

Certains hommes intelligents observent, et parmi ceux-ci Stephen Pearl Andrews, philosophe éminent, inventeur reconnu et généreux abolitionniste. Il adresse à Victoria une invitation à dîner à son club. « À son club ! » Une femme dans un club, le temple inviolable de l'homme… Du jamais vu. Inimaginable ! Victoria est prise de vertige : quel hommage rendu à sa personnalité !

Cette première est un grand moment. Sur une robe de satin noir, étroite, au décolleté frangé de dentelle noire, Victoria porte agrafée une rose blanche. Ils discutent de sexe, d'amour libre, de socialisme, du mouvement politique que vient de créer Andrews, de Karl Marx… Victoria prend conscience, fascinée, de ce qu'est une immense culture servie par un langage clair et simple. Son hôte lui explique qu'il n'est pas un homme d'action, mais qu'elle en est un. À eux deux, ils formeraient un tandem de première force. Ils se séparent à six heures du matin.

Après Vanderbilt, Andrews : s'être imposée et à la fortune et à l'intelligence, il y a de quoi tourner la tête. Victoria est devenue une personnalité que la presse ne peut plus ignorer : désormais, le New York Herald accepte ses pamphlets.

Le 1er avril est une date mémorable : en première page apparaît le texte suivant :

DÉCLARATION DE VICTORIA WOODHULL

Je suis l'unique porte-parole – ou tout au moins la plus en vue – de la seule classe non-représentée dans le pays : les femmes. Et je m'adresse ici au public, en remerciant le New York Herald *qui me donne l'occasion de le faire. Tandis que d'autres femmes se consacrent à une croisade contre des lois qui étouffent et paralysent toutes les autres lois de ce pays, je tiens à affirmer ici mon indépendance et mon individualité. Je parle en mon nom et en mon nom seul. Certains se contentent de tenir des discours et de prier pour qu'arrivent des jours meilleurs. Moi je travaille à leur avènement. On réclame l'égalité entre l'Homme et la Femme. Moi, je la prouve. Ne me suis-je pas, avec le plus grand succès, engagée sur des chemins jusque-là réservés aux hommes ? Qui oublierait la « Sorcière de Wall Street » ? Alors, aujourd'hui, j'exige le droit pour toutes les femmes, de dénoncer les injustices qui n'ont cessé de les frapper ; j'exige aussi le droit pour elles de s'engager dans la vie publique et j'annonce solennellement ma candidature à la Présidence des États-Unis d'Amérique.*

Nous vivons une époque de changements brusques et de surprises aussi brutales qu'effrayantes, mais effrayantes seulement pour ceux qui ont constamment peur. Souvenons-nous qu'en 1860, les Noirs n'étaient que du bétail ; aujourd'hui, un Noir siège au Sénat. Je vous le dis, les « prêtres politiques » nous ennuient, nous agacent, nous exaspèrent. Ma candidature à la Présidence me permettra d'énoncer les principes généraux d'une économie nouvelle et d'une justice éclairée. Je prévois un grand nombre d'attaques personnelles, mais quelles qu'elles soient et quels que soient les commentaires agressifs ou défavorables dont je ferai l'objet, je n'accorde à personne le droit de mettre en doute ma sincérité. J'ai délibérément choisi et décidé seule de me placer face au peuple américain tout entier en annonçant ma candidature. J'ai le courage, l'énergie, les moyens et la force nécessaires pour me lancer dans la course à la Maison Blanche et j'entends la courir jusqu'au bout.

Victoria Woodhull[1]

1. Extrait de l'ouvrage de Feuillebois et Blondeau.

Stupéfiante déclaration.

Dans un pays où les femmes sont privées du droit de vote, où leur existence juridique n'est pas établie, où elles sont des sous-citoyennes, une femme se porte candidate à la magistrature suprême, et sans que rien l'ait laissé prévoir ! Un séisme.

Victoria Woodhull est devenue un personnage majeur de la conscience politique du pays.

*

Bien que sans aucune illusion sur le résultat, Vanderbilt trouve là l'occasion de se distraire. Il financera. Et très largement. Il commence par un hebdomadaire, le fameux *Woodhull & Claflin's Weekly*. C'est le début du véritable combat, celui qu'elle va mener, deux ans durant, par presse interposée, où diffamations et procès se succèdent. Elle se heurte aussi bien aux suffragettes qu'aux féministes libérales, les unes et les autres dépassées, haineuses d'avoir perdu l'initiative… Les confrontations sont redoutables. Victoria se bat sur tous les fronts. Son journal dénonce la mise en coupe réglée des prostituées par les souteneurs policiers, occasionnant un énorme choc en retour. Ses ennemis se multiplient, mais de plus en plus d'admirateurs se regroupent autour d'elle. Vanderbilt augmente ses subsides. Obligée de faire face à des campagnes de dénigrement de plus en plus dures, Victoria déclare que non seulement l'hebdomadaire dénoncera tous les scandales, *mais il donnera des noms !*

Vient alors le grand moment qui va faire le titre de toute la presse : Victoria présente officiellement et solennellement à la chambre judiciaire de la Chambre des représentants sa pétition en faveur du droit de vote des femmes. Au Capitole, emplie d'émotion, seule, debout, frêle, droite, blême, elle lit sa requête.

Un long silence suit, qu'interrompt le président, visiblement ému lui aussi, et admiratif ô combien ! Il invite avec insistance les magistrats à la réflexion.

Victoria multiplie les réunions, prend la parole partout. Vanderbilt est derrière elle, solide, et Andrews prépare ses discours importants. Avec les ouvriers aussi, elle est convaincante car ils constatent qu'elle connaît leurs problèmes. Tout lui sourit : les féministes libérales l'ont rejointe, sa vie amoureuse est impétueuse. N'a-t-elle pas toujours prôné l'amour libre, et Blood également ? Aussi paye-t-elle d'exemple.

C'est une période d'activité intense où elle travaille d'arrache-pied à son journal. Elle publie – plus exactement sans doute, elle signe – deux livres en un mois, certainement « cornaquée » par Andrews. La Société nationale spirite en fait sa présidente. Devenue chef du groupe douze de l'Internationale communiste, elle publie dans son hebdomadaire – et c'est la première publication aux États-Unis – le *Manifeste du parti communiste*.

Trahie par les siens, par Roxanna sa mère qui, jalouse des succès de sa fille et enragée de n'en pas recevoir suffisamment d'argent, convoque des journalistes et leur débite les pires horreurs sur sa fille, par l'une de ses sœurs Utica, alcoolique à l'ultime degré, qui en rajoute, Victoria doit faire face à des réunions dramatiques. Les conséquences de ces odieuses dénonciations sont exécrables, et Victoria est déstabilisée par ces coups qui lui viennent de celles qui lui doivent tout, qui dépendent d'elle pour tout. Elle se reprend et comme chaque fois fait face. Sa chaleur d'expression, sa détermination, sa sincérité triomphent dans tant de réunions à l'Appolo Hall où on clame son nom comme présidente. Désormais, l'évidence s'impose : la moitié des État-Unis lui semble acquise.

Tennessee ne reste pas inactive. Elle sollicite le poste de colonel du 9e régiment de la garde nationale, vacant… et elle l'obtient ! Quand Victoria annonce légalement sa candidature, au cours du meeting où elle présente son vice-président, Frédérik Douglass, un ancien esclave noir, Tennessee défile en grand uniforme de colonel à la tête de son régiment entièrement rééquipé à ses frais !

Tout cela est bien, beau, enthousiasmant. Mais l'intendance ? Si l'on est au four, personne n'est au moulin, et la situation financière se détériore gravement : Roxanna a fait de lourdes dettes, Buck a beaucoup perdu au jeu, Utica fait n'importe quoi… Bientôt, l'argent ne rentre plus. La maladie de Vanderbilt s'aggrave ; il s'est marié, et sa femme monte si jalousement la garde auprès de lui qu'il devient impossible à Victoria de l'approcher. L'agence de courtage en bourse Woodhull & Claflin où ne s'activent plus les deux sœurs périclite, le *Woodhull & Claflin's Weekley* ne peut plus paraître, Blood est aux abois, on connaît les hôtels meublés… C'est la dégringolade.

Heureusement, l'Association nationale des spirites réélit Victoria présidente et met à sa disposition des fonds importants qui permettent à l'hebdomadaire de reparaître. On se l'arrache.

*

À leur descente de voiture devant leur domicile, en pleine rue, Victoria et Tennessee sont immobilisées par des policiers munis d'un mandat d'arrêt comprenant en outre une saisie de l'hebdomadaire. La raison ? Le *Woodhull & Claflin's Weekley*, considéré comme une publication obscène – pourquoi pas ? –, tombe sous une loi de 1865 qui en interdit la distribution par courrier.

Nous sommes le 3 novembre 1872 ; elles sont emprisonnées.

Le lendemain, tout le pays est au courant, et le surlendemain est le jour des élections !

Les adversaires, ennemis haineux et irréductibles, auront pratiqué tous les coups bas et utilisé les moyens les plus vils. La police s'est compromise avec eux. En incarcérant ces deux femmes quarante-huit heures avant le scrutin, elle les a tuées politiquement, jetant sur elles la suspicion à l'instant clé : le non-lieu n'interviendra qu'après. Le tour est joué.

Tel a été le chemin de Victoria Woodhull.

*

Une autre femme eût été complètement effondrée. Pas celle-là. Elle a eu encore plusieurs vies. Mais ici s'arrête son évocation.

Elle reprit la lutte, poursuivit ses campagnes, fut plusieurs fois aux portes de la mort, et après tant et tant de combats, devint une des femmes les plus riches d'Angleterre, régna sur le comté de Norton, consacrant sa vieillesse aux sciences.

Le plus étonnant, peut-être, est que Tennessee devint Lady Cook, vicomtesse de Montserrade et, elle aussi, une des plus grosses fortunes d'Angleterre. Le roi du Portugal lui confia la responsabilité de la province de Cintra avec le titre de Lady Bountiful de Cintra.

Le nombre de procès auxquels dut faire face Victoria Woodhull, le nombre d'infamies qu'elle eut à subir, le nombre d'injustices dont elle fut la victime, le nombre de trahisons auxquelles elle fut confrontée, les désespoirs sans fonds dont elle triompha en font sans doute une des personnalités les plus remarquables et les plus émouvantes que nous ait offert l'histoire moderne.

JOHNSTON Johanna, *Mrs. Satan, The Incredible Saga of Victoria Woodhull*, 1979.
FEUILLEBOIS J.P. & BLONDEAU N. avec la collaboration d'Anne-France, DAUTHEVILLE, *Victoria la scandaleuse*, Mengès, 1979. C'est à cet ouvrage dense et haletant de quatre-cents pages que ce portrait doit l'essentiel, et je ne saurais assez en recommander la lecture à ceux qui ont été conquis par la personnalité de Victoria.

MARIE DE RÉGNIER

1875-1963

Nous nous marierons comme prévu. Le plus tôt sera d'ailleurs le mieux. Mais comme vous avez fait de notre mariage une affaire, je ne serai votre femme que de nom. Je vous appartiendrai le jour que je fixerai. Est-ce clair ? C'est un marché qu'à mon tour je vous propose. Si vous acceptez, les apparences pour vous comme pour moi seront ainsi sauvegardées. Êtes-vous d'accord ? D'ailleurs, je n'ai pas besoin de vous le demander. Vous approuvez, n'est-ce pas ?

Tels sont les points sur les « i » que Marie de Heredia, la fille de l'auteur des *Trophées*, mit à Henri de Régnier, l'auteur de *La Cité des eaux*, au terme d'une cour où le choix lui avait été imposé.

Elle ne lui appartiendra jamais.

*

Cette femme sera reine dans deux domaines étrangers l'un à l'autre : elle sera une amoureuse d'anthologie qui étonnera, enthousiasmera et rendra captifs toutes celles et ceux dont elle aura choisi d'être la maîtresse, et une femme de lettres renommée et honorée sous son pseudonyme de Gérard d'Houville. La passion amoureuse sera sa raison d'exister, et ses succès dans les lettres ne seront pour elle que la reconnaissance d'un talent inné.

Très jeune, Marie alliait le charme à l'intelligence ; dès l'âge de huit ans, elle écrit ses premiers poèmes ; Leconte de Lisle, entre autres, sera son admirateur, son ami et son correcteur.

Les années passent, et le talent poétique de Marie se confirme. Émerveillé de ses dons, Leconte de Lisle la guide.

– *Pourquoi m'aimez-vous ?* demande Marie au célèbre poète.

– Parce que tu as fait *Le Myosotis*, répond-t-il, et que tu es mon illustre confrère… Et toi, me respectes-tu ?

– *Non, je vous aime.*

Son adolescence se déroule dans l'univers de la grande bourgeoisie et de l'élite littéraire du temps, où elle est appréciée par la haute société parisienne… Qu'on me permette une évocation souriante de la famille Heredia :

« Conviée par la princesse Mathilde à entendre le premier disque enregistré par le Saint-Père. Tous les invités, en tenue d'audience et à genoux, se prosternèrent avec la princesse pour recevoir la bénédiction phonographique du pape par gramophone interposé. »

Cette bourgeoisie dite « grande » ne baigne pas pour autant dans l'opulence. Chez les Heredia, on vit dans un farniente sacré : ce sont des vacances perpétuelles, et personne ne travaille. « Le point d'honneur du gentilhomme espagnol repose sur la fierté et la paresse. » José-Maria est un joueur opiniâtre et un perdeur grandiose, incomparable ; lorsque la régularité de ses pertes est prise en défaut, c'est une culotte mémorable. Les emprunts deviennent de sourdes dettes qui s'accumulent et finissent par donner le vertige. Un jour, le poète réunit sa femme et ses trois filles pour leur annoncer en pleurant qu'il les a ruinées. Au comble du désespoir, il leur fait part de la nécessité de devoir tout hypothéquer. Et encore, cela suffira-t-il ?

Change-t-on pour autant de façon de vivre ? Point du tout ! On continue de fréquenter le Tout-Paris : José-Maria de Heredia est une figure emblématique du monde littéraire.

Mme de Heredia reçoit le samedi, et Marie voit passer dans le salon de sa mère toutes les célébrités de la littérature :

Mallarmé, Sully Prudhomme, Leconte de Lisle, François Coppée, et tant d'autres. À quinze ans, elle est ravissante. À dix-huit, elle fascine par un mélange de finesse, de féminité fragile, de séduction dans la gracilité qu'accuse un regard d'une profonde maturité dont les yeux noirs soulignés par ses paupières légèrement mauves cherchent, percent, traversent l'être réel. Elle possède une superbe chevelure qu'elle remonte en chignon haut. Ses deux sœurs, Hélène, son aînée, et Louise, sa cadette, jolies aussi, la mettent en valeur.

Bientôt, aux samedis de Mme de Heredia, arrive la nouvelle vague constituée d'écrivains jeunes, presque de la génération de Marie, ses aînés à une dizaine d'années près. Parmi bien d'autre, Pierre Louÿs, Henri de Régnier, André Gide, Marcel Proust, Léon Blum, Paul Valéry, Fernand Gregh... ce sont des noms que ceux-là, connus déjà, et « pèlerinant » chez l'auteur des *Trophées*. Tous entourent les trois sœurs, mais n'ont d'yeux que pour Marie. Les plus assidus sont Louÿs et Régnier. Ils ne se ressemblent guère : Louÿs, très proustien par sa moustache et sa coiffure, la fleur à la boutonnière, est de petite taille et laisse deviner un tempérament vif ; c'est un noceur. Régnier, bien au contraire, grand et longiligne, les mains fines et les doigts interminables, les jambes longues et maigres d'un échassier, est de tempérament flegmatique, de ces flegmatiques au rythme si régulier qu'un écart est inimaginable ; le monocle fait partie du personnage, soulignant l'air supérieur d'un homme qui entend que les distances soient gardées et à qui la familiarité est étrangère. À l'opposé d'un noceur, il appartient à la catégorie des chastes. Léon Daudet en fait un portrait au vitriol cité par Robert Fleury :

« Henri de Régnier, le pendu constipé, cadavre au menton de galoche oublié debout, sous la pluie, par un assassin distrait... Un profil en mèche de lampe, une voix enchifrenée, une ironie de flanelle humide, un regard qui meurt derrière le monocle, tels sont à mes yeux les attraits de ce gentilhomme. »

Pierre Louÿs et Henri de Régnier sont amis intimes. Et voici que court une rumeur, fausse : Marie de Heredia et Henri de Régnier vont se marier. Louÿs interroge son ami qui dément la nouvelle, mais ils s'avouent qu'ils sont l'un et l'autre amoureux de Marie. Ils conviennent qu'ils ne sauraient entrer en concurrence et décident que le premier qui se résoudrait à découvrir ses sentiments préviendrait l'autre afin qu'ils puissent se déclarer simultanément, le même jour à la même heure, laissant la décision à la jeune fille.

Et l'on attend. On attend même longtemps.

N'y a-t-il, eux deux mis à part, aucune concurrence déclarée pour une aussi jolie fille ? Si, et abondante. Mais sans suite lorsque les déclarants apprennent qu'elle est sans dot. Comment pourrait-elle en avoir quand José-Maria laisse tout au baccara et au poker, tout, et le reste qu'il n'a pas ? Malgré l'aura du débiteur, ses créanciers commencent à montrer les dents.

Marie est depuis longtemps séduite par Louÿs auquel elle veut se donner ; elle sent bien le pouvoir qu'elle exerce sur lui, mais il ne réagit pas, se contentant de fréquenter la maison à la grande satisfaction des parents qui l'apprécient.

Finalement, Louÿs est mis par Mme de Heredia dans l'obligation de se déclarer. Il prévient Régnier, et rendez-vous de principe est pris entre eux pour une démarche commune.

Son inséparable monocle vissé dans l'orbite, Henri de Régnier prend ses gants, sa canne, son chapeau et se présente le premier. Seul. Il se déclare… aux parents, et non à Marie. L'accueil est très favorable. Louÿs n'est pas riche, Régnier l'est. Elle est sans dot ? Aucune importance. Mieux : Régnier s'est laissé dire que M. de Heredia avait certaines dettes qui l'embarrassaient. Qu'à cela ne tienne, il les effacera. Tout simplement. Voilà un candidat ! Ce sont les parents qui parleront à Marie.

Louÿs ne s'est pas déclaré, pensant avoir du temps. Mme de Heredia tranche le jour même et, la mort dans l'âme, Marie obéit aux nécessités financières de la famille. Le lendemain, la demande est acceptée. Et Louÿs se présente après la bataille. Bien sûr, il le prend très mal, et l'explication entre les deux amis est orageuse. On parle même de se retrouver sur le pré.

De son côté, Marie a beaucoup pleuré, mais après tout Henri de Régnier est un superbe parti, un écrivain déjà arrivé, riche des plus grandes espérances, et de surcroît fortuné…

Mais elle apprend l'amour déclaré de Louÿs, le pacte entre les deux amis, la trahison de Régnier… et l'achat dont elle a été l'objet de la part de celui-ci. C'est laid, mais les jeux sont faits. Aussi met-elle les choses au point avec son fiancé, bien obligé d'accepter le diktat.

*

Depuis trois ans déjà, la *Revue des deux mondes* publie régulièrement des poèmes de Marie signés de trois étoiles anonymes. Une grande sensibilité les marque, peut-être déjà l'expression d'expériences saphiques qu'elle poursuivra toute sa vie dans la plus grande discrétion, simultanément avec la fréquentation d'amants qu'elle ne craindra pas d'afficher.

Régnier a payé. Avec le vertige : jamais il n'aurait imaginé le montant des dettes de José-Maria. Sa fortune en est sérieusement écornée.

Le mariage a lieu le 17 octobre 1895. Le couple Régnier est de tous les salons, de tous les événements, prié partout, admiré. Marie est au niveau d'Henri, elle est son égale ; elle a du feu dans la conversation, de l'originalité dans les formules, une assurance qui étonne chez une aussi jeune femme et qui contraste avec son apparente gracilité.

En Marie les lesbiennes perçoivent instantanément un terrain favorable. Dans ce milieu et à cette époque où Lesbos est en fureur à Paris, dont les grandes prêtresses sont Anna de Noailles, Colette, Gertrude Stein, Liane de Pougy, la princesse de Polignac-Singer et tant et tant d'autres, le saphisme est fréquemment un refuge, une consolation de la solitude, invariablement un contact délicat des chairs, souvent l'objet de passions vraies ; il est probable que la plupart des femmes de cette époque, et dans ce milieu, ont eu au moins une expérience saphique. Le succès de Marie auprès d'elles est tout aussi grand qu'auprès des hommes. Elle répond aux invites, de façon toute naturelle, comme si elle avait été créée pour cela ; mais elle reste très secrète sur ses amours féminines, et ce n'est que beaucoup plus tard qu'elle s'affichera en croisière avec Georgie Raoul Duval, la seule liaison féminine dont on soit certain.

Si elle répond aux invites des femmes, elle refuse celles des hommes : elle veut se donner à Louÿs. Et elle veut qu'il la prenne vierge. Mais il n'est pas prêt.

Marie doit maintenant choisir le pseudonyme sous lequel publier une œuvre dont la production s'accélère. Elle ne saurait signer Marie de Heredia, et encore moins Marie de Régnier. Elle choisit Gérard d'Houville. Robert Fleury rapporte ce mot : « Ce n'est pas sans bonnes raisons que Marie choisit un pseudonyme masculin. Elle n'aimait pas les femmes, elle s'était aimée en elles. »

Sur le plan affectif, ses idylles féminines lui apportent un plaisir des sens, tout en préservant sa virginité. Elle veut Louÿs et ne manque pas de lui faire comprendre qu'elle lui est tout offerte. Il l'évite. Elle fait son siège. Il résiste. Elle lui propose des rendez-vous précis : il semble ne pas entendre. Finalement, elle va chez lui. Il est courtois et l'éconduit. Voici plus d'un an qu'elle est mariée, qu'elle réserve sa virginité à Louÿs dont la maîtresse, Zohra – une Mauresque illettrée et superbe ramenée d'Algérie –, l'a fermement enlacé dans ses rets sans avoir toutefois le pouvoir de l'attacher. Cette liaison officielle est connue du Tout-Paris : Zohra fait les honneurs de la maison de Pierre dans une totale nudité. Marie n'accepte pas que ce « singe savant » retienne l'intérêt de Louÿs. Elle finit par le lui dire vertement un samedi, jour de réception de Mme de Heredia. Puis s'en veut. Elle aime Louÿs, et seulement Louÿs. Des bruits courent sur Marie et un possible amant ? Elle ne supporte pas que Louÿs s'en fasse l'écho ; elle le lui a dit une fois pour toutes : elle sera à lui quand il le voudra, à lui et à aucun autre.

Deux ans ont passé depuis son mariage, et Marie n'a toujours que cette idée en tête : être à Louÿs. Il accepte enfin et rendez-vous est pris.

Après une telle attente, Pierre voulait être sûr qu'elle ne le regretterait pas. Ils se regardèrent longuement, très proches l'un de l'autre, et décidèrent d'attendre au lendemain. Cette journée d'abstinence voulue, concertée, ils l'ont plus tard racontée, elle dans *L'Inconstante*, lui dans *Psyché* ; les deux récits concordent.

Ce lendemain est son deuxième anniversaire de mariage. Il la découvre vierge. Stupéfaction, exaltation, délire ! Il apprend l'histoire incroyable du couple. Il brûle. L'amour le sidère, la passion les dévore : ils se voient tous les jours dans une inextinguible ivresse des sens. Louÿs est fou du corps de Marie ; il la photographie sous toutes ses formes, dans toutes les positions qu'il peut imaginer : debout, habillée et en chapeau, puis à l'identique, nue avec le même chapeau, puis nue de dos, avec le reflet face dans la glace… Elle aussi est folle de son corps, qu'elle expose avec jouissance : elle a une adoration pour ses seins qu'elle caresse des heures entières, une affection pour ses cheveux dans lesquels elle s'enroule ; ses seins seront toute sa vie l'objet de sa passion. Sans aucun support, sans aucune contrainte, elle les voudra libres, comme beaucoup plus tard le voudra la mode : est-ce le saphisme qui en a développé la sensibilité, ou le besoin d'être caressés qui l'a poussée vers le saphisme ?

*

J'aurais souhaité dissocier la vie amoureuse de Marie de Régnier de son activité littéraire ; j'y ai renoncé : sa vie amoureuse a été si intense, si obsessionnelle, si exclusive que son activité littéraire, aussi réussie qu'elle ait été, ne peut être évoquée que comme la ponctuation de son parcours sensuel.

Grande amoureuse, ses passions se sont exercées sur une longue période de sa vie ; elles se sont exprimées sous tous les registres, ont été exclusives : elle n'a jamais eu deux amants à la fois ; elle se donnait complètement à un seul homme… et complémentairement à une femme, mais jamais à deux femmes en même temps. Louÿs est son premier amour, et sa très longue abstinence au cours de cette interminable attente a montré la force de cet amour. En retour, il a comblé sa sexualité ; mais… Louÿs ne s'est jamais passé de Zohra, est allé la retrouver en Algérie, l'a fait revenir ! Marie supporte mal. En attendant le retour de l'inconstant, elle décide de cueillir un séducteur qui se propose : Jean de Tinan. Très riche, il tient au *Mercure de France* la chronique – importante – des cirques, cabarets et concerts. La nuit entière, il parcourt les spectacles vêtu d'une cape noire doublée de satin rouge. Ses romans lui ont valu une renommée flatteuse, et il est l'objet de toutes les sollicitudes des femmes de la nuit. Marie se rend chez lui et, devant son regard éberlué, elle se déshabille complètement. C'est son deuxième amant : elle ne le conservera pas longtemps et lui donnera son congé car elle est enceinte de Louÿs, qui reparaît après sept mois d'absence ! Douloureusement meurtri à l'annonce de cette grossesse, Régnier ne bronche pas. Sa passion pour Marie, qui ne faiblira jamais quoi qu'il arrive, lui fait tout accepter dans la mesure où la discrétion est respectée. Cet homme aura eu sa vie saccagée, son caractère anéanti et ses comportements dictés par cet amour fou et exclusif qu'il porte à Marie. Il est son refuge toutes les fois où elle a besoin d'aide. Il aura partagé son existence. Jamais son intimité. Sa seule crainte – elle le poursuivra sa vie durant –, c'est qu'elle le quitte. À cette hantise, il sacrifiera tout ; et il n'en retirera même pas le bonheur de la reconnaissance car elle se montrera souvent détestable, parfois odieuse :

– Je me fous de toi, tu sais çà ?

Sans aucune raison la plupart du temps, Marie le provoque, peut-être pour s'assurer encore qu'il est prêt à tout accepter, qu'il consentira à tout, que toujours il cédera, qu'il abdiquera. Mais devant le monde, elle affiche un couple sans problème. C'est finalement tout ce que peut demander Régnier, cet homme si déroutant. Robert Fleury raconte à son sujet une anecdote qui se passe à Istanbul où Régnier va rencontrer Loti. Ils se serrent la main. « Régnier avait l'habitude de ne jamais parler le premier. Loti le savait et offrit silencieusement un siège à Régnier et sourit aimablement à son collègue, sans ouvrir la bouche. Et pendant un temps appréciable, cinq à dix minutes, les deux augures se regardent comme deux idoles. »

Marie accouche. Louÿs, requis comme parrain – il ignore encore qu'il est le père –, est convié par Régnier à l'accompagner à l'état-civil avec Heredia.

Passe le temps.

*

Louise, la sœur cadette de Marie, regarde Louÿs avec intérêt : elle ignore tout, et fait des confidences à Marie. Pierre Louÿs est un beau parti, il sait Louise dépourvue de dot, et José-Maria a toujours aimé le jeune poète. Après tout, se dit Marie, pourquoi pas ? Peut-être est-ce la meilleure des solutions : elle partagerait son amant avec sa sœur… Et pour convaincre Pierre, inintéressé par un tel projet, elle évoque le plaisir érotique qu'il pourrait retirer à avoir été l'initiateur des deux sœurs ; avec volupté elle lui suggère :

> *Vous me rechercheriez dans ma sœur, vous la conduiriez à vous prodiguer mes caresses, vous m'aurez ainsi en deux femmes…*

Il trouverait en Louise un peu de Marie, rêverait de l'une avec l'autre, et de l'autre avec l'une… dans une lubricité onirique et incestueuse à laquelle Louÿs reste indifférent.

Louise prend alors l'initiative : elle se rend au domicile de Louÿs et s'offre à lui. Dans l'instant il est son amant. Ce sera le mariage. Louise porte le voile de mariée de Marie, et Debussy a composé la marche nuptiale « d'un caractère pompeux, lascif et jaculatoire » à la demande expresse de son ami.

Désormais, Pierre Louÿs passe ses après-midi avec Marie, et ses nuits avec Louise, qu'il photographie comme Marie, nue, dans les mêmes positions. Marie passe ses après-midi avec Pierre et ses soirées dans la vie parisienne avec Régnier. Elle profite du bon coté de Louÿs, qui est facétieux. On rencontre cet aspect de son caractère dans *Aphrodite*, où il écrit :

« Un des personnages féminins portait un vêtement mystérieux, ajouré aux vingt-deux endroits du corps où la chair est vulnérable. Je l'avoue, j'avais composé cette phrase sans me préoccuper des conséquences. J'ai reçu pendant plusieurs années des milliers de lettres qui me suppliaient de détailler, pour leur curiosité, ces vingt-deux endroits [...] La plupart de mes correspondantes énuméraient gentiment ceux des endroits qu'elles avaient trouvés. Nulle, cependant, ne parvint à trouver la solution juste. Et pour cause ! J'avais écrit vingt-deux uniquement pour établir l'équilibre et l'harmonie de la phrase. »

Passe le temps encore...

José-Maria de Heredia est désormais nanti de deux gendres ; des gendres à plume ! Il prend alors une culotte mémorable. Régnier paye. Lui seul, bien sûr. Il a dû vendre le château de famille. Cette fois-ci, il n'y a plus de fortune.

Peu de temps après, José-Maria de Heredia meurt : il laisse un héritage catastrophique : trois cent mille francs de dettes. Il faut refuser la succession, assister à la vente de la bibliothèque. Si Régnier n'a plus de fortune, du moins touche-t-il maintenant d'importants droits d'auteur. Il éteint les dettes d'honneur et se retrouve en braies. Mais les braies nettes.

Chaque année, Marie publie des poèmes dans la *Revue des deux mondes*. Ils sont appréciés, et le nom de Gérard d'Houville s'impose. L'amitié entre Louÿs et Régnier a survécu, mais elle est différente : réfléchie et fataliste chez Régnier, perplexe pour le caractère de son ami mais admirative pour son talent chez Louÿs. Robert Fleury nous raconte que Régnier offrit à Louÿs un exemplaire de luxe de son premier roman, *La Double Maîtresse*, avec cette dédicace : « À Pierre Louÿs, ce Pantin entre deux femmes. Affectueusement. Henri de Régnier. » Ambiguïté diversement déchiffrable qui naturellement n'est pas sans allusion à *La Femme et le Pantin*.

Marie publie son premier roman, *L'Inconstante*, qui est très bien reçu.

Le succès de Marie auprès des femmes est persistant. Elle est toujours aussi sollicitée, particulièrement par Liane de

Pougy ; elle s'est vantée auprès de Pierre que, si elle le voulait, elle aurait autant de maîtresses que lui. Sans aucun doute. Depuis le mariage de Louise, les choses ne sont plus comme avant, et l'affection a remplacé l'amour. Les deux amants s'en tiennent là. Dorénavant, Louÿs mène sa vie entre sa femme et ses maîtresses, mais lui aussi est ruiné. Louise vit proche de la misère. On refuse de livrer le charbon. Narquoise, Marie dit à sa sœur :

> *Si l'on tient à payer les notes d'épicier au jour le jour, il ne faut pas épouser un artiste, il faut épouser l'épicier.*

En 1901, elle fait la connaissance de Georgie Raoul Duval, femme très appréciée des autres femmes : elle a été la maîtresse de Colette, puis de Willy, puis des deux en même temps ; cette histoire est racontée dans *Claudine en ménage*. Elle est disponible, et la liaison va durer deux années avec une apothéose : une croisière en Méditerranée sur le yacht du duc Decazes. Deux mois. À Istanbul elle retrouve Claude Farrère qui veut faire connaître aux Régnier et aux Dorval les endroits… inconnus, et les emmène dans une « maison spéciale » où il a obtenu, moyennant un prix fort, que la danseuse étoile d'un grand théâtre turc, une petite arménienne du nom de Nectar Hanoun, vienne se produire. Cette dernière se sentit dévorée par des yeux noirs, d'une ardeur qui la transperça et la laissa subjuguée au point d'être comme paralysée lorsqu'elle sentit la main de Marie se poser sur son bras. La suite, on peut l'imaginer. C'est la rupture avec Georgie.

*

Libre, Marie entame une nouvelle carrière d'amoureuse où le goût lui vient pour des hommes plus jeunes, nettement plus jeunes qu'elle, auprès desquels s'épanouit sa séduction dominatrice. Louÿs a été un maître, et les aventures féminines lui ont appris tellement ! Elle se veut une initiatrice aux secrets supérieurs de l'amour, grâce à la mystique de son corps, de son regard, de ses seins, de sa chevelure, pour conduire ces jeunes hommes à l'extase par adoration de son corps : pour cette célébration, elle est tout don d'elle-même. Ils vont se succéder.

C'est d'abord Jean-Louis Vaudoyer, beaucoup plus jeune qu'elle, esthète, élégant, poète et romancier. Elle est ravie. Lui aussi. Elle en devient de plus en plus amoureuse, lui devient taciturne, jaloux de Régnier, et en même temps complexé de tromper cet homme à qui il voue une immense admiration. Tous ces jeunes amants, ces hommes de lettres, étaient des admirateurs inconditionnels d'Henri de Régnier, le maître incontesté. On peine, aujourd'hui, à mesurer l'auréole de cet homme. La postérité ne lui a pas maintenu l'admiration qu'elle a prodiguée à certains de ses confrères. Mais les états d'âme de Vaudoyer s'évanouissent dans les bras de Marie, une amante auprès de laquelle ceux qui l'ont goûtée ne peuvent la comparer à nulle autre, car sa sensualité se double d'une onction et d'une offrande sans pareilles. Malheureusement, Vaudoyer est un être cyclique. Elle ne tolère pas sa désinvolture et rompt.

Marie choisit alors un autre homme de lettres, Jean Binet-Valmer, qui ne sera qu'une passade menée parallèlement avec des liaisons féminines, tandis que se succèdent poésies et deux romans, *Le Temps d'aimer* et *L'Esclave*, aux relents saphiques et au succès honorable.

Après Binet-Valmer, son successeur est tout naturellement puisé dans le milieu littéraire : Edmond Jaloux, plus jeune qu'elle aussi et amoureux depuis longtemps. Liaison rapide à laquelle elle met un terme

À chacun, elle se révèle l'Amoureuse, l'Amoureuse idéale. De l'amour naît sa poésie, une poésie voluptueuse, dont les vers ont la douceur des contours féminins vers lesquels la pousse un besoin d'assouvissement. Elle est Sappho avec les femmes, mais aussi avec les hommes qu'elle lie, qu'elle enchaîne. Comme elle choisit, elle donne congé. Toujours. Est-elle vraiment attirée par les femmes ? Ou n'est-ce pas elle qui les attire, comme elle attire les hommes ? Elle est un aimant pour les uns et les autres. Sa féminité délicate et fine, la gracilité de ses membres, la délicatesse de ses seins que Louÿs a fait mouler, l'abondance de sa chevelure dénouée captent dans leurs rets, comme la fée Morgane l'enchanteur Merlin prisonnier volontaire pour la vie. Les uns après les autres, ses amants ont goûté à cette prison ; pour ses amantes, on l'ignore, tant elle les a entourées de discrétion. Elle s'offrait, aucun mot ne convient mieux. En témoignent ses fins de lettres où les formules amoureuses aux femmes comme aux hommes étaient remplacées par l'offrande : *Voici mes seins*, ou encore *Voilà mes deux seins.*

Ses liaisons étaient fortes, exigeantes, sans repos. Elle voyait ses amants chaque jour, des après-midi entiers, et son étonnante disponibilité acceptait parfois d'être trompée bien qu'elle s'autorisât, de son côté, les libertés à sa convenance, mais avec des femmes exclusivement. Pour Marie, la vie est un « long fleuve très doux, aux reflets enchantés » et aux affluents multiples, dans lequel elle navigue en ondine.

Parmi ces jeunes hommes successifs, une exception surgit au firmament parisien, le Don Juan absolu de l'époque s'installe à l'hôtel Meurice où il dépense comme un geyser l'argent qu'il n'a pas : Gabriele D'Annunzio. Marie avait déjà rencontré dans le passé cet homme aux mille femmes ! On le voit partout. Les Parisiennes l'entourent, veulent être discernées, exigent d'être choisies. Il est assiégé, traqué. Mais c'est Marie qu'il distingue, sa consœur en poésie, cette femme célébrée pour ses talents et sa beauté. Maintenant, c'est lui qui assiège, et Marie en est amusée, et se laisse tenter. N'est-ce pas un privilège que d'avoir été élue par celui que toutes recherchent ? Brêve rencontre, déception… un après-midi perdu.

La période des jeunes hommes est interrompue. Une tornade apparaît dans la vie de Marie de Régnier. Voici Bernstein ! Le grand auteur de théâtre Henry Bernstein. Ils ont exactement le même âge, trente-cinq ans. Elle accepte ses propositions, et c'est une révélation : la virilité de l'homme est incomparable, elle devient son esclave. Cette fois-ci, les rôles sont inversés. Cette histoire commence à se savoir : ils sont, l'un et l'autre, trop célèbres, et Régnier est profondément blessé. Le stoïcisme a des limites, il ne peut plus supporter cette situation. De son côté, Marie est entièrement prise par les sens et ne se contrôle plus : sous la pression de son amant, elle envisage sérieusement de quitter Régnier pour vivre avec Bernstein. Il faut alors reconsidérer, pour le reconduire, le pacte qui la lie à Henri : elle ne restera avec lui qu'à la condition qu'il lui reconnaisse expressément une totale liberté. Le silence de Régnier, flegmatique, vaut acquiescement, dans la douleur, sans doute dans le désespoir.

Avec sa nouvelle pièce reçue à la Comédie-Française, Bernstein soulève un déchaînement antisémite qui prend des proportions inimaginables dont on a peine à se faire une idée aujourd'hui. L'auteur combat sur tous les fronts, et Marie s'engage à ses côtés, révélant ainsi publiquement sa liaison. Elle perd complètement le sens des convenances en demandant à son mari d'intervenir personnellement auprès d'Aristide Briand, président du Conseil, pour qu'il défende la pièce. Et Régnier, stoïque, intervient. Trois cents gardes mobiles contiennent les manifestants devant le Théâtre-Français.

*

Régnier est élu à l'Académie française.

« Le plus grand, le plus parfait [...] le plus profond, le plus élégant, le plus mélodique était Henri de Régnier. Il domine toute la poésie française entre Verlaine et Valérie [...] L'oubli dans lequel tomba Henri de Régnier est une des grandes injustices littéraires du XXe siècle »,

en écrit Maurice Druon dans son tout récent *L'Aurore vient du fond du ciel.*

Ce 18 février 1911, jour de réception de son mari sous la coupole, comptera dans la vie de Marie. Régnier vient de lire l'éloge de son prédécesseur. C'est maintenant Albert de Mun qui le reçoit, et ce n'est pas le miel attendu qu'il répand.

Devant une assistance qui se glace, après avoir évoqué le style de Régnier qu'il n'apprécie pas, lentement et distinctement il conclut :

« Une fois le livre imprimé, publié, avez-vous dit, il ne m'intéresse plus. Je l'ai oublié... C'est à merveille ! Et vous voilà hors d'affaire ! Mais nous ? »

Troublée, sans doute humiliée, Marie se rend ce soir-là à la première d'*Après-midi* de Bernstein. Les forces de l'ordre entourent la Comédie-Française, les Camelots du roi investissent la place aux cris de « Vive l'armée », « À bas les juifs et les enjuivés », bagarres, rixes dans la salle.

La pièce est retirée. Bernstein et Marie partent en vacances ensemble. Cette fois-ci, leur liaison est officielle. Mais Bernstein est violent. Marie essuie coups et insultes. Elle le quitte. Et cependant, « plus de vingt ans après, au cours d'un thé entre femmes du monde aux cheveux blancs ou grisonnants :
– Marie, vous avez connu de nombreux hommes. Quel est celui qui, pour vous, a vraiment été l'Amant ?

La réponse fuse : – *Bernstein.* »

Cette même année 1911 voit une grande réception chez les Régnier, hommes en habit, femmes en grande toilette, tout ce qui compte dans le Paris littéraire. On sert le champagne. La maîtresse de maison n'est pas là, et chacun s'abstient de s'en enquérir. Régnier fait resservir le champagne. Toujours pas de maîtresse de maison. Imperturbable, son monocle vissé dans l'orbite, il fait à nouveau servir le champagne. L'ambiance devient étrange. La porte s'ouvre alors brusquement, et Marie apparaît, merveilleuse dans une ravissante robe, s'excusant en toute simplicité : – *Pardonnez-moi, j'étais chez mon amant.* On rit de la plaisanterie. Froid comme une lame, Régnier, les rires passés, s'adresse à l'assemblée : « Et le pire, c'est que cela est vrai. »

Dans son journal intime, Régnier écrira son amertume : « Le bonheur se mange le plus souvent dans un plat ébréché. » Ébloui par cette femme tout au long de sa vie, il est son inconditionnel et ne cessera d'applaudir à ses œuvres.

Sortie des bras de Bernstein, Marie est assoiffée de sensualité. Elle a trente-huit ans. Elle est dans toute sa beauté. Cette liaison avec un homme de son âge l'a fatiguée. Elle reprend des hommes jeunes. Elle n'a qu'à choisir parmi les admirateurs. Elle cueille tour à tour Émile Henriot, qui a vingt-quatre ans, Joe Imbert Vier, vingt-deux ans, Paul Drouot, vingt-sept, tous hommes de lettres, tous fascinés par Marie, tous amoureux fous et comblés par cette femme.

Un concours lancé par *L'Intransigeant* auprès de ses lecteurs demande quelle femme de lettres serait digne d'entrer à l'Académie française : Marie arrive en tête, devançant Anna de Noailles et Colette.

1914. Marie a reçu d'un compatriote de son père venu s'engager une lettre lui demandant de bien vouloir être sa marraine de guerre. Elle accepte et reçoit ce filleul, Hernando de Bengoechea, un magnifique garçon qui la regarda émerveillé. Elle le rendit heureux.

La jeunesse est au front. La guerre déroule ses tragédies. Dès les premiers engagements, Drouot et Bengoechea sont tués, Voisins gravement blessé.

Réapparaît dans l'univers de Marie D'Annunzio, dont elle a effacé le souvenir d'une rencontre décevante, D'Annunzio qui se met en scène lui-même, D'Annunzio le poète, D'Annunzio le prophète. D'Annunzio reste à Paris. Un après-midi de mars 1915, dans le parc de Saint-Cloud, ils sont surpris nus dans un bosquet, faisant l'amour ! On en parle dans les chaumières… et surtout dans les salons. Quelques jours après, l'Illustrissime part pour l'Italie vivre son épopée, se couvrant de gloire.

1917 et 1918 ne semblent pas avoir apporté à Marie d'autres satisfactions que saphiques.

Elle publie son meilleur roman, *Le Séducteur*. Régnier reste le mari attentif, l'ami, toujours là si nécessaire. Et les besoins d'argent de celui qui n'est pas son fils et qui l'ignore, et qui porte son nom, deviennent de plus en plus difficiles à satisfaire. Il n'en parle cependant jamais à sa femme, consciente que s'il agit ainsi, c'est par amour pour elle. Chaque fois, il est là ; il aime tellement cette femme !

Après l'armistice, l'Académie française attribue à Marie de Régnier son grand prix de littérature pour l'ensemble de son œuvre : elle est la première femme à recevoir cette consécration.

Puis ce sont les années vingt. Elle écrit. De tout. Des poésies, des romans, des critiques, des articles.

Débute alors une longue liaison, comparable à un été indien ; Marie approche la cinquantaine et reste toujours aussi belle, aussi désirable. C'est un homme mûr, normalien, ayant choisi le journalisme, essentiellement chroniqueur politique et littéraire, qui donne dans l'administration de journaux. André Chaumeix est doté d'une grande intelligence au service de laquelle sa culture apporte à sa conversation un éclat qui en fait un interlocuteur éblouissant. Deux êtres ne peuvent être plus différents. Cette vie nouvelle sonne peut-être le glas de son goût pour les jeunes amants ?

La production littéraire de Marie devient importante ; c'est une nécessité : il lui faut faire face aux perpétuels besoins d'argent de son fils, âgé maintenant de trente ans et qui n'a aucun métier, aucune occupation, fréquente les bars, les hippodromes, les cabarets, la vie nocturne avec des amis riches dont il ne peut suivre le train. Il tient beaucoup de son grand-père, le talent en moins…

André Chaumeix, compagnon enrichissant, est là, mais la vie de Marie passe et elle a bien changé. Sa vie amoureuse est sans éclat, si elle existe encore. La séparation intervient tout en conservant des liens affectifs étroits.

Chaumeix est élu à l'Académie française, ce qui est diversement perçu, car ses titres ne l'y portaient pas. Marie y a été pour quelque chose. Et surtout Régnier, un homme vraiment élégant… Il meurt en 1937 : on lui fait des obsèques quasi nationales. Maurice Druon qui y assistait, se souvient :

« L'église Saint-Pierre de Chaillot était pleine de visages célèbres.[…] Je me souviens des travées marquées : Gouvernement, Institut, Corps diplomatique. Je me souviens des deux ou trois rangées d'académiciens en costume. [...] Oui, je me souviens de tout, de l'escadron de la Garde républicaine, à cheval, qui rendait les honneurs, car le défunt était grand officier de la Légion d'honneur. »

Les articles de Marie sont publiés dans les plus grands journaux français et le *New York Herald*. Grasset sort un important recueil, une anthologie de ses meilleurs poèmes, qui a un grand succès.

Marie a maintenant soixante-deux ans. Elle est encore belle et disponible. Le neveu de Chaumeix, qui a vingt-quatre ans, lui fait une cour pressante. Il est beau, plein de santé ! Mais tout de même... Enfin... ne se laissera-t-elle pas faire ? Un tel couronnement à son âge ! La sagesse l'emporte.

Et la guerre éclate. À nouveau.

En 1943 meurt son fils Pierre. L'avenir de Marie est désormais derrière elle. Elle survivra encore une vingtaine d'années. Le temps des amours est mort. Il semble qu'après avoir eu la sagesse de refuser le neveu de Chaumeix, elle ait renoncé à ce feu intérieur qui était la respiration même de cette femme. À partir de ce moment, elle n'est plus un auteur inspiré, et ses productions, beaucoup moins nombreuses, paraissent davantage guidées par l'habitude d'écrire que par le besoin d'écrire, en dehors de toutes raisons alimentaires.

Certes, après la guerre, elle a encore publié de la poésie, mais la source semble tarie... comme pour ses romans.

Elle tient encore une critique littéraire dans la *Revue des deux mondes* et elle enterre beaucoup d'amis. Tel est le destin de ceux qui vivent longtemps. Ou l'on est enterré, ou l'on enterre les autres. Elle recueille aussi les hommages dus à son passé : en 1957, elle est lauréate du grand prix de la Société des poètes français et en 1958, reçoit le grand prix de poésie de l'Académie française : comme avec le grand prix de littérature de la même académie, elle est la première femme à recevoir cette récompense. Le couronnement intervient avec la cravate de commandeur de l'Ordre des Arts et Lettres.

Elle s'éteint doucement à l'âge de quatre-vingt-cinq ans.

*

Fille d'Immortel, femme d'Immortel, maîtresse de quatre futurs Immortels, Jean-Louis Vaudoyer, Émile Henriot, Edmond Jaloux et André Chaumeix, véritablement l'écrivain Marie de Régnier, lauréate à deux reprises d'un grand prix des Immortels, a été une amoureuse des lettres…

BONA Dominique, *Les Yeux noirs, les vies extraordinaires des sœurs Heredia,* J.-C. Lattès, Paris, 1989,
CARDINNE-PETIT Robert, *Pierre Louÿs intime,* J. Renard, Paris, 1942.
DRUON Maurice, *L'Aurore vient du fond du ciel,* Plon-Édition de Fallois, Paris, 2006.
DRUON Maurice, *Mémoires,* Plon/de Fallois, Paris, 2006
FLEURY Robert, *Marie de Régnier,* Plon, Paris, 1990,
WILLY & Colette WILLY, *Claudine en ménage,* Mercure de France, Paris, 1917.

HÉLÈNE METZGER

1889-1944

> *Nous pensons que le progrès [de la science] est essentiellement périssable, qu'il peut effectivement périr et que rien sauf une attention vigilante et une sorte de vertu ne peut garantir nos sociétés civilisées contre un retour offensif de la barbarie des temps primitifs. Et comme cette nouvelle barbarie recevrait en héritage l'ensemble de l'acquis industriel offert par la science, elle serait particulièrement redoutable et dangereuse.*

Ces paroles prophétiques furent prononcées en 1936 par une dame de quarante-sept ans, entièrement vêtue de noir, comme elle l'était depuis plus de vingt ans.

Très appréciée par quelques-unes de ses collègues surtout étrangers, cette femme avait déjà montré sa détermination lorsque, trois mois après l'accession de Hitler au pouvoir, elle avait pris position contre la tenue à Berlin en 1934 du IIIe Congrès international d'histoire des sciences : *Qu'à titre d'étrangers tout le monde puisse faire un voyage en Allemagne sans ennui, je le crois être possible – mais ai-je le droit d'être reçue cordialement par les membres de l'Université de Berlin et les pouvoirs publics alors que si j'avais un poste là-bas, l'on m'aurait privée de mon gagne-pain ?* écrit-elle à l'intention de Charles Singer, son éminent confrère.

Elle avait confirmé quelques semaines plus tard qu'il lui était moralement impossible d'aller à Berlin alors que des relations personnelles étaient chassées de leur poste : il ne restait rien d'une république en Allemagne, mais une tyrannie assise sur la crainte.

En raison de l'opposition énergique et justifiée de cette femme, le Comité international d'histoire des sciences renonça à tenir sons congrès dans la capitale du Reich.

Cette savante se nomme Hélène Metzger. Née à Chatou en Seine-et-Oise, elle est française depuis trois générations. Après seize mois de mariage, Paul Metzger, son mari, universitaire, est tombé au champ d'honneur dans les tout premiers combats de la Première Guerre mondiale.

*

Diplômée d'études supérieures de minéralogie, elle avait passé une thèse de lettres sur l'histoire de la cristallographie, et étudié la philosophie en Sorbonne avec Léon Brunschvicg. Il semblerait que cette dernière discipline ait été mieux révélatrice de sa nature.

Dans sa formation pluridisciplinaire, l'histoire a pris le pas sur les sciences ; ainsi sa voie se trace : la recherche d'Hélène Metzger se consacrera désormais tout entière à l'histoire des sciences.

Elle veut comprendre le monde contemporain d'un savant d'autrefois, pouvoir le replacer dans son époque et s'y transporter elle-même : voilà ce qui constitue pour elle la finalité de l'histoire des sciences, et non la tenue d'un registre des découvertes. Elle l'exprime fort bien : *S'il était démontré que l'histoire des sciences ne pouvait avoir d'autre résultat que de satisfaire une curiosité certes légitime mais philosophiquement stérile [...] eh bien je cesserais immédiatement de m'adonner à l'histoire des sciences.* Il faut découvrir le mécanisme qui conduit l'homme à l'invention, *comprendre la subjectivité des savants étudiés, décrire l'émergence des théories scientifiques à partir des perspectives de leurs auteurs.* Ainsi a-t-elle eu le talent nouveau, en se faisant la contemporaine des savants qu'elle étudiait, de voir avec leurs yeux, de sentir avec leur cœur.

La recherche de Metzger porte sur la compréhension du processus créatif qui donne naissance chez les savants à l'invention des théories. Elle cherche *à capter la pensée à l'état naissant, […] la pensée qui surgit dans le penseur à l'instant précis où, en quelque sorte, il s'éveille à elle.* Elle avance que les matériaux dont dispose l'historien sont des faits épars et des données de toutes sortes, qu'il lui incombe de transformer en une véritable histoire : l'historien des sciences doit s'immerger dans la mentalité du scientifique de son temps, et pour cela, avant tout, se faire le contemporain du savant, participer à son époque, identifier ses connaissances et en établir le bilan, retrouver ses interrogations, prendre en compte son environnement, évaluer son contexte social, faire siennes ses habitudes, adopter ses croyances religieuses… toutes choses dont procède la pensée scientifique et qui permettent d'espérer percevoir le mécanisme de l'invention. Son biographe fait remarquer qu'à Newton « découvrant la théorie de la gravitation par une généralisation » à partir des faits, Hélène Metzger substitue un Newton dont « l'inspiration religieuse fut contemporaine de l'inspiration scientifique » ; il montre par l'exemple qu'en découvrant l'importance de la dimension religieuse dans l'œuvre de Van Helmont, célèbre médecin et chimiste flamand du XVIIe siècle, Metzger a intégré l'histoire de la philosophie dans la recherche scientifique.

Ce n'est pas le lieu de débattre des processus complexes de la création, mais de retenir la façon dont on distingue chez Metzger « la pensée expansive (ou spontanée) d'une part, et la pensée réfléchie », de l'autre. La première est l'élément imaginatif, créatif, innovateur de la pensée, qui est à l'origine des hypothèses. L'autre incorpore « les canons de la logique, de la méthodologie scientifique et de la rationalité » qui lui permet d'exercer l'esprit critique. La première conceptualise les hypothèses scientifiques, la seconde ne saurait être créatrice : « elle a besoin d'être greffée sur un sauvageon pour devenir véritablement productrice. »

Gad Freudenthal, qui est à l'origine de la bonne connaissance que nous avons aujourd'hui d'Hélène Metzger, affirme qu'elle a découvert le *cercle herméneutique* inhérent à toute interprétation historique. Et à l'appui de son dire, il la cite :

« De la solution choisie peut dépendre toute notre conception du passé de l'humanité, du rôle de la pensée humaine, de l'expérience, de l'empirisme positif ou de l'inspiration métaphysique dans la formation même de la science. Réciproquement, allez-vous me répondre, c'est de notre conception préconçue du passé de l'humanité, du rôle de la pensée humaine, de l'expérience, de l'empirisme positif ou de l'inspiration métaphysique dans la formation de la science que dépendra sans aucun doute, la solution que nous choisirons. Le plan d'une histoire des sciences, ainsi que ses conclusions philosophiques, serait ainsi prédéterminé. Dès le début de notre enquête, nous serions alors enfermés dans un cercle posé par nous et dont nous ne pourrions plus sortir. »

Tour à tour, Hélène Metzger publie des ouvrages marquants :

– *La Genèse de la science des cristaux* en 1918 ;

– *Doctrines chimiques en France du début du XVIIe siècle à la fin du XVIIIe siècle* en 1923 ;

– *La Chimie* en 1930, qui est un traité de vulgarisation ;

– *Newton, Stahl, Boerhaave et la doctrine chimique*, le plus important de ses écrits, en 1930 ;

– *La Philosophie de la matière chez Lavoisier* en 1935 ;

– *Attraction universelle et religion naturelle chez quelques commentateurs anglais de Newton* en 1938, dernier ouvrage publié de son vivant, substance de cours professés ; *Me voici presque théologien*, aimait-elle à dire.

N'étant pas universitaire, Hélène Metzger n'a occupé aucune chaire ; elle en était affectée : *Comme je n'ai aucune situation officielle, je suis classée dans la catégorie des amateurs*, écrivait-elle. Hors d'un cadre institutionnel, un chercheur n'est pas reconnu par ses pairs, d'autant… qu'il n'en a pas. Et ceux qui pourraient l'être dédaignent les travaux de ces francs-tireurs qui n'appartiennent pas à leur caste. *Les universitaires*, écrit-elle à Georges Sarton en date du 22 avril 1926, *méprisent par définition tout livre écrit par un industriel ou commerçant sur un sujet historique philosophique ou scientifique, [et] n'ont que des blâmes pour ceux qui prennent la place des autres dans le monde savant !* Cette attitude est d'autant plus frustrante que l'absence d'échange accentue la solitude dans une recherche aggravée par l'aridité des matières étudiée.

Aussi Hélène Metzger souhaitait-elle s'insérer dans une institution et cesser d'être considérée comme faisant partie des « amateurs » dans le sens dénigrant et dépréciant du terme.

Puisqu'en France l'histoire des sciences ne bénéficie guère de l'intérêt de l'université, elle va trouver hors de l'université un point d'ancrage : le Centre international de synthèse, qui la sortira de son isolement.

Fort heureusement, elle possède des moyens de subsistance personnels auxquels s'ajoute une pension de veuve de guerre : elle est pleinement autonome, ce qui ne plaît pas à tous et constitue une cause aggravante de distanciation. Cette facilité lui confère liberté d'action et de choix. Indépendante, elle fait ce qu'elle veut. Elle apprécie et honore les maîtres, mais n'accepte pas les conseils que se croient autorisés à donner les anciens, précisément parce qu'ils sont des anciens, ce qui est, pour certains, leur seule autorité : *Les maîtres sont des conseillers, des guides, des hommes que l'on peut admirer ; ils ne doivent pas devenir des tyrans et il faut autant excuser leur autoritarisme que se défendre de le subir.* Elle ne leur doit rien, elle n'attend rien d'eux. Mais de sa liberté, elle entend profiter. *Je me refuse à être l'esclave du plus grand philosophe du monde puisque la nature m'a fait un cerveau.*

*

La malveillance jalouse est aux aguets.

Hélène Metzger correspondait régulièrement avec Georges Sarton dont une lettre à son adresse est citée plus haut ; il était une autorité en histoire des sciences, et dirigeait la revue *Isis* à laquelle elle avait fourni des articles. Au bout de quelque temps, cette revue ayant connu des difficultés financières, Hélène Metzger avait fait un don pour la remettre à flot, *mais cela à la seule condition que personne n'en sache rien.* Dans la malheureuse intention de la remercier, oubliant cette recommandation, Sarton publia l'information. Las ! On la suspecta d'avoir payé la revue pour publier ses articles. Dégoûtée, elle écrit à Sarton : *En France, [...] quand un écrivain peut dans une modeste mesure aider la revue à laquelle il s'intéresse, il est dit payer l'insertion de ses articles pour se mêler par un procédé peu digne de la science aux savants véritables.*

Sa générosité attentionnée, dans le cadre de moyens cependant limités, s'exerça avec un rigoureux discernement pour soutenir très discrètement des étudiants nécessiteux.

En 1937, elle espère être nommée secrétaire de l'Institut d'histoire des sciences. Lauréate du prix Binox en 1924 qui récompense le meilleur ouvrage d'histoire ou de philosophie des sciences paru dans l'année, et du grand prix Bordin de philosophie en 1926, sa candidature s'imposait. Elle était, depuis 1928, membre actif du Comité international d'histoire des sciences et, dès sa création, secrétaire du Groupe français d'historiens des sciences. Des promesses lui avaient été faites. On lui préféra un homme, processus habituel à cette époque dans ce milieu : *Le jeune secrétaire M. Ducassé qui n'a encore rien fait mais qui a été nommé après que l'on ait promis de m'offrir cette place [...].*

Fort heureusement, elle garda toujours intacte sa motivation.

Comme beaucoup de chercheurs, Metzger a été controversée. Dès 1921, elle a écrit à Georges Sarton : *Depuis la publication de mon dernier livre, j'ai commencé une vaste enquête sur les progrès et la diffusion de la chimie au* XVII*ᵉ et au* XVIII*ᵉ siècle ; je l'étudie d'une part dans ses rapports avec la philosophie générale ; d'autre part avec l'organisation de la société. C'est un projet ambitieux que je ne pourrai mener à bonne fin que dans quelques années encore.* Tantôt soutenue, tantôt attaquée par Aldo Mieli, chimiste et historien dans sa partie, dont le comportement à son égard a toujours été ambigu, les réserves de ce spécialiste sont partiellement justifiées, peut-on croire, tout au moins dans le domaine de la chimie au XVIIIᵉ siècle, puisqu'elle écrit : [...] *l'on m'a reproché d'avoir l'esprit trop abstrait et de remplacer l'histoire (depuis que je la travaille) par de la critique métaphysique.*

Charles Blondel, psychologue célèbre, fait remarquer qu'Hélène Metzger « fait partie des quelques historiens des sciences français qui ont reçu une formation scientifique extérieure », remarque intéressante qui souligne le danger d'une spécialisation trop étroite. Effectivement, elle a trouvé sa voie à partir de la réflexion philosophique.

*

Les Français ayant fait la guerre de 1939-1940, et avant eux celle de 1914-1918, souvent décorés voire blessés, n'auraient jamais imaginé que leur judaïté pût leur valoir quelque sévice que ce soit. Comme eux, Hélène Metzger, bien que n'ayant jamais pratiqué la religion israélite, a toujours gardé la pleine conscience de sa judaïté. Sans affirmation. Sans dénégation. Sereinement française, et depuis trois générations. Veuve de guerre par surcroît, ayant eu son frère également tué au front en 1918, elle ne pouvait un seul instant imaginer qu'un jour sa sécurité pût être mise en péril dans son pays. Elle n'a encore aucune crainte et reste à Paris en 1940 puis au début de 1941, jusqu'à ce qu'elle rejoigne Lyon où, se conformant aux obligations du gouvernement de Vichy, elle s'inscrit comme juive.

Elle n'en est pas moins parfaitement consciente :

> *Quand je me promène dans cette bonne ville de Lyon où mon mari était autrefois un professeur aimé, et quand je pense que s'il n'était pas mort pour la France, il ne pourrait quand même plus être professeur en France, j'ai des moments d'ahurissements et de désespoir.*

Elle est invitée à entrer dans la clandestinité : elle refuse.

Elle déploie alors une activité d'un type très peu connu : elle participe à un groupe informel, le Bureau d'études juives, qui regroupe des membres des professions libérales ou des universitaires juifs privés par les lois discriminatoires de poursuivre leurs recherches ou leur activité professionnelle ; s'y retrouvaient également des intellectuels chrétiens et même des prêtres. Gad

Freudenthal cite la relation qu'en a faite Robert Aaron qui y participait, dans laquelle je relève ces quelques propos :

« À Lyon, en 1942, il y avait au dernier étage d'une maison métallique, située entre Rhône et Brotteaux, une assemblée singulière qui se réunissait deux ou trois fois par semaine. [...] Certains conservaient encore à leur boutonnière la trace des récompenses obtenues dans des métiers interdits, comme si l'étoffe, mieux que l'esprit ou que la chaire, avait été autorisée à se souvenir du passé. [...] La plupart n'ayant jamais pratiqué leur religion, ne s'étant jamais informé de la tradition spirituelle qu'avaient incarnée leurs ancêtres, venaient en prendre conscience et chercher par là même à concevoir quelles étaient les raisons profondes de leur excommunication. [...] Le jour où il fut annoncé que des dérogations seraient admises pour les israélites pouvant témoigner de cinq générations françaises, nul ne sollicita pareille faveur, qui eût rendu le postulant complice des persécutions. [...] Lorsqu'on en vint à suspecter leur patriotisme, leur contribution à l'histoire militaire de leur pays fut établie par des documents irréfutables. Travail utile en ce sens qu'il affermissait les victimes dans le sentiment de l'indignité perpétrée à leur égard, mais travail en pure perte, si l'on considère qu'elle fut et quelle pouvait être sa conséquence effective. »

Des textes écrits par Hélène Metzger à cette époque ont été réunis par Adrien Bruhl sous le titre *La Science, l'appel de la religion et la volonté humaine*. Il les décrit comme « constituant le préambule d'une étude sur *Le Phénomène de Dieu dans la pensée contemporaine* que Mme H. Metzger avait préparée en 1941-1942 en vue d'un travail sur le monothéisme juif, à l'intention du Bureau des études de la rue Vauban à Lyon. »

À cette époque terrible, elle a certainement puisé son énergie dans la satisfaction intellectuelle – et peut-être spirituelle – que lui apportait cette recherche. Son biographe cite cette phrase d'une lettre :

> *Je suis heureuse de penser que dans les circonstances actuelles, il y ait encore quelque part des êtres humains qui en toute liberté puissent se livrer publiquement à l'exercice de leur pensée ; je suis de plus en plus convaincue [...] que la dignité humaine consiste en cette pensée et ne consiste qu'en cela.*

De la dernière lettre que nous possédons d'elle, datée du 26 janvier 1944, j'extrais ce passage :

> *Que vous dire d'autre de la vie de tous les jours ? Quand je suis en bon état, je m'efforce de continuer le travail qui m'a été confié [par le Bureau des études juives] et aussi de préparer une communication pour la société locale de philo [la Société lyonnaise de philosophie] ; je recommence à voir mes textes sur la théorie de la lumière dans ses rapports avec la chimie, j'ai même trouvé des thèses passionnées et passionnantes sur le pouvoir réfractif des corps en rapport avec les propriétés chimiques ; et cela de 1860 à 1880. Pourquoi de cette époque à celle fort récente qui vient de commencer, le style scientifique fut-il si ennuyeux – le positivisme engendrerait-il des bâillements ?*

*

Le 8 février 1944, elle est arrêtée dans sa pension de famille à Lyon, internée au fort de Mont Luc, transférée à Drancy douze jours après, puis déportée à Auschwitz. Est-elle seulement arrivée à destination ?

Gad Freudenthal cite un témoignage précis :

« En ce qui concerne ma cousine Hélène, tout ce que nous avons pu savoir est qu'elle faisait partie d'un convoi parti en mars 1944 pour Auschwitz. Sur mille cinq cents personnes formant ce convoi, cent hommes et trente-sept femmes jeunes et robustes et qu'on pouvait faire travailler ont été conservés ; les autres sont passées immédiatement dans la chambre à gaz ! Sur les trente-sept femmes, trois sont revenues. »

On sait qu'elle a été acheminée par le convoi soixante-neuf de mille cinq cent un « travailleurs juifs » ayant quitté Drancy le 7 mars 1944.

Là se perd sa trace.

Il est heureux qu'Hélène Metzger intéresse des colloques internationaux qui lui sont maintenant consacrés, et que sa pensée comme ses méthodes soient décortiquées avec la minutie qu'elles méritent. Il est enfin réconfortant qu'au mois de septembre 2003, le portrait d'Hélène Metzger faisait la couverture de la revue *Isis*, la plus importante en histoire des sciences, à laquelle elle avait tant participé.

Ses contempteurs, ses envieux, sont presque tous oubliés aujourd'hui. Le noble et pur visage d'Hélène Metzger a désormais sa place dans l'historicité des sciences, même ignorée du grand public.

L'essentiel de cette étude est dû aux travaux de Gad Freudenthal que je remercie d'avoir accepté de relire mon manuscrit.

BLONDEL Christine, « Hélène Metzger et la cristallographie : De la pratique d'une science à son histoire », *in Études sur Hélène Metzger*, E. J. Brill, 1990.
CHRISTIE J. R. R., Metzger et l'historiographie de la chimie du XVIIIe, *in Études sur Hélène Metzger*, E. J. Brill, 1990.
FREUDENTHAL Gad (sous la direction de), *Études sur/Studies on Hélène Metzger*, E.J. Brill, Leyde, 1990.
En particuliers les études suivantes :
FREUDENTHAL Gad, Metzger : « Éléments de biographie », in Études sur Hélène Metzger, E. J. Brill, 1990.
FREUDENTHAL Gad, « Épistémologie des sciences de la nature et herméneutique de l'histoire des sciences selon Hélène Metzger », *in Études sur Hélène Metzger*, E. J. Brill, 1990.
FREUDENTHAL Gad, établi par, « Hélène Metzger, extraits de lettres 1921-1944 », *in Études sur Hélène Metzger*, E. J. Brill, 1990.

JOSÉFINA LEHNERT
MÈRE PASCALINA

1894-1983

C'est une histoire étrange.

Elle met en scène de nombreux personnages publics qui ont eu tout loisir de réfuter certains dialogues intimes, secondaires certes, ou quelques altercations à peine croyables compte tenu de la dignité des protagonistes. Ces intervenants ne l'ont pas fait. Je doute pour ma part de certains détails : je ne les évoque pas. Quelques dialogues sont étonnants, mais ils sont rapportés par un des deux interlocuteurs : il faut donc y accorder foi puisqu'ils sont révélés par celle qui les a tenus, à moins… que son décès soit intervenu avant la publication. Quand on connaît le caractère de cette femme, on peut être certain qu'elle s'est entourée de garanties à l'encontre de toute interprétation de la part du biographe auquel elle s'est confiée.

Tous les dialogues retranscrits ici sont repris du livre de Paul I. Murphy.

*

En 1894 naissait dans une ferme de Bavière, parmi onze frères et sœurs, Joséfina Lehnert. Très tôt s'affirmèrent un caractère fort et un goût naturel pour le commandement, en même temps que se révélait une attirance prégnante pour la dévotion.

À peine adolescente, son autorité naturelle s'imposa à ses père et mère comme à ses frères et sœurs par un solide bon sens et une grande maîtrise dans tous les travaux de la ferme. Elle y ajoutait un don évident pour les études.

Quand à quinze ans elle annonça à ses parents sa décision d'entrer en religion, elle rencontra une opposition familiale irréductible. Mais on ne réduisait pas Joséfina Lehnert. Elle partit sans prendre congé des siens et entra dans un couvent à Munich où elle subit toutes les avanies, supporta toutes les humiliations de la part d'une hiérarchie conventuelle jalouse et tyrannique dont on a peine aujourd'hui à imaginer les détestables outrances. Après quatre ans de noviciat, elle fut appelée à prononcer ses vœux et, sous le nom religieux de sœur Pascalina, fut envoyée en Suisse comme infirmière-lectrice-femme de charge dans une maison de retraite pour prêtres. Elle avait vingt-trois ans.

Alors arriva, dans l'obligation de prendre un repos complet, un prélat quadragénaire, grand, maigre d'une maigreur inquiétante. Un masque de froideur, de dignité mêlée de mysticité, un regard angoissant d'intériorité impénétrable, et par instant semblait-il, hors du monde, hors du temps, une silhouette empreinte de mystère imposaient l'évidence d'un destin sacré. On chargea Pascalina de ses soins. Ils furent constants, discrets, mais fermes. Le prélat en montra parfois de l'humeur, voire de l'irritation, frôla même l'indignation ; mais la sœur était inflexible : ils finirent un jour par en rire. Elle était tellement experte… et si fine, si intelligente ! Le prélat reprit de la couleur sinon du poids, et quitta la pension Stella Maris ravi.

C'était Son Excellence Mgr Eugenio Pacelli.

Issu du patriciat romain, le prélat ne « voyait » pas le petit personnel : il ne marquait guère de reconnaissance pour le dévouement dont il était l'objet. C'était ainsi. Mais cette nonne l'avait marqué, s'était imposée à lui au point de devenir indispensable à son bien-être dans le cadre, même spartiate, de son confort privé. Il avait apprécié la tranquillité qu'elle avait préservée par son autorité, l'amélioration apportée à sa santé par la fermeté et la rigueur des soins qu'elle lui avait prodigués, la facilité de vie que sa présence constante, intelligente, efficace et effacée lui avait apportée. Et puis… c'était une jolie femme que cette Pascalina, et le prélat avait le sens du décorum – non pour lui-même mais pour la fonction qu'il occupait et la distinction qu'il représentait. Enfin, il était sensible à l'esthétique : la beauté est reposante quand la laideur est dérangeante !

Trois mois après avoir regagné Munich, Pacelli obtenait de Pie XI que cette sœur soit affectée à la nonciature dont il occupait le palais. Ainsi s'entama l'étrange destin de madre Pascalina.

*

Dès son arrivée, les choses changèrent. Bien qu'à vingt-trois ans elle fût la plus jeune de l'important personnel de la nonciature, elle imposa immédiatement son autorité. Capable d'assurer mieux que chacun son emploi, elle en fit la démonstration chaque fois que ce fut nécessaire, prouvant ainsi que personne n'était indispensable dans ce palais et ramenant à l'efficacité l'ensemble du personnel qui la redouta, la jalousa, mais la respecta. Sa souveraineté sur la maison fut rapidement acceptée.

Bourreau de travail, Pacelli retomba en faiblesse : comme à Stella Maris, elle le soigna et lorsque son état empira, elle sut lui imposer trois jours de lit sans activité aucune. Invitée à assister le nonce dans ses responsabilités, elle se montra, à l'émerveillement de celui-ci, d'une redoutable efficacité.

Vinrent les jours sombres de 1919, les combats de rue, les exécutions sommaires. Toutes les légations avaient abandonné Munich, seule s'était maintenue celle du Vatican. Pacelli avait renvoyé le personnel et intimé à Pascalina l'ordre de rentrer immédiatement en Suisse. Elle refusa. Il y mit toute son autorité ; elle y opposa toute sa détermination. Sa place était auprès de lui, le sens de sa mission l'habitait, la désertion ne faisait pas partie de son vocabulaire. Quand les communistes, après avoir brisé les vitres et enfoncé les portes de la nonciature firent irruption au bas du grand escalier menaçant le nonce, Pascalina se jeta au côté de Pacelli. Cette petite femme que rien ne pouvait entamer, les foudroyant de son regard d'acier, leur intima froidement de sortir. Embarrassés par cette intervention inattendue, honteux peut-être, ils obtempérèrent.

Après que la contre-révolution eut triomphé, Pascalina convainquit Pacelli de retourner en Suisse, à Stella Maris.

Le prélat était encore jeune, il avait quarante-cinq ans, et l'exercice lui serait profitable : elle mit ce mystique sur des skis ! Étonnant spectacle… Cette immense silhouette toute de peau et d'os, au nez anguleux orné de petites lunettes rondes cerclées de fer, habillée de sa soutane parée de violet, accompagnée de cette jeune nonne… en stupéfia plus d'un.

En 1925, c'est la nonciature à Berlin, poste de toute première importance dans ces années d'angoisse et d'interrogation. Au milieu d'un parc en pleine ville, le palais est un temple de la représentation où l'on reçoit beaucoup et où – on a de la peine à l'imaginer aujourd'hui – un orchestre vient certains soirs faire danser les invités.

En retrait, Pascalina se consacrait à sa vie intérieure de nonne tout en assumant les fonctions confidentielles confiées par le nonce. Pacelli « avait aussi besoin de son sens pratique, écrit Paul Murphy, elle savait manier au mieux toute situation ou toute personne dont il la chargeait. Elle organisait même sa vie, sa documentation, ses relations avec ses subalternes. Elle était devenue un chef du personnel idéal ». Ses responsabilités de toutes sortes s'avérèrent parfois inattendues : Pacelli adorait la vitesse, et la motocyclette était à la mode ; il pensait que ce véhicule bon marché et rapide pourrait mieux convenir que les bicyclettes aux déplacements de ses prêtres. Il demanda à Pascalina de lui trouver un instructeur et, à sa stupéfaction, elle lui répondit qu'elle le serait, et des meilleurs : depuis l'âge de quatorze ans, elle conduisait à la ferme… La nuit venue, il s'installa en catimini dans le side-car, et la nonne le mena tambour battant… puisqu'il aimait la vitesse !

Survint la mort de Mme Pacelli, la mère du prélat. Habitué à sa prévenance maternelle – souvent excessive –, il ressentit un vide immense. À l'ascendant de l'infirmière et à celui de la collaboratrice, la nonne ajouta alors un maternage nécessaire à cet homme : bien qu'il fût le plus entêté des humains, il acceptait l'opiniâtreté intelligente de cette femme et sa proximité indispensable.

Étrange tandem que celui formé par ce mystique diplomate – étonnant rapprochement de termes – et cette religieuse pragmatique aux pieds tellement enracinés dans la réalité et si totalement requise par la mission qu'elle s'était assignée. Le lien spirituel se doublait d'un lien affectif : tous les soirs, Pacelli appelait Pascalina dans son bureau ; commençaient alors pour cette femme des moments inoubliables avec l'homme auquel, après Dieu, elle s'était vouée. Ils récitaient ensemble le rosaire, puis parlaient. De plus en plus, Pacelli lui confiait des informations sur ses préoccupations diplomatiques, sur les soucis financiers du Vatican qui étaient grands. Au fait de bien des dossiers maintenant, elle était consultée un peu sur tout. Lorsque le frère de Pacelli, Francesco, avocat réputé pour son habileté, fut désigné par Pie XI pour négocier avec Mussolini un traité définissant les rapports de l'Église avec l'État italien, c'est tout naturellement qu'Eugenio répondit à l'appel de son frère. Et c'est tout aussi naturellement que, rejoignant Rome, il emmena avec lui madre Pascalina pour le seconder. Ce furent les fameux accords du Latran qui créèrent « l'État » du Vatican.

De retour à Berlin, il paraissait évident que la secrétairerie d'État, le poste le plus important du Vatican, allait être donnée à Eugenio Pacelli. Lorsque parvint sa nomination en remplacement du vieux cardinal Gasparri, il décida qu'il partirait à Rome seul. L'impensable pour Pascalina ! Cet homme auquel elle s'était vouée et dont elle était le soutien se briserait sans elle. Elle essaya de le convaincre :

– N'ajoutez pas un mot. Tout le personnel reste ici.

– Quand trouvera-t-on une place pour moi ? implora-t-elle. Vous avez besoin de tout ce que je fais pour vous !

La réponse fut dilatoire, incertaine :

– [...] Le Vatican n'est pas Munich, ni Berlin. N'ajoutez pas un mot.

– Vous aurez besoin de moi pourtant, vous verrez.

Après plusieurs mois d'un travail harassant, maintenant cardinal, Pacelli a un impérieux besoin de repos et part en Suisse où, s'étant fait accompagner de son ami américain Mgr Spellman, il invite Pascalina à les rejoindre. Ils font tous trois de l'alpinisme comme trois amis. Pacelli avoue à Pascalina : « Tout ce temps, vous m'avez manqué, et je vous ai souhaitée près de moi. Mais mes mains sont liées. »

Un aspect du caractère de Pie XII n'a guère été souligné que seuls ses intimes ont eu le loisir d'apprécier et que dans ses mémoires rappellera Mgr Tardini, le plus proche des cardinaux de curie : il était joyeux,

« prenait plaisir aux conversations animées ; il appréciait les belles périodes littéraires comme un humaniste de la Renaissance. En authentique Romain, il aimait et goûtait la plaisanterie, il était prompt à saisir l'aspect comique que présente si souvent l'inépuisable variété des situations où l'homme se trouve impliqué. »

Au cours de ce séjour, Spellman, doué d'une vive intelligence, comprend combien la nonne est nécessaire à l'équilibre de son ami ; de son propre chef, il demanda le transfert de la nonne au Vatican et l'obtint ; il poussa même son intervention jusqu'à aller la chercher en Suisse au volant de sa voiture personnelle.

Au Vatican, pour tous, elle est une sœur parmi les autres. Un parti pris d'effacement la dirige. Seul, son regard qu'elle ne peut voiler ou atténuer, révèle la force de sa personnalité. Aussi sa réserve intrigue-t-elle. Mais à la secrétairerie d'État, on mesure vite son importance par les taches qui lui sont confiées ; un homme comme Montini, le futur pape Paul VI, s'en montre jaloux.

Elle a alors trente-six ans, Pacelli cinquante-quatre. Côte à côte, ils marchent dans les jardins où elle lui fait part de ses critiques, qu'il prend mal, mais dont il reconnaît ensuite le bien-fondé.

Un jour où le prélat est absent de Rome pour la journée, est remis sur le bureau de Pie XI un discours du pape préparé par le secrétaire d'État et corrigé de la main de Pascalina. Le souverain pontife, vivement impressionné par la pertinence et la précision de ces *marginalia*, fait appeler la sœur. Stupéfaite, inquiète, tremblante, elle s'approche de Sa Sainteté pour baiser son anneau :

– Ainsi c'est vous, la sœur Pascalina ! Je suis heureux que vous sachiez tant de choses sur le dogme… Je punirai Son Éminence le cardinal Pacelli de vous faire travailler aux cuisines. On devrait faire un meilleur usage de votre talent.

Sans aucune intervention du secrétaire d'État, de sa seule autorité, Pie XI enjoignit à la nonne de s'installer dans les appartements du secrétariat d'État. Une telle faveur, par son incongruité, mit en fureur son confesseur : il accusa le pape de gâtisme et s'opposa à cette décision… dans le secret du confessionnal, naturellement. Cela ne fut pas sans peser sur la conscience de la nonne qui n'osa pas déménager. Pacelli s'impatienta, ne comprenant pas pour quelle raison elle différait son installation et lui fit savoir qu'il allait la faire chercher par Sa Sainteté. Et c'est ce qui arriva. Convoquée par Pie XI, elle s'entendit dire : « Ma sœur, vous allez avoir un nouveau bureau au service de Son Éminence. Nous espérons que vous prendrez bien soin de lui. Maintenant, allez et faites ce que vous dit le Saint-Père. »

En place, les choses prirent une nouvelle dimension. Veillant jalousement à préserver les instants du secrétaire d'État ainsi que ses besoins mystiques de réflexion et de prière, elle mit fin à ces perpétuelles allées et venues de prélats entrant sans se faire annoncer pour parler de ceci ou de cela ; désormais, on devait prendre rendez-vous. On imagine comment furent reçues ces mesures par les princes de la curie qui ourdirent une démarche commune auprès de Pacelli. Celui-ci ayant fait mine de ne pas comprendre, ils s'adressèrent au Saint-Père lui-même pour exiger le renvoi de la nonne. Avertie, Pascalina voulut anticiper une telle disposition et partir d'elle-même. Mais Pacelli la rassura :

– Sa Sainteté ne vous autoriserait pas à partir. Elle a été scandalisée par les accusations sans fondements et a intimé l'ordre à Leurs Éminences de ne plus jamais vous contester.

Le confesseur, cependant, ne l'entendait pas ainsi. La proximité du cardinal et de la nonne lui posait un problème de conscience. Quel était le lien qui les unissait ? Les questions du prêtre étaient huilées, mais Pascalina sentait son inquiétude ; à une certaine insistance, elle répondit bien simplement : *C'est une bonne relation et notre amour est l'amour respectable que Jésus lui-même bénirait.* Étonnante réponse dans laquelle il convient de bien savoir peser les mots.

*

Pie XI envoie Pacelli en mission aux États-Unis en lui recommandant d'emmener Pascalina.

La duchesse chez qui descend le secrétaire d'État donne dans sa magnifique propriété de Long Island une immense réception qu'elle transforme en une opération mondaine de première grandeur. On ne peut imaginer aujourd'hui la dimension que prit le premier voyage d'un secrétaire d'État au Nouveau Monde… Paul Murphy raconte comment fut reçue la nonne à sa descente de limousine :

« Ma chère mère Pascalina, quelle surprise inattendue ! Je n'avais pas songé que vous seriez autorisée à voyager avec Son Éminence.

Pascalina esquissa un bonjour, fit un demi-sourire et garda une attitude réservée. Elle était belle, et ne l'ignorait pas. Sentant les regards converger vers elle, elle étouffa un sentiment de satisfaction. Mais la nonne reprit le dessus sur la femme… »

*

De retour en Europe, la guerre faisait rage en Éthiopie. La Société des Nations se taisait. Le Saint-Siège en faisait autant. À Addis-Abeba, par sa présence auprès des armées italiennes, l'épiscopat italien marquait sinon un engagement, tout au moins un acquiescement muet en célébrant une messe pontificale. Blessée au fond d'elle-même par cette indigne complicité du silence, Pascalina reprocha à Pacelli l'inadmissible attitude de l'Église dans ce honteux conflit.

Il ne répondit rien.

Quelques jours plus tard, il invita la sœur à venir dans son bureau, la pria de s'asseoir en face de lui. – Ma conscience me harcèle, avoua-t-il, pathétique, à Pascalina ; et les yeux embués de larmes, il lui confia sa décision de démissionner. Prise de vertige devant les conséquences de sa propre outrecuidance et la liberté qu'elle s'était autorisée, Pascalina prit les mains du secrétaire d'État dans les siennes : – *Ne pouvez-vous convaincre le Saint-Père ?* Pacelli lui avoua qu'il n'en avait pas le pouvoir. Alors c'est elle qui convainquit le secrétaire d'État que son devoir était de rester là où il était.

C'est le moment que choisit Dieu pour rappeler Pie XI à lui.

*

Une situation jamais vue se produisit alors : pour la première fois, une femme allait pénétrer dans l'enceinte sacrée du conclave.

Pacelli était exténué. Paul Murphy rapporte la scène :

> *– J'irai avec vous au conclave, et resterai avec vous pendant toute l'élection.*
> – Non, s'écria-t-il horrifié […]
> *– Oui ! J'irai, rétorqua-t-elle. Dites-moi, quand Jésus Christ a-t-il jamais exclu une femme de Sa maison ? […] Éminence, j'ai demandé à Jésus l'inspiration qui m'aidera à faire de vous un bon et solide pape.*

> *Pour la première fois, ému jusqu'aux larmes, après un quart de siècle de vie en commun, le futur pape la serra contre lui. Il s'agrippait à elle, comme un petit garçon perdu s'accroche à sa mère, pour y puiser force et courage.*

Quand on ferma et scella les portes, Pascalina a raconté qu'un sentiment indescriptible et étrange s'était emparé d'elle, qu'elle ne saurait décrire.

On sait le plébiscite dont bénéficia Pacelli, son angoisse à la prise de connaissance des résultats du vote, son refus de la tiare, son exigence d'un autre tour de scrutin et l'unanimité moins une voix – la sienne – faite sur son nom. Dans ses instants de doute, la nonne lui insuffla le courage en lui-même. Et l'élection acceptée, rasséréné, lorsqu'il se dirigea vers la sacristie, il prit les mains de Pascalina dans les siennes : « Merci, ma sœur, pour tout votre courage, et votre force, et votre dévouement. »

Bien qu'elle ait quitté le conclave avec le plus de discrétion possible, un journaliste aperçut la nonne à cet instant-là. Stupéfait, il demanda des explications au service de presse où on lui donna l'assurance de n'être au courant de rien. Comme il insistait, on jugea préférable de diffuser une note officielle :

« Par autorisation spéciale, la Congrégation des cardinaux a autorisé mère Pascalina à assister au conclave, afin que Son Éminence le cardinal Pacelli ne puisse souffrir en rien dans son régime quotidien, ni manquer des médicaments nécessaires à son bien-être. »

*

Des appartements de la secrétairerie d'État, la nonne passa aux pontificaux. Pour se rendre plus discrète encore, elle ne les quittait pratiquement plus.

Avec Pascalina, Pie XII s'exprimait en allemand, langue pour laquelle il avait une prédilection : ses légations à Munich et à Berlin l'avaient familiarisé avec toutes ses finesses.

La cuisine faite par Pascalina était de la cuisine allemande. L'environnement du pape était allemand et l'on s'y exprimait en allemand. Le secrétaire particulier de Pie XII, le père jésuite Robert Leibner était bavarois, le confesseur, le père jésuite Bea, allemand également, et celui qui, chaque jour, était reçu par le souverain pontife, son conseiller en matière de politique étrangère, Mgr Kaas, était allemand.

19 août 1939. Le téléphone sonne. Pascalina décroche : c'est l'ambassadeur de France annonçant que l'armée allemande va marcher sur la Pologne. La nonne supplie alors le pape de dénoncer publiquement Hitler. Confrontée au visage fermé du Saint-Père, elle ose lui dire : *On peut commettre une faute morale aussi par omission ; le silence a des limites.*

Pie XII ne répondit pas.

En fureur, Tisserant clamait que le conclave avait fait une erreur en élisant Pacelli, que les temps exigeaient un pape guerrier. Bien sûr Pascalina ne pouvait partager ce jugement et ses rapports avec cette Éminence se tendirent. C'est l'époque où il la désigna sous le surnom de Général allemand.

*

Pour venir en aide aux juifs, est créé en 1942 le Comité de secours pontifical. Pascalina dont les talents d'organisatrice se sont révélés à Munich comme à Berlin, est officiellement nommée à la tête de cet organisme qu'elle installe dans les caves du palais pontifical. À Castel Gondolfo comme au Vatican, elle organise l'accueil et l'hébergement. Puis, procédant à l'émission de milliers de faux papiers d'identité, elle achemine les malheureux vers l'Espagne et la Suisse par des systèmes éprouvés.

Dans les milieux très informés, on commençait à prendre conscience de la dimension de cette femme et de l'étonnante position qu'elle occupait auprès du Saint-Père. Leur relation ne posait ambiguïté pour personne tant le pape était un mystique désincarné. Puissance occulte, Pascalina ne fut guère étonnée, quelques semaines après la libération de Rome, de recevoir la visite discrète d'une femme voilée : c'était Clara Petacci, la maîtresse de Mussolini, venue lui demander d'intercéder en faveur du Duce. Le pape ne pourrait-il intervenir auprès des Alliés s'il trahissait Hitler comme il en avait l'intention et venait se ranger à leurs côtés ?

Quand Pie XII apprit l'existence de cet entretien, il entra dans une colère violente :

– Vous avez parlé seule avec cette femme, sans que je le sache et sans ma permission ? criait le pape. Petacci est la maîtresse de Mussolini ! Ils ont vécu ensemble des années en état de péché mortel !

– Votre Sainteté, comment êtes-vous au courant d'un tel scandale ? demanda doucement la nonne.

– Demandez à n'importe qui au Vatican. Demandez aux cardinaux ! répliqua Pie XII avec impatience.

– Et que croyez-vous qu'ils murmurent à notre sujet, Votre Sainteté ? s'enquit-elle. J'habite sous votre toit depuis que je suis jeune fille. Nous savons, devant Dieu, que nos vies sont pures. Mais qui, même dans le Sacré Collège des cardinaux, croit en cette vérité simple ? Pourquoi, alors Votre Sainteté, êtes-vous si prompt à juger les autres ?

Le pape se retrancha dans le mutisme.

*

Le temps passe. Pour les initiés, madre Pascalina est la troisième oreille du Saint-Père. Une information parvient à la nonne, relayée par une seconde origine : en Sicile, le cardinal Ruffini est complice de la mafia et, impensable, les franciscains du monastère de Mazarino participent aux pires horreurs de l'Onorata Società. Bien sûr, Pie XII n'y ajoute aucune foi et s'étonne de la crédulité de sa troisième oreille. Un Sicilien du nom de Cannada se présente au Vatican. Il est reçu par Pascalina à qui il apporte des preuves flagrantes. Une nouvelle fois, le pape ne veut rien entendre. Quatre jours après son retour en Sicile, Cannada est assassiné.

Confrontée à une telle indolence, Pascalina est révoltée et exprime clairement sa façon de penser au Saint-Père. Accablé, il lui répond :

Mère Pascalina, vous avez raison. Vous avez toujours raison. Je crois que les funérailles du vieillard Cannada ont lieu demain. Mère, vous irez en tant que mon observateur. J'ai confiance dans vos yeux, vos oreilles et vos paroles.

Avec l'accord de Pie XII, elle resta en Sicile pour collaborer avec la police et réunir des preuves. Les franciscains furent condamnés à treize ans de prison.

La puissance de Pascalina sur l'esprit du pape devenait, dans la cité, le sujet de bien des conversations. Pie XII exerçait de plus en plus son autoritarisme, restreignait ses délégations, répugnait à compléter le Sacré Collège très diminué par les décès, resserrait entre ses mains les guides du temporel alors qu'il était de plus en plus requis par le spirituel. Cet isolement dans lequel s'enfermait le pouvoir pontifical qui semblait n'être partagé que par la sœur, plongeait dans la tristesse les « pourprés », comme on appelle les cardinaux. Ils en attribuaient la responsabilité au Général allemand. Ils n'avaient pas tout à fait tort : Pascalina ne les estimait pas, les jugeait paresseux, insuffisants et inefficaces. Et sans doute son comportement à leur égard ne dissimulait guère ses convictions. Deux décisions auxquelles Leurs Éminences ne se trompèrent pas sur leur inspiratrice éclairent les conflits à venir. Au décès de Maglione, secrétaire d'État sans éclat, Pascalina avait suggéré avec insistance à Pie XII qu'il soit son propre secrétaire d'État ; c'est ce qu'il fit, accusant ainsi davantage encore sa tendance au pouvoir absolu. Le cardinal Domenico Tardini a écrit :

« Il n'hésita même pas à assumer tout entière la responsabilité de gouvernement suprême de l'Église. Je ne veux pas de collaborateurs, mais seulement des exécutants, me dit Pie XII le 5 novembre 1944 en m'annonçant qu'il ne nommerait pas de successeur au regretté cardinal Maglione. Ce fut de sa part un acte de courage même s'il a été amené à prendre cette décision en partie par une certaine appréhension d'avoir à subir un peu trop l'influence d'un autre, par la crainte d'être porté, du fait de sa nature condescendante, à céder à des suggestions plus ou moins opportunes. »

La seconde décision importante dont Pascalina persuada le pape fut de remplacer deux cardinaux conseillers, pour faire entrer au Conseil ses deux neveux Pacelli. C'était un peu comme si la curie se vidait peu à peu de ses prélats.

Alors se produisit un incident grave. Le très Français cardinal Tisserant, doyen du Sacré Collège, avait été missionné avec Mgr Tardini pour requérir la communication du bilan de la gestion des fonds de l'Église, tenu secret. Il exigea que Pascalina le lui remette. Demander des comptes au pape ! Incroyable pour la nonne ; qui plus est, les deux prélats n'y mettaient pas la manière. Sans broncher, elle aurait fixé Tisserant dans les yeux sans proférer une parole. Elle attendait. Furieux, Tisserant l'aurait mise en demeure de lui remettre ce document dans l'instant, lui précisant que ce n'était pas du pape qu'il se méfiait, mais d'elle. Toujours silencieuse, Pascalina aurait décroché son téléphone : *Envoyez immédiatement les gardes suisses !* Aussitôt, casqués et la hallebarde au poing, ils prirent position. *Chassez ces importuns tout de suite !* » Les deux Éminences se seraient retirées d'elles-mêmes. La guerre prenait une nouvelle dimension.

La crise ne pouvait plus que s'aggraver. Pour des raisons qui n'ont pas leur place ici, relatives à une vision du Christ qu'avait eue le Saint-Père et qui embarrassait le Sacré Collège, certains prélats apprirent que Pascalina en avait eu la confidence et l'avait répercutée à Spellman – premier manquement au secret – au lieu d'en réserver l'information au Sacré Collège, comme elle en avait l'obligation selon eux – et ils n'avaient pas tort. Dans ses mémoires, Pascalina ne reconnaît n'avoir fait de confidence qu'au Dr Niehans, et pour nécessité médicale. Plusieurs cardinaux, Tisserant à leur tête, entrèrent dans le bureau de la nonne pour exiger une explication qu'elle refusa. Elle reçut des menaces. L'apprenant, le pape fut bouleversé. Paul Murphy raconte :

« Sans un mot, Pie XII décrocha le téléphone et composa le numéro de Tisserant. Pacelli au bout du fil fit le pape de sa voix la plus froide et la plus sévère. Rendez-vous immédiatement dans mon bureau, Tisserant ! Et amenez les autres avec vous ! Le Souverain pontife raccrocha avant que le cardinal ait seulement pu ouvrir la bouche. Quelques minutes plus tard, les prélats se retrouvèrent aux pieds du pape, baisant son anneau. Levez-vous ! leur commanda-t-il. Quand ils furent debout, il leur désigna la nonne qui se tenait à l'autre bout de la pièce, et ordonna que chacun des cardinaux lui présente ses excuses. Dites votre repentir à la bonne mère Pascalina ! exigea-t-il d'un ton sans appel. Les cardinaux se tournèrent vers la nonne et obtempérèrent du bout des lèvres. »

Désormais, le surnom de Général allemand céda la place à celui de la Popessa.

Tous les cardinaux ne lui étaient cependant pas opposés.

Lorsque le futur Jean XXIII, Mgr Roncalli, fut élevé à la pourpre cardinalice, il entra à l'improviste dans le bureau de Pascalina et, affable à son habitude, lui apporta un cadeau ; elle fut un peu embarrassée car rien ne la liait à ce prélat :

– *Mais Éminence, je ne suis pour rien dans votre nomination !* protesta-t-elle.

– Oh que si, mère Pascalina ! lui répondit le futur pape en s'inclinant devant elle. Vous ne vous y êtes pas opposée, et c'est tout ce qui a compté.

*

1954. Ses crises de hoquet ininterrompues conduisirent Pie XII à envisager de démissionner. Pascalina le supplia de réserver toutes ses forces aux affaires spirituelles l'assurant pouvoir compter sur son assistance pour les affaires temporelles. Mgr Tardini note à la date du 12 décembre 1954 : « Je vais chez le Saint-Père à douze heures quarante-cinq. La sœur m'a prié de venir plus tard et à dit au pape, s'étant mise d'accord avec moi, que tel était mon désir. »

Plus que jamais, elle monta la garde, et plus elle la monta, plus elle se fit d'ennemis.

Sous sa pression, Pie XII avait consenti à réduire d'une heure son horaire de travail du matin, pour rester seul avec elle dans les merveilleux jardins de Castel Gondolfo que Pacelli avait dessinés lui-même quand il était secrétaire d'État. Marchant en parlant, ou assis à lire leur lecture sainte, ils étaient heureux. Dans le silence, chacun méditait.

Cette femme à la curiosité intellectuelle insatiable lisait, lisait. Informée de tout, elle constituait pour Pie XII une somme d'information irremplaçable et représentait un interlocuteur à l'esprit pratique de premier ordre.

*

Le 9 octobre 1958, Pie XII meurt.

À Castel Gondolfo.

Il est peu probable, comme on l'a dit, qu'il ait négligé de nommer un camerlingue. Pour des raisons qui lui appartenaient – vraisemblablement sa répugnance à entériner le droit qu'avait à cette fonction le doyen du Sacré Collège – la nomination de ce régent de l'Église pendant les interrègnes n'avait pas été effectuée. Confrontée à ce vide juridique, Pascalina réagit promptement et prévint aussitôt Tisserant. Celui-ci arriva au plus vite, prit les premières dispositions sur place et pria la nonne de l'accompagner au Vatican pour qu'elle lui indique l'endroit où Pie XII gardait son testament afin de se conformer aux dernières volontés du pontife.

Le doyen du Sacré Collège était une nature haute. Il autorisa la nonne à rester dans les appartements pontificaux jusqu'à l'élection du nouveau pape. Beaucoup de cardinaux protestèrent, mais Tisserant était un esprit supérieur. Aux protestataires il répondit seulement : « C'est l'unique homme qu'il y ait au Vatican ! » Bel hommage rendu par un prélat qui avait toujours été son ennemi.

Pascalina n'eut aucun contact avec Jean XXIII. Plus tard, elle fut reçue par Paul VI qui l'aida à réaliser la *Casa Pastor Angelicus*, un refuge dont elle avait conçu le projet, pour lequel elle avait reçu des dons dont on ignore la provenance, et qu'elle dirigea jusqu'à sa mort en 1983.

Étonnante personnalité et exceptionnel parcours !

Paul Murphy écrira pour elle une dédicace qui résume cette femme :

À Pascalina
et à toutes les femmes qui par leur force
leur tendresse et leur amour
conduisent les hommes à leur grandeur.

CHENEAUX Philippe, *Pie XII, diplomate et pasteur,* éd. du Cerf, Paris, 2003.
LAY Benny, *Les Secrets du Vatican,* Paris, Hachette, 1983.
LEHNERT Pascalina, *Pie XII, Mon privilège fut de le servir,* Tequi, Paris,1985.
MARTIN, cardinal Jacques, *Mes six papes,* Mame, Paris, 1993.
MURPHY Paul I. & ARLINGTON René, *La Popessa,* Lieu Commun, Paris, 1983, pour la traduction française, 1987.
PAPIN, chanoine, *Le Dernier étage du Vatican, témoignage de Pie XI à Paul VI,* Paris, Albatros, 1977.
TARDINI Domenico, *Pie XII,* éd. Fleurus, 1961.

Les dialogues sont issus de trente heures d'entretien qu'a eu Paul I. Murphy avec mère Pascalina.

MARYSE HILSZ

1903-1946

– Voici, mademoiselle, votre brevet de pilote. Vous avez satisfait à toutes les épreuves avec la note maximum. Je vous félicite.

En 1928, elles se comptaient sur les doigts d'une seule main, les femmes pilotes.

Maryse Hilsz a vingt-cinq ans.

Ce brevet couronne la volonté. Une volonté de fer étayée par une détermination sans faiblesse au service d'une passion : voler.

Lui en a-t-il fallu pour y parvenir !

*

Dans mon enfance où le public se bousculait aux meetings aériens, où les baptêmes de l'air s'effectuaient dans ces minuscules avions surnommés les « poux du ciel », le nom de Maryse Hilsz sonnait à mes oreilles. Une aviatrice, en ce temps-là… c'était un mythe.

Cependant, lorsque plus tard j'interrogeais à droite et à gauche, ce nom semblait oublié, comme effacé, recouvert par ceux de Maryse Bastié ou beaucoup plus récemment par celui très médiatisé de Jacqueline Auriol.

Et puis j'ai rencontré l'étude qu'Olivier de Chazeaux lui a consacrée, tirant de l'oubli qui la menaçait cette femme d'acier.

*

Quelle obstination, quelle rage de persévérance a-t-elle dû déployer pour parvenir à ses fins ! Jugeons-en.

Petite main chez une modiste depuis l'âge de treize ans, sans formation, sans argent autre que son maigre salaire, elle habite chez sa mère, blanchisseuse et veuve depuis que sa fille avait sept ans.

Pentecôte 1924 à Vincennes. Maryse Hilsz a vingt et un ans et assiste pour la première fois à un meeting aérien. Après une exhibition de biplans, on fait appel à des volontaires de baptême… de saut en parachute !

Quelques hommes se présentent… et une jeune femme qui n'a pas pu résister à la tentation irrépressible jaillie spontanément du plus profond d'elle-même : c'est Maryse Hilsz. Elle veut sauter. Stupeur des organisateurs. On consulte les règlements : le cas n'est pas prévu, donc rien ne l'interdit. On insiste pour s'assurer de sa détermination. Elle surenchérit dans l'insistance.

– D'accord. Remplissez les formulaires et signez le contrat d'assurance.

On la harnache et on lui explique en deux mots ce qu'elle doit faire et comment se récupérer. Elle apprend que c'est un concours, celui d'atterrir le plus près de l'objectif.

– Et comment fais-je ?

– Vous tirez sur les soupentes comme ceci pour aller à droite et comme cela pour aller à gauche ; pour descendre plus vite vous les prenez ainsi.

– C'est tout ?

– Oui, mais il y faut du feeling.

Hilsz monte à bord, calme, déterminée.

– Go !

Elle se jette dans le vide sans une hésitation, le parachute s'ouvre, elle s'efforce de ralentir sa descente, contrôle sa respiration comme on le lui a conseillé, repère l'objectif et manœuvre les soupentes comme on le lui a vaguement expliqué. Elle atterrit à dix mètres du but. Un exploit ! Ses concurrents sont écrasés.

– Bravo mademoiselle, lui dit-on en lui remettant la coupe. Et que faites-vous dans la vie ?

– Je suis couturière modiste à Levallois-Perret.

Levallois était un peu le berceau de l'aviation française…

Hilsz est grisée. Elle veut voler. Le ciel l'attire irrésistiblement. Cette expérience de saut l'a convaincue que sa vie était là, non à l'atelier de modiste.

Elle fait part à sa mère, effondrée, de sa décision :

– Mais c'est de la folie ! Et l'argent, où le trouveras-tu ?

– Je sais comment me le procurer.

– Ah oui ? Comment ?

– Laisse-moi quelques jours, je te le dirai.

À Vincennes, on ne l'a pas oubliée, et elle obtient facilement un rendez-vous avec l'animateur Maurice Finat :

– Qu'est-ce que je peux faire pour toi ?

– Je veux voler.

Un silence. Finat a pesé le caractère de la jeune femme. Le caractère et le courage, deux vertus fondamentales du pilote. Il a apprécié le tempérament calme et l'esprit déterminé, autres vertus du pilote. Il réfléchit :

– L'engouement du public se porte sur les sauts en parachute ; mais il va vite s'en lasser. Ton triomphe, la semaine dernière, me démontre qu'une fille, c'est du nouveau ; et le saut acrobatique le must. Veux-tu en tâter ?

– Oui.

Mme Hilsz mère est une femme intelligente, qui connaît sa fille. Elle accepte cette résolution. Maryse démissionne de son atelier de modiste et entre sous contrat dénonçable à la Société pour le développement de l'aviation.

L'entraînement est dur. Surtout pour une femme, aucun quartier. Aussi doit-elle redoubler d'efforts. Après un mois, elle est confirmée, et c'est la mise au point du numéro d'équilibriste sur les ailes des avions, puis le saut en parachute avec cible.

Elle enchaîne meeting sur meeting, déclenchant partout l'enthousiasme. Elle est très bien rémunérée mais, à compétences égales, trois fois moins que les hommes. Dame, la féminité se sous-paye ! Elle économise car elle sait que préparer un brevet de pilote exige du temps et de l'argent, et pour voler… il faut un avion. Cela ne se prête ni ne se loue.

Un avion s'achète. Mais pour en faire quoi ? Tout, si on sait s'imposer ; encore faut-il en avoir l'opportunité.

De l'équilibre sur les ailes, elle passe au trapèze sous le ventre de l'avion. Le métier est dur. L'aspect répétitif lassant. Il y a de sérieux incidents. Elle les balaie. C'est « une épuisante épreuve de risque ». Mais l'objectif est clair.

Il faut donner de l'émotion ? Le public en redemande ? On va lui en donner, de plus en plus forte, à faire s'arrêter de battre les cœurs. Mais il ne faut pas commettre d'erreur, car tout se joue à deux ou trois secondes près : elle saute, « fait mine d'ouvrir un premier parachute, simule l'accident, se débarrasse de l'engin, ouvre alors le second parachute et se pose délicatement ». Chaque fois, c'est l'ovation.

Voici trois ans qu'elle pratique la chute acrobatique, trois années de décollages sans jamais un atterrissage puisqu'elle abandonne toujours l'appareil en cours de vol ! Elle a acquis les moyens de financer son instruction de pilote puis, son brevet obtenu, d'acheter un appareil. C'est une affaire de quelques mois tant elle est appliquée et douée. L'examen est un succès.

*

Elle complète son brevet par celui des transports publics et achète son avion : un biplan d'occasion avec un moteur de quatre-vingt-cinq chevaux qu'elle baptise *Joe I* ; cette numérotation confirme son intention de faire carrière !

Hilsz possède son avion, c'est bien. Que faire maintenant ?

Elle commence par tester son coucou et à se tester elle-même. Paris-Londres, ça marche. Paris-Amsterdam, panne de moteur, atterrissage dans un champ de tulipes ! Le tulipier n'est pas content, mais pas content du tout. On s'arrange.

Il lui faut montrer ses qualités, convaincre de ses capacités. Va-t-elle tenter une première ? Ou un record ? Elle opte pour une première « féminine » : Paris-Saigon et retour sur son invraisemblable minuscule coucou.

Dans son petit bagage, elle emporte un revolver… et une robe de soirée.

Hilsz est une femme précise, qui ne laisse rien au hasard, vérifie tout elle-même On lui prête une sûreté de main faite de finesse et de fermeté, couplage exceptionnel. À cela s'ajoute un cœur qui bat lentement, une émotivité complètement maîtrisée, un calme étonnant devant les pépins et une grande rapidité de décision. Bref, toutes les qualités d'un pilote idéal, elle les possède.

Elle ne fume pas. Jamais elle ne boit une goutte d'alcool. Animée par un prodigieux dynamisme naturel, elle ne ressent le besoin d'aucun tonique, d'aucun excitant.

Joe I est prêt. Son rayon d'action a été porté à mille quatre cents kilomètres par l'adjonction d'un réservoir supplémentaire à la place du mécanicien. Quinze étapes sont prévues de huit à dix heures de vol chacune, sauf la première : Istres, Trièste, Belgrade, Istanbul, Konya, Alep, Bagdad, Bouchir sur le golfe Persique, Djask sur la mer d'Oman, Karachi, Agra, Calcutta, Rangoon, Bangkok et Saigon, Ce sera une partie difficile où vont se succéder les ennuis. Jusqu'à Istanbul, passe encore ; mais après… Tempête énorme au-dessus du Taurus, aucune visibilité, et l'avion refuse de monter plus haut. À tout instant, Maryse s'attend à heurter une montagne. À l'escale, pas d'essence. Elle doit partir à l'autre bout de Bagdad en taxi pour charger des fûts de deux-cents litres ! Et les difficultés de tous ordres se succèdent : la taxe d'aéroport en Perse est cent fois plus élevée qu'en France, des fuites d'huile se déclarent, le moteur rend l'âme, il faut en faire venir un de Paris… Elle est attaquée par un aigle noir… Pour mesurer l'angoisse provoquée par un tel assaut en plein ciel, il faut avoir vu, exposé au Verkhers Museum de Lucerne, le frère jumeau de son coucou d'une fragilité de libellule… Le réservoir d'essence se troue… et il faut faire face au froid, à la pluie sans l'abri d'un cockpit, équipée comme on n'imagine pas aujourd'hui, les jambes entourées de journaux, les pieds dans des chaussons en peau de lapin… On lui a volé son chronomètre, et à nouveau l'orage sur la montagne qui fait prendre du retard, le niveau d'essence qui baisse dangereusement après neuf heures de vol… Et c'est l'arrivée triomphale à l'aéroport de Saigon, où des milliers d'admirateurs l'attendent depuis le matin. Gouverneur, consul, journalistes, photographes, fleurs par brassées, ovations sans fin ; plus tard, champagne à flots dans les cercles de pilotes, suites offertes dans les palaces, partout, on se l'arrache. Huit jours de réception, huit jours d'ivresse (mais sans une goutte d'alcool), et c'est le retour.

Tout se passe bien au début : neuf jours, neuf étapes.

Dans une crasse épouvantable, le niveau d'huile baisse. Il faut atterrir de toute urgence, mais elle ne discerne même pas si elle survole la terre ou la mer. À moins de cent mètres, la terre ! Atterrissage en catastrophe, en plein désert. Elle part à pied, sa boussole à la main, croise un bédouin qui l'amène au village. Là, montée sur un âne, elle est amenée au seigneur qui la contemple d'un œil intéressé. Elle a son revolver dans la poche… Elle est dirigée vers la ville avec un guide… qui se perd ; c'est la nuit, les chacals sont tout autour, elle est ivre de fatigue… Enfin elle embarque sur une felouque qui l'amène à Bouchir où elle se procure de l'huile et repart vers *Joe I*. Elle poursuit son raid. Tempête de neige. Elle descend, elle descend jusqu'à cinquante mètres du sol où elle voit, ô bonheur suprême, une voie ferrée ! Le miracle.

À Istanbul, n'ayant pas eu l'autorisation de repartir faute d'avoir distribué les bakchichs indispensables, elle décolle sans autorisation. Bris de l'hélice – elles étaient encore en bois –, douze jours à attendre une nouvelle hélice qui vient de Paris. Puis nouvel atterrissage de fortune dans la boue. Les paysans portent l'appareil sur leurs épaules jusqu'à une gare. On fait sauter les haies et les barrières, on charge *Joe I* ailes repliées, sur le train. L'hélice est à nouveau cassée : plus question d'en commander une autre. L'avion est chargé sur un bateau pour Marseille. Puis au Bourget, arrivée triomphale.

Elle est partie depuis quatre-vingt-deux jours.

Elle revient de ce voyage droguée : plus jamais elle ne pourra se passer de ce qu'elle vient de vivre, l'aventure, l'angoisse, la découverte, l'ivresse de voir du ciel les aubes et les crépuscules. Plus tard, beaucoup plus tard, elle aura ces mots :

> *Courir dans l'espace, bondir par-dessus les montagnes, survoler les déserts, suivre les côtes et franchir les estuaires ; voir une ville à l'aurore, du haut du ciel, après l'avoir aperçue au crépuscule ; revoir le soleil se coucher sur les Indes et se lever de la chaîne birmane ; contempler encore le delta du Gange, voilà des désirs impérieux.*

Les sauts, les meetings, l'acrobatie, les records mêmes, rien de cela en soi ne l'intéresse : ce ne sont que les moyens d'assouvir sa passion, exclusive : voler. Elle l'exprime tellement bien :

> *On est quelquefois enfermé sur des bois ou entre des collines. Le temps, très bas, se couche dessus. On n'a plus d'espoir… et puis tout à coup, une petite ligne rose se dessine au ras des arbres… Et on se glisse à la frôler. On a passé !*

Elle a réalisé une première. Elle a passionné le public par sa réussite… et ses malheurs.

Pour mon premier Paris-Saigon et retour, représentant vingt-quatre mille kilomètres dans l'espace, j'ai calculé qu'il m'avait fallu faire en démarches diverses environ sept mille kilomètres dans Paris et la banlieue. De toutes ses performances, cet aller-retour en Extrême-Orient sur un petit avion de tourisme de quatre-vingt-cinq chevaux est, peut-être, la plus remarquable de sa carrière.

*

Elle est célèbre. Mais elle n'est pas suffisamment reconnue. Il lui faut s'imposer encore pour devenir incontournable.

Le ministre Jean-Louis Dumesnil la convoque : il est prêt à l'aider pour une première qui auréolera les ailes françaises. Elle choisit Paris-Madagascar. Un vol au sein de l'Empire qui en même temps dessinerait les relais des liaisons futures :

premier raid féminin Paris-Tananarive, et première traversée du Sahara par une femme. Elle change d'avion pour *Joe II* de trois cents chevaux, embarque un mécanicien, Dronne, pour treize étapes : Istres, Aïn Séfra, Colomb-Béchar, Reggan, Niamey, Fort-Lamy, Fort-Archambault, Bangui, Bandoudou, Élisabethville, Broken-Hill, Quelimane, Tananarive.

Et ce sont les incidents inévitables, le mot est faible ! Rupture d'une tuyauterie d'huile qui oblige à un atterrissage en catastrophe au risque d'être grillés tous les deux par un moteur chauffé à blanc avec mille litres d'essence à bord. Plus de moteur. Un couple d'aviateurs va lui en amener un nouveau de Paris ; mais confronté à des problèmes de toutes sortes, au lieu d'une semaine annoncée, le couple mettra un mois pour arriver. Pour Hilsz, un mois de tête-à-tête avec son mécanicien… à se regarder sans s'adresser la parole les huit derniers jours. Cloîtrés dans leurs griefs, s'étant tout dit : le mur !

Enfin on redécolle, et partout, au Niger, au Tchad, en Oubangui-Chari, elle est la première femme à se poser ; l'enthousiasme est partout, à chaque escale on tente de la garder deux ou trois jours. À Quelimane, son fuselage est endommagé. Une réparation de fortune, et c'est l'envol vers Tananarive où l'attend une foule immense. Mais un énorme orage éclate qui la contraint à se poser à cent kilomètres du but. Finalement, elle réussira son approche du terrain escortée par deux avions militaires et se posera au milieu d'un enthousiasme indescriptible.

Au retour, elle est entourée de nuages, il fait très chaud. Maryse a mis le cap sur l'île de Juan de Nova mais celle-ci est si petite qu'elle ne pense pas pouvoir la repérer. Elle la voit – précision de sa navigation ! – mais la dépasse et, quelques minutes après, des giclées d'huile puis des ratées du moteur la conduisent à risquer un atterrissage sur la plage de cet îlot miraculeux. Elle se pose. Dronne et Hilsz tirent alors l'appareil sur les dunes pour le protéger de la marée montante qui est de cinq mètres à cet endroit.

L'île est déserte ! Heureusement, des pêcheurs des Seychelles sont là. Les deux aviateurs sont sauvés. On casse la croûte.

Les pêcheurs offrent ce qu'ils ont de mieux, notamment des conserves. Puis ils s'en vont. Les conserves étaient avariées : Hilsz et Dronne sont empoisonnés tous les deux. Les voilà brûlants de fièvre, malades à mourir, sans médicament, sans eau douce, un jour, deux jours, trois jours.

Miracle : passe un navire de la marine nationale avec un médecin à bord. Les premiers soins leur sont donnés. Hilsz est ramenée à Majunga d'où, après quelques soins, elle repart sur son îlot. En trois jours l'avion est réparé. Mais à nouveau elle tombe malade, perd quatre kilos en cinq jours, et, malgré un épuisement complet, elle décolle de la plage de sable et arrive à son escale. Le médecin lui prescrit deux jours de repos absolu. À l'écoute de ses dernières mésaventures, son infirmière prétend qu'elle a le mauvais œil et que son cas ne relève pas d'un médecin, mais d'un marabout. Va pour le marabout ! Imposition des mains, incandescence d'herbes mélangées, un peu d'hypnose sans doute, ou Dieu sait quoi, elle le quitte guérie.

Survoler les forêts profondes du Congo procure autant d'angoisse que le détroit du Mozambique : se poser est exclu. Le voyage se poursuit sans incident sauf à voler en rase-mottes les trois cent cinquante derniers kilomètres avant d'atterrir au Bourget.

*

Bâtie en cariatide, sa stature est imposante ; « même en robe du soir, on admirait ses épaules belles et bien développées » ; mais les robes ne l'intéressent pas. Elle aime les belles voitures et possède un coupé Salmson bleu ciel et bleu mer.

L'intransigeance de la franchise de Hilsz ne lui fait pas que des amis, particulièrement chez les journalistes avec lesquels elle est empruntée, les percevant comme des indiscrets à l'affût de ce qui précisément ne l'intéresse pas : le sensationnel. Aussi ne lui feront-ils aucun cadeau, ce qui explique en partie que sa renommée n'ait pas survécu comme elle aurait dû.

En revanche, elle est très à l'aise dans les réceptions, fière d'être la petite modiste qui, par sa volonté et son talent, s'est imposée comme une des premières aviatrices du monde. Elle possède un bel appartement où elle reçoit beaucoup. Elle est omniprésente au milieu d'amis variés : des gens célèbres, mais aussi beaucoup de copains, des pilotes, des mécaniciens, et parmi ses préférés Mermoz, Guillaumet, Saint-Exupéry, Finat, Vuillemin.

Ses amis attendent d'elle un record emblématique pour la consacrer définitivement diva de l'air. Elle n'y tient guère, mais a-t-elle le choix ?

Elle va tenter celui que se disputent en un combat ininterrompu trois Américaines aux énormes moyens : celui de l'altitude, pour lequel la question du matériel est primordiale. Il est établi à huit mille sept cent soixante et un mètres.

Elle convainc Gnome et Rhône de mettre à sa disposition le merveilleux Morane de quatre cent cinquante chevaux, qui atteint les dix mille mètres.

Mais l'appareil ne fait pas tout ; il faut un entraînement physique pour « régler la respiration, habituer le cœur et les poumons aux différences de pression atmosphérique, maîtriser le flux des artères ». Trois mois d'entraînement en caisson pneumatique sous de multiples surveillances sont indispensables.

Le 19 août 1932, de Villacoublay, harnachée comme on ne peut l'imaginer aujourd'hui pour lutter dans l'immobilité contre un froid de - 50° C, les jambes deux ou trois fois gainées de bas de soie et… de couches superposées de journaux, les vêtements de cuir en deux épaisseurs, cagoule doublée… lui donnent l'apparence d'un monstre. Elle décolle en douceur comme toujours, respecte ses paliers, déclenche les ouvertures d'oxygène, monte : cinq mille mètres, six mille mètres, sept mille mètres, tout se passe bien ; elle comprend qu'elle va triompher. Huit mille mètres, huit mille cinq cents mètres, elle sent des lourdeurs, l'engourdissement la gagne, elle monte toujours, neuf mille mètres, record battu. Elle monte encore, atteint dix mille mètres, et c'est la descente planée avec des incidents de commandes gelées par le givre… La température a atteint - 51° C !

Compte tenu de tous les paramètres de sécurité qu'elle exige, l'homologation est officiellement de neuf mille sept cent quatre-vingt-onze mètres. Maryse Hilsz est entrée dans la grande légende de l'aéronautique.

Elle reçoit la Légion d'honneur, récompense exceptionnelle de l'époque pour une femme, qui plus est à titre sportif :

– Vous avez tout dû mériter deux fois, parce que vous n'aviez rien au départ et que vous étiez, de surcroît, une femme. Mais vous avez su prouver que ni talent, ni bravoure n'ont de sexe.

*

Pourquoi pas un autre record ? Il faut combler les trous de sa trésorerie qui deviennent préoccupants. Un record de vitesse en circuit fermé ? L'avion pour le réaliser existe, c'est un Caudron-Renault, le *Rafale*, mais l'industriel préfère confier l'appareil à Hélène Boucher.

Alors, elle revient à une première : ce sera Paris-Tokyo. Elle connaît les qualités de son vieux *Joe II* et son rayon d'action de deux mille kilomètres. Le plan du raid est établi : Brindisi, Derezer, Djask, Karachi, Calcutta et Vientiane. Puis Hanoi, quatre jours encore, et Tokyo. La petite modiste est escortée dès le survol du Japon par une escadrille de chasse. Encore une fois le triomphe, les réceptions officielles, les décorations.

Après Shangai et Hongkong, à son retour au Bourget, le ministre de l'Aviation Pierre Cot l'attend entouré de ses collaborateurs. Jean Moulin, chef de cabinet du ministre, est chargé des rapports avec Hilsz. Ils s'estiment tout de suite, déjeunent ensemble, causent. Ils se revoient. À l'évidence, Jean Moulin a pour instructions de son ministre de faciliter la carrière de la jeune femme. Elle lui fait part de ses projets, des difficultés qu'elle rencontre, lui explique ce dont elle aurait besoin ; et la proposition incroyable arrive : Pierre Cot lui annonce qu'il met à sa disposition le *nec plus ultra* de l'aviation, le prototype numéro deux du « Tout acier », le *Bréguet 27* ! Maryse n'en croit pas ses oreilles. Un avion de légende avec un moteur

Hispano-Suiza de six cent cinquante chevaux. Elle est mandatée pour le présenter aux puissances étrangères, faire des démonstrations, s'entretenir technique avec les spécialistes des ministères de l'aviation chinois, japonais, turcs… en réalité faire apprécier la technologie française et susciter des ventes. Partout l'intérêt est manifeste. Partout, elle est décorée. Si elle se mettait en uniforme, elle ressemblerait à un maréchal soviétique.

Ce sont trente cinq mille kilomètres de tournée, pour elle et son mécanicien.

Entre-temps, son record d'altitude est tombé, vaincu par la marquise Negrone patronnée par le gendre de Mussolini. Hilsz ne laissera pas échapper ce record ; elle y tient. Et elle se met en chasse immédiatement.

Elle sait qu'il n'existe qu'un seul appareil capable – et il l'a montré avec Gustave Lemoine – de monter à l'altitude qu'elle vise : c'est le *Potez 506*. Pour l'obtenir, il n'y a qu'un moyen : convaincre M. Henri Potez. Conçu pour l'armée, l'appareil avait subi des transformations pour le but, précisément, d'emporter le record absolu. Il y a des candidats. Son constructeur a fait la demande au ministère en faveur de son pilote d'essai, mais le dossier dort depuis un an. Qui plus est, Henri Potez n'est guère préoccupé par ce genre de performances. Surtout, il a compris depuis longtemps l'inutilité d'épuiser ses forces contre l'inertie de l'administration. Hilsz, quant à elle, sait bouger les gens ; elle a marqué dans ce domaine depuis le début de sa carrière un don étonnant pour arracher les dormeurs au sommeil et motiver leur ardeur. Elle propose un marché à Henri Potez : le prêt de l'appareil si elle obtient l'accord des pouvoirs publics ; sceptique, le constructeur donne cependant son assentiment.

Aussitôt, la trombe Hilsz déboule sans prévenir au ministère et demande à parler au ministre, qu'elle ne connaît que de réputation. Il s'agit du général d'aviation Denain qui, sur son nom, la reçoit immédiatement. Elle lui raconte l'histoire du dossier. Dans l'instant, le général convoque dans son bureau ceux qui peuvent être responsables de ce sommeil.

Explications embarrassées. Bref, on va donner tout de suite à M. Potez l'accord de l'État pour son pilote d'essai.

– *Ah, non !* clame Hilsz. *Pas lui, moi !*

Et c'est ainsi que la réponse à Henri Potez est établie le jour même, et en faveur de Maryse Hilsz.

Elle devait être intéressante la tête de l'industriel à la réception de cette nouvelle. Mais il était beau joueur, et vraisemblablement assez content d'avoir la main forcée…

Les records sont de plus en plus longs à préparer ; il faudra des mois et des mois. Et pour vaincre les douze mille quarante-trois mètres de la baronne Negrone, il lui faudra souffrir. Elle raconte :

> *Au-dessus de douze mille mètres. tout de même, l'effort s'avère plus pénible. Le bon Dr Gassaux m'en avait d'ailleurs prévenue. Bras et jambes sont devenus lourds ; la température ambiante est descendue à - 50°C. Mais la volonté de réussir me fait persévérer. Dans l'air moins dense, le compte-tours atteint deux mille trois cent cinquante et le baro, dans sa muette éloquence, m'encourage encore. Après une légère abattée, j'atteins enfin le point culminant, dont l'observatoire de Trappe vous dira bientôt le chiffre officiel, que j'estime, en tout cas, supérieur à quatorze mille mètres.*

Hilsz atteint quatorze mille trois cent dix mètres, à cinq cent mètres du record toutes catégories.

Arrive 1936. Le Front populaire, la guerre d'Espagne. Malraux d'un côté, Mermoz de l'autre… Hilsz ne veut être récupérée par personne, elle le dit nettement à Jean Moulin à qui elle reproche d'envoyer de l'autre côté des Pyrénées des avions qui nous manqueront un jour.

La France se classe de plus en plus mal dans les courses internationales où les Allemands, les Italiens et les Anglais présentent sur nous de multiples avantages.

Hilsz s'investit complètement et entame un tour de France de conférences où elle attire courageusement l'attention du public sur le déclin des ailes françaises qui, depuis plusieurs années, ne cessent de prendre du retard par rapport aux autres grands pays ; elle sensibilise l'opinion sur l'archaïsme de notre fabrication qui en est encore au stade artisanal pour sortir des appareils complètement obsolètes ; on crée encore des prototypes de qualité mais… on ne sort pas du stade des prototypes. Les attaques de Maryse sont franches, directes, et font mal. Et ce sont les interviews tonitruants dans lesquels Olivier de Chazeaux distingue les trois cibles de responsabilité dénoncées par l'aviatrice : 1° l'État, 2° les compétitions trop faciles et 3° un sexisme désuet.

Son métier n'est pas de parler mais de voler. Alors que faire ? Les records, bien sûr, il faut en décrocher ; mais ce qu'elle aime, ce sont les grands raids, les grands espaces, le ciel, les horizons de plus en plus lointains !

Divers projets avortent faute d'autorisations étrangères ou absence d'intérêt du gouvernement de Front populaire. Caudron lui-même propose à Hilsz de s'attaquer au record de l'heure en circuit fermé. Elle accepte, décolle de Marignane, est prise en plein mistral dans un trou d'air. Évanouie, elle est miraculeusement sauvée par son parachute à moitié ouvert qui a amorti la chute et l'a maintenue à la surface de l'eau car… elle ne sait pas nager.

Clinique, maison de rééducation… Elle en devient plus célèbre encore.

Elle est promue officier de la Légion d'honneur.

*

1939. Croisant Maryse Bastié à Dakar, elle lui propose, « pour redonner leur fierté aux Français » de créer une « croisière impériale » commandée par Hilsz avec Bastié comme seconde : ce seront trois avions pilotés par six femmes. Le gouvernement est enthousiasmé par le projet, le devis est accepté. Au moment même où elles s'apprêtent à partir pour un raid de vingt mille kilomètres au Levant et en Afrique, la guerre éclate.

Hilsz se porte volontaire avec son escadrille pour toutes les missions qu'on voudra lui confier. Ces six femmes sont prêtes à se battre. Évidemment, on repousse cette proposition : *a contrario* d'autres pays, la France n'admet pas les femmes dans l'armée de l'air à quelque place que ce soit, alors qu'elles sont autorisées en Pologne, Angleterre, États-Unis, Union Soviétique et Allemagne. Maryse n'accepte pas cette situation, harcèle les parlementaires et l'état-major. Aucune réaction si ce n'est un… projet aux termes duquel certaines liaisons pourraient leur être confiées. Finalement, elle obtient au moins de faire le convoyage des appareils neufs fabriqués à Vichy-Moulins pour les livrer à l'armée. Le texte autorisant les femmes à s'engager dans l'armée de l'air n'aboutira à la signature du ministre que le… 10 juin 1940. C'est l'armistice. L'accablement.

Elle s'installe avec sa sœur à Aix-en-Provence où elles ouvrent une boutique de modistes.

Hilsz entre dans la résistance où elle appartient au réseau Buckmaster. En récompense de son efficacité, l'état-major des FFI lui attribue le grade de capitaine.

L'accès aux avions militaires est autorisé aux femmes le 10 octobre 1944. Hilsz est la première à s'engager. Elle entre au GLAM avec le grade de lieutenant et effectue des liaisons.

Le 30 janvier 1946, son avion, happé par un violent orage au-dessus de Lyon, s'écrase. Aucun survivant.

Que s'est-il passé ?

On manque d'informations sur les causes. On saura cependant que ce bimoteur était équipé de moteurs différents, un Renault et un allemand…

Au cours de la prise d'armes dans la cour du Val de Grâce, ce sont les femmes pilotes qui constituent la haie d'honneur. Elle est citée à l'Ordre de la nation :

« Aviatrice de réputation mondiale qui,
au cours de sa prestigieuse carrière,
a honoré les couleurs françaises dans le monde entier,
depuis plus de vingt ans,

grâce à ses hautes qualités de pilote et de navigatrice,
Maryse Hilsz a remporté,
au cours de nombreuses compétitions,
des succès qui ont fait briller, du plus vif éclat,
les ailes féminines.
Elle laisse aux gens de l'air,
après une carrière unique,
un magnifique exemple de dévouement passionné
à la gloire des ailes françaises.
Tuée en service aérien commandé, à son poste de pilote,
le 30 janvier 1946. »

BEAUREGARD Marie-Josèphe, *Femmes de l'air,* France-Empire, 1993.
CHAZEAUX Olivier de, *Maryse Hilsz, la femme qui aimait tant le ciel,* JC Lattès, Paris, 1999.
LAUWICK Hervé, *Les Grandes aviatrices,* Presses de la Cité, Paris, 1958.
TESSIER Roland, *Femmes de l'air,* Corréa, 1943.

Les passages entre guillemets sont tous extraits de l'ouvrage d'Olivier Chazeaux.

TABLE DES MATIÈRES

Du même auteur

Vérités et Dérision, La Table Ronde, 1983.
Inconnus ou Méconnus, Hansli, 1985.
Et quand nous irons au destin, Véga Press, 1988.
réédité sous le titre : *Naître, vivre et passer, la mort démythifiée* l'Harmattan, 2005.
L'Encyclopédie de Diderot et de... Jaucourt, Champion-Slatkine, 1995.
L'Encyclopédie, les combats et les hommes, Les Belles Lettres, 1998.
Pour mes amis, Hansli, 1998.
Le Chevalier de Vivens, un philosophe des Lumières en Guyenne, Aubéron, 2000.
Le Règne des femmes, Grasset, 2001.
Promenade dans le XVIIIe siècle, Nil Édition, 2003.
Le Prince de Conti, un cousin dérangeant, Tallandier, 2007.
Le Templier de Tomar, Éditions du Losange, 2007.